Vielen Dank für ein
erfolgreiches Jahr 2024

Ihre

Josef Brunner
Christian Sellmann
Der Kreativitäts-Code

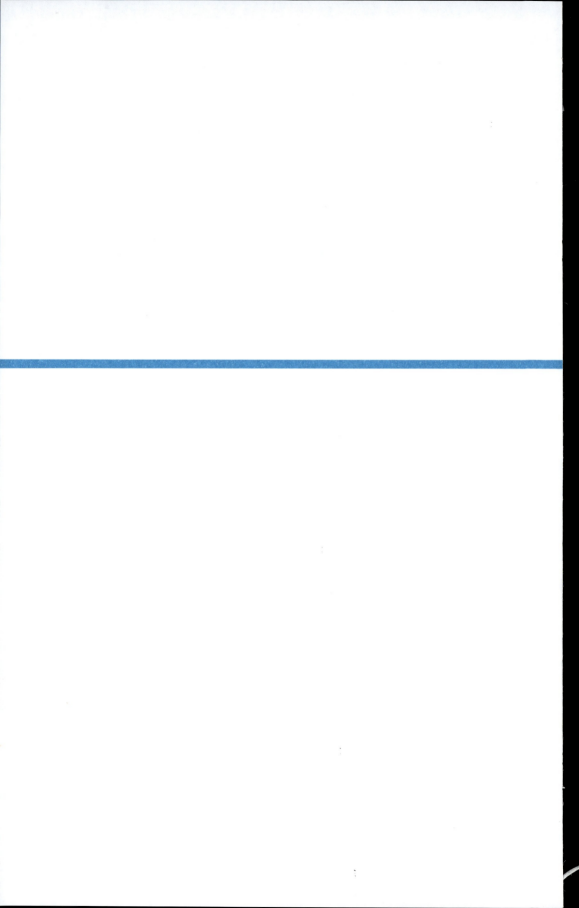

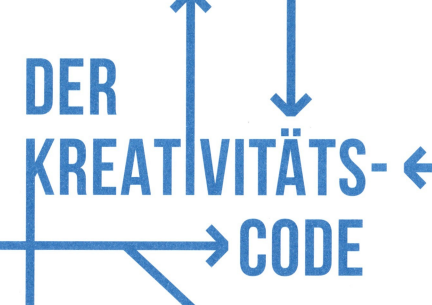

DER KREATIVITÄTS-CODE

25 Erfolgsregeln für Ihre Kreativität

von
Josef Brunner und
Christian Sellmann

Verlag Franz Vahlen München

Josef Brunner ist einer der erfolgreichsten Serienunternehmer Deutschlands. Er investiert aktiv in Unternehmen, die erfolgreich globale Markttransformationen adressieren. Hierzu gehört unter anderem auch das Unternehmen „learnd", welches er als Gründungsinvestor unterstützt hat und das 3 Jahre nach der Gründung an der Frankfurter Börse gehandelt wird.

Christian Sellmann startete als promovierter Wirtschaftsanwalt in Berlin, Düsseldorf und London, war dann mehrere Jahre bei der Boston Consulting Group als Unternehmensberater tätig, gründete ein Ed-Tech-Startup und war bis Mitte 2023 Mitglied der Geschäftsleitung bei der Handelsblatt Media Group. Seit August 2023 ist er CEO der Digitalagenturgruppe PIA Group mit rund 1.100 Digitalexperten.

vahlen.de

ISBN Print 978 3 8006 7475 6
ISBN E-Book (ePDF) 978 3 8006 7476 3
ISBN E-Book (ePub) 978 3 8006 7477 0

© 2024 Verlag Franz Vahlen GmbH,
Wilhelmstr. 9, 80801 München
Druck und Bindung: Beltz Grafische Betriebe GmbH
Am Fliegerhorst 8, 99947 Bad Langensalza

Satz: Fotosatz Buck,
Zweikirchener Str. 7, 84036 Kumhausen
Produktion: Sieveking Agentur, München
Umschlag: Alexander Alexandrou

vahlen.de/nachhaltig

Gedruckt auf säurefreiem, alterungsbeständigem Papier
(hergestellt aus chlorfrei gebleichtem Zellstoff)

Alle urheberrechtlichen Nutzungsrechte bleiben vorbehalten. Der Verlag behält sich auch das Recht vor, Vervielfältigungen dieses Werkes zum Zwecke des Text und Data Mining vorzunehmen.

INHALT ←

EINLEITUNG | 9

KAPITEL 1: DER STARTPUNKT
Unser Ansatz, Kreativitätstypen, Hürden, Fragen und Höchstleistungen

Unser Ansatz | 15

Die unterschiedlichen Kreativitätstypen | 23

KAPITEL 2: IHR SPIELFELD
Zum richtigen – ganz individuellen – Rahmen Ihrer Kreativität

1. Erfolgsregel: Die richtige Umgebung – *»Der Mensch ist ein räumliches Wesen«* | 33

2. Erfolgsregel: Die Bedeutung von Diversität und Multidisziplinarität – *»Als Wissenschaftler ist man sich selbst nie genug«* | 47

3. Erfolgsregel: Das perfekte Team – *»Die wirklich Kreativen sind so selten, dass Du Dir alles von ihnen gefallen lassen musst.«* | 61

4. Erfolgsregel: Die wichtige »Me-Time« – »*Du kommst zur Ruhe und auf einmal kommen aus dem ganzen Rauschen Spitzen raus und dann verbinden sich Gedanken.*« | 75

5. Erfolgsregel: Psychologisch (un-)sichere Räume – »*Kreativität entsteht nicht durch Kuschelkurs.*« | 87

6. Erfolgsregel: Mangelsituationen als kreative Treiber – »*Partizipative Kreativität kann aus Mangelsituationen Großes entstehen lassen.*« | 99

KAPITEL 3: IHR KOPF
Zur Bedeutung von Fertigkeiten, Wissen und Erfahrungen

7. Erfolgsregel: Erforderliche technische Fertigkeiten – »*Ein Instrument hat keine künstliche Intelligenz und beginnt immer bei null.*« | 111

8. Erfolgsregel: Segen und Fluch von Fach- und Expertenwissen – »*Wenn man ein richtiger Experte ist, hat man eigentlich keine Chance mehr, kreativ zu sein.*« | 125

9. Erfolgsregel: Wichtige und falsche Erfahrungsschätze – »*Je homogener Dein Erfahrungsschatz ist, desto mehr wird dieser eine Last für Dich.*« | 137

KAPITEL 4: IHRE EINSTELLUNG
Zu den verschiedenen Facetten der richtigen mentalen Einstellung

10. Erfolgsregel: Schmerz als kreativer Katalysator – »*Es gibt zwei Dinge, warum sich Sachen ändern. Lust oder Leid – und Lust ist relativ selten.*« | 149

11. Erfolgsregel: Positive Energie als kreativer Beschleuniger – »*Angstfrei und positiv naiv zu sein, haben mir sehr geholfen.*« | 161

12. Erfolgsregel: Ohne offenes Mindset ist alles nichts – »*Kreativität ist die neuartige Verknüpfung des bereits Gekannten.*« | 171

13. Erfolgsregel: Die Bereitschaft zum Bruch (gelernter) Regeln – »*Was ist, wenn wir alle falsch liegen?*« | 181

14. Erfolgsregel: Hartnäckigkeit als (kreative) Bedingung – »*Frust ist ein gutes Rezept. Da muss man durch. Das ist ein gutes Rezept, dann wirklich etwas Neues zu finden.*« | 193

15. Erfolgsregel: Die verschiedenen Formen der Leidenschaft – »*Wie eine Herdplatte: Setzen Sie nicht das Haus in Brand setzen, aber bringen Sie das ganze zum Köcheln.*« | 203

16. Erfolgsregel: Selbstzweifel als (überraschende) Superpower – »*Die großen Kreativen waren alle keine Meister der stabilen Egos.*« | 215

17. Erfolgsregel: Der so wichtige Glaube an sich selbst – »*Wir haben regelmäßig eine Vielzahl von kritischen Themen in der Vergangenheit erfolgreich gemeistert. Wir werden auch die nächste Herausforderung meistern.*« | 225

KAPITEL 5: IHR WEG
Zum Anfang bis zum Ende des kreativen Prozesses

18. Erfolgsregel: Fragen als Wegweiser der Kreativität – »*Die Idee muss singen. Nur dann gehe ich ans Werk.*« | 235

19. Erfolgsregel: Der leere Geist als kreativer Nährboden – »*Authentizität kommt erst dann, wenn Du wirklich leer bist.*« | 247

20. Erfolgsregel: Daten als Hebel und Verhinderer von Kreativität – »*Daten können als Basis die Kreativität dramatisch hebeln.*« | 257

21. Erfolgsregel: Schritt für Schritt – der richtige iterative Prozess – »*Der Weg zur Kreativität ist ein Prozess der kontinuierlichen Exploration und des Versuchs und Irrtums.*« | 271

22. Erfolgsregel: Die effektive, kreative Exekution – »*Töpferkurse bringen uns auch nicht weiter*« | 281

23. Erfolgsregel: Die Spielregeln des kreativen Leadership – »*Es dauert lange, Kreativität in Großkonzernen zu verankern. Es geht schnell, sie zu zerstören.*« | 295

24. Erfolgsregel: Fokus – Fokus – oder doch kein Fokus? – »*Der Tod ist die ultimative Deadline, die mir hilft, mich zu fokussieren.*« | 315

25. Erfolgsregel: Der Nukleus: Ihr innerer intimer Weg – »*Manchmal sind wir wie in kriselndes Ehepaar.*« | 327

KAPITEL 6: DIE UMSETZUNG DER ERFOLGSREGELN
Zur Übersicht: Ihre 150 Schritte zu Ihren kreativen Höchstleistungen | 337

EINLEITUNG

Stellen Sie sich den Nobelpreisträger vor, der seine bahnbrechenden Ideen am liebsten in einem großen Wissenschaftshaus ganz ohne Wände entwickeln würde. Oder den Unternehmensgründer, der seine revolutionäre Geschäftsidee vorantreibt, während er große Bergetappen unternimmt. Denken Sie an die KI-Forscherin, die sich bei Ihren Arbeiten durch Reality-TV-Sendungen inspirieren lässt oder den Jazz-Musiker, der gerne auf Demonstrationen geht, den Lärm dort aber furchtbar findet und der sich deshalb seine eigene – ganz besondere – Marschmusik komponiert. Und da ist auch der bildende Künstler, der seine Inspiration aus verschüttetem Kaffeepulver zieht, oder der Sternekoch, der seine neuen genialen Speisekarten nur in der völligen Stille seines verschlossenen Restaurants entfalten kann.

Was haben diese Menschen gemeinsam? Auf den ersten Blick nicht viel. Allesamt merkwürdige Orte, ungewöhnliche Situationen für kreative Durchbrüche? Vielleicht. Aber diese Geschichten führen zu einer viel größeren Frage: Was macht uns wirklich kreativ?

Wir neigen dazu, Kreativität als etwas Mystisches zu betrachten, das nur den Jahrhundert-Talenten in inspirierenden Umgebungen oder mit den richtigen Werkzeugen zur Verfügung steht. Aber ist das wirklich so?

Was wäre, wenn wir Ihnen sagen, dass die Regeln der Kreativität etwas komplizierter aber zugleich zugänglicher sind, als wir je gedacht hätten? Was wäre, wenn Kreativität nicht nur den gequälten Seelen der Genies vorbehalten ist, sondern in jedem von uns steckt, wartend darauf, entfacht zu werden?

Wir haben nämlich folgendes erkannt: Wenn wir näher hinsehen, entdecken wir, dass Kreativität in den verschiedensten Formen und unter den ungewöhnlichsten Umständen auftritt. Und sie folgt bestimmten Mustern.

In »Der Kreativitäts-Code« unternehmen wir einen genaueren Blick auf das, was Kreativität tatsächlich ausmacht. Wir sprechen intensiv mit Menschen aus unterschiedlichen Lebensbereichen – Nobelpreisträger, Musiker, Politiker, Unternehmenslenker, Schriftsteller, Gründer, bildende Künstler, Köche und andere. Wir haben ihre Geheimnisse, Erfahrungen und Ideen analysiert, um zu verstehen, wie Kreativität funktioniert.

Wir stellen fest: Diese Menschen sind nicht einfach nur talentiert; sie haben für sich den »Kreativitäts-Code« entschlüsselt, ein komplexes Gefüge aus Fähigkeiten, Einstellungen und Prozessen, welches zu außergewöhnlichen kreativen Erfolgen führt. Wir entdecken, dass die Regeln der Kreativität vielfältiger und weniger geheimnisvoll sind, als wir vielleicht annehmen. Sie sind zudem stark kontext- und situationsabhängig. Was wir finden, sind fünf Kreativitätstypen und 25 Erfolgsregeln, die wir in vier Schlüsselbereichen betrachten:

Wir blicken zunächst auf die Rahmenbedingungen der Kreativität, gewissermaßen ihr kreatives Spielfeld. Wir fragen uns dann, welche Bedeutung dem Kopf und damit den kognitiven Fähigkeiten zukommt. Wir verhandeln, welche Rolle die verschiedenen Facetten der Einstellung bei kreativen Vorgängen spielen. Und wir beschäftigen uns mit dem Weg zum bestmöglichen kreativen Erfolg und damit mit dem erfolgreichen Prozess kreativer Vorgänge. Wir destillieren aus diesen Erfolgsregeln Ihre konkreten 150 Schritte zur Kreativität.

Diese Erfolgsregeln und die damit verbundenen Schritte offenbaren, dass Kreativität nicht nur etwas für die »besonderen« Menschen oder Orte ist, sondern etwas, das erlernt, entwickelt und in vielen verschiedenen Kontexten umgesetzt werden kann. Es geht nicht nur um das Endprodukt oder die glänzenden Erfolge. Es geht darum, wie Kreativität funktioniert, wo sie entsteht und wie wir sie in unser eigenes Leben integrieren können, ohne auf einen plötzlichen Geistesblitz zu warten.

Der »Kreativitäts-Code« ist ein pragmatischer und neugieriger Blick auf das, was Kreativität wirklich ausmacht. Es ist weniger eine poetische Reise als eine hoffentlich erhellende Untersuchung, ein Angebot, gemeinsam mit uns das Phänomen der Kreativität zu erforschen und vielleicht auch einige überraschende Entdeckungen über uns selbst zu machen. Es ist eine Einladung, unsere eigenen kreativen Fähigkeiten zu hinterfragen und zu entwickeln, indem wir von den Besten lernen.

Lassen Sie uns anfangen. Begleiten Sie uns auf diesem Weg. Es könnte Ihre Sichtweise auf Kreativität und vielleicht sogar auf sich selbst verändern. Es könnte der Schlüssel sein, den Sie gesucht haben.

KAPITEL 1

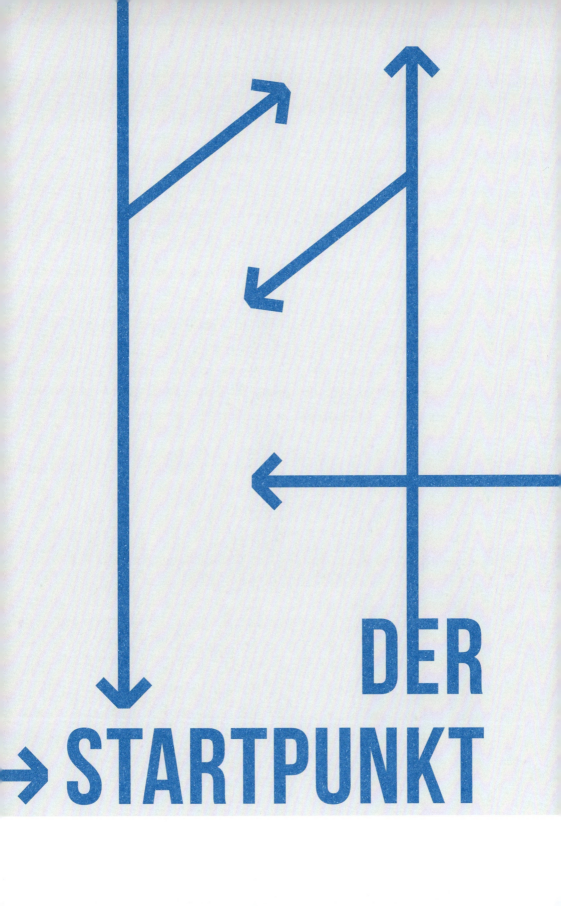

UNSER ANSATZ

Wie verstehen wir den Begriff der Kreativität?

Beginnen wir zunächst mit der Frage: Was ist eigentlich Kreativität? Die Definitionsansätze sind nahezu unüberschaubar und gehen quer durch viele Disziplinen. Vor allem Psychologen mühen sich hier kräftig und redlich ab. Der gemeinsame Ausgangspunkt: Bei der Kreativität geht es regelmäßig um neue, einzigartige und/oder originelle Lösungen, innovative Konzepte, die Schaffung neuer Möglichkeiten, manchmal auch um die neuartige Synthese verschiedener Denkstile und -ansätze sowie die neue Kombination von Ideen. Kurzum: Es geht – vereinfacht ausgedrückt – um die Schaffung von etwas Neuem.

Wenn man noch – wie einige Wissenschaftler – weiter gehen will, muss die Idee oder das Produkt auch für eine bestimmte Zielgruppe angemessen, nützlich oder wertvoll sein. Es muss also etwas von Wert geschaffen werden, mit etwas Neuem allein ist man noch nicht kreativ. Damit können wir als Ausgangslage arbeiten.

Wir ziehen den Begriff der Kreativität weit und werden auch durch die – von uns durchgeführte – Befragung von rund 200 Entscheiderinnen bestätigt, in der wir nach der größten eigenen kreativen Leistung gefragt haben. Das Spektrum der Antworten war sehr breit – sie lassen sich grob in fünf Cluster sortieren:

Das erste Cluster bilden dabei zunächst eigene künstlerische oder kulturelle Leistungen. Wir befinden uns damit – wenn man so sagen will – auf erwartbarem Terrain: Das selbst entwickelte besondere Design des eigenen Hauses, das Schreiben eigener Songs in der Abi-Zeit, die Fertigung des ersten eigenen Möbelstücks in der Tischlerlehre, das Kunstobjekt mit dem Namen »Der Tunnel« in der 11. Klasse, Zeichnungen, ganz generell viele Musikstücke und Vergleichbares. Erstaunlich und interessant zugleich: Viele Erinnerungen an solche kreativen Werke führen weit in die Vergangenheit zurück. Man meint fast eine Sehnsucht zu spüren, den Geist früher Taten wieder beleben zu können.

Das zweite Cluster findet sich eher in der Jetzt-Zeit und knüpft unmittelbar an die jeweiligen Arbeitssituationen an: Es geht um Leistungen, die dem Unternehmertum und dem Bereich der Geschäftsinnovation zuzuordnen sind: Die Entwicklung und Gründung des eigenen Unternehmens, den Aufbau eines neuen Geschäftsbereichs oder auch den Aufbau eines eigenen Podcast-Formats. Es handelt sich also um ganz konkrete Beispiele aus der Geschäftswelt, die nicht jeder unmittelbar dem Bereich der Kreativität zuordnen würde. Sie stehen aber offenbar im Zentrum des Lebens einiger Befragter, sie haben sich dort – gerade auch kreativ – verwirklicht, sie scheinen einen hohen und emotionalen Wert zu haben.

Der dritte Bereich ist der der technologischen Produktentwicklung: Die Befragten nennen beispielsweise eine durch sie entwickelte Windkraftrotor-Steuerung, eine Impf-Finder App, ganz generell die Erfindung eigener Produkte oder auch die Konzeptionierung und Umsetzung neuer, disruptiver Business Modelle. Das dritte Cluster umfasst akademische Leistungen der Wissenschaft und Forschung: Das Verfassen der eigenen Dissertation oder Habilitation, der Aufbau verschiedener, nicht vernetzter Datenbanken.

Das vierte Cluster ist wiederum eher dem beruflichen, sehr konkreten Kontext zuzuordnen, bezieht sich aber eher auf Themen der strategischen Planung oder Organisationsoptimierung: Die Befragten nennen als besondere kreative Leistungen den gemeinsamen Aufbau einer neuen Organisationsstruktur und -kultur, die Entwicklung einer modernen, kundenzentrierten und datengetriebenen digitalen Marketing-Organisation oder auch eine neue Unternehmensstrategie.

Der fünfte Bereich wiederum ist ein ganz privater, persönlicher: Es geht um die Felder der persönlichen Entwicklung: Das »erfolgreiche« Erziehen von vier Kindern, die alle ihren Weg gefunden haben, das Herausfinden aus einer scheinbar aussichtslosen beruflichen Situation, das »Sich immer wieder selbst in Frage stellen«.

Was lernen wir also aus diesem Spektrum der Antworten: Sie sind zunächst einmal ausgesprochen divers. Wir dürfen und müssen den Begriff der

Kreativität weit verstehen. Es geht um ganz unterschiedliche Lebensbereiche, Situationen und Kontexte, die sicherlich unterschiedlicher Herangehensweisen bedürfen. Keineswegs geht es auch immer nur um den einen großen Geistesblitz. Es sind häufig Werke und Leistungen, denen mit Sicherheit ein langwieriger Umsetzungsprozess zugrunde liegt.

Was sind die größten Hürden bei der Entfaltung der eigenen Kreativität?

Wenn wir nun den Schlüssel zur Kreativität finden wollen, sollten wir uns spiegelbildlich fragen, welche Hürden und Hindernisse es gerade zu überwinden gilt. Auch hier gab unsere kleine Befragung spannende Aufschlüsse. Ein großer Punkt war zunächst die fehlende Ressource »Zeit«. Wir alle sind häufig durch das Tagesgeschäft abgelenkt, wir haben zu wenig Raum zu denken, haben generell zu wenig »Me-Time« und fühlen uns gefangen im täglichen Hamsterrad. Wir müssen uns also im Folgenden der Frage widmen, wie es uns gelingt, einen (entsprechenden) Rahmen zu schaffen, der uns genügend Freiraum ermöglicht.

Ein zweites wichtiges Thema ist das der persönlichen und emotionalen Barrieren: Als maßgebliche Hürden wurden häufig phasenweise mangelndes Selbstvertrauen, die Angst vor dem Misserfolg, die eigene Unsicherheit und persönliche Zweifel genannt. Nicht selten setze man sich selbst zu sehr unter Druck oder habe zu viel Angst sich zu blamieren, um dann noch kreativ zu sein. Es geht um die eigenen – oftmals unbewussten – Leitplanken, die man sich selbst gibt, um die eigene Komfortzone, die man nur ungern verlassen will. Hier werden also Fragen der persönlichen Einstellung aufgerufen: Welches Mindset muss ich besitzen, um möglichst kreativ zu sein? Kann ich möglicherweise sogar die Selbstzweifel in positives kreatives Momentum umwandeln? Wie erzeuge ich mehr positive Energie?

Als weiteres Problemfeld kristallisierte sich heraus, dass vielfach organisatorische und systemische Barrieren wie Hierarchien, Unternehmenskultur, Budgetgrenzen und festgefahrene Prozesse den kreativen Prozess stören oder sogar unmöglich machen. Wie gehen wir also kreativ mit diesen Themen um? Wie muss beispielsweise Leadership in Unternehmen aussehen, um bestmögliche kreative Ergebnisse zu entwickeln? Und: Ist Mangel eigentlich immer ein Kreativitätskiller oder nicht vielleicht sogar das Gegenteil?

Ein weiteres Thema: Die festgefahrene Einstellung und tradierte Denkmuster von anderen. Es geht also um Skepsis, Widerstand gegen Veränderungen und die notorischen Bedenkenträger. Wir alle kennen Menschen, die erst Probleme sehen und weniger Chancen. Wir haben alle schon viel zu häufig den Satz »Haben wir immer schon so gemacht« gehört. Und wir wissen nur zu genau, dass viele Angst vor Veränderung haben, den Status Quo bewahren wollen und dadurch kreative Ideen verhindern. Wir müssen uns also im Folgenden fragen, welche Bedeutung ein offenes Mindset und der (richtige) Bruch von bestehenden Regeln und Konventionen haben.

Ebenso häufig wird als Schwierigkeit in kreativen Vorgängen genannt: Wie gelingt mir die ausreichende Fokussierung und die bestmögliche Priorisierung von Ideen? Wie konzentriere ich mich auf das Wesentliche? Wie gehe ich mit Ablenkungen von außen um? Und schließlich werden Fragen rund um den kreativen Prozess und Hürden bei der Umsetzung ausdrücklich hervorgehoben: Wie finde ich die richtigen Teams? Wie bewältige ich Komplexität? Wie fördere ich die Bereitschaft zur Weiterentwicklung von Ideen?

Wir stellen also fest: Die genannten Hürden sind ausgesprochen divers und sprechen ganz verschiedene Ebenen an. Wenn wir den Schlüssel zur Kreativität finden wollen, müssen wir diese sehr unterschiedlichen Barrieren adressieren.

Was ist also unser Baukasten des Kreativität-Codes?

Wir müssen und wollen dem Ganzen also etwas Struktur geben. Wir wollen tiefer einsteigen: Wir wollen ganz genau die Erfolgsfaktoren der Entstehung und Umsetzung der Kreativität dekonstruieren. Wir wollen für jedermann und jedefrau nachvollziehbare Erfolgsregeln destillieren und diese weiter herunter brechen. Wir wollen damit also einen Werkzeugkasten zur Steigerung der eigenen Kreativität schaffen, aus dem Sie sich bedienen können.

Dazu haben wir – neben der Befragung – viele kluge Bücher, Artikel und sonstige wissenschaftliche Arbeiten gelesen, unzählige Podcasts gehört und vor allem mit vielen klugen Menschen gesprochen. Herausgekommen sind 25 Erfolgsfaktoren, die wir wiederum in vier Schubläden geclustert haben. Erheben wir damit den Anspruch der Vollständigkeit? Nein. Haben wir vielleicht etwas übersehen? Bestimmt. Aber es ist ein Anfang, mit dem wir und Sie arbeiten können. Das ist unser Baukasten, unser »Kreativitäts-Code«.

Dies bedeutet keineswegs, dass diese Erfolgsregeln für jeden kreativen Prozess gleich wichtig sind. Sie sind vielmehr sehr kontextabhängig. Ebenso gelten sie nicht für jedermann oder jederfrau in gleichem Maße. Sie alle haben Ihren eigenen kreativen Weg zu gehen. Es gibt kein richtig oder falsch, kein schwarz oder weiß. Aber dieser Katalog an Erfolgsregeln gibt Ihnen ein gutes Raster, anhand dessen Sie für sich überprüfen können, was für Sie wichtig ist, um Ihre eigene Kreativität größtmöglich zu steigern.

Wir unterscheiden nun zwischen den folgenden vier Kreativitätsschubladen:

> Ihr Spielfeld

Zunächst blicken wir auf den richtigen Rahmen für kreative Ideen und ihre Umsetzung: Welche Bedeutung hat eine inspirierende Umgebung, die sich vom Arbeitsalltag abhebt? Wie wichtig sind Multidisziplinarität und Diversität? Wann braucht Kreativität Teamarbeit, wann ausreichend »Me-Time«? Entsteht Kreativität besonders gut in einer Situation des Mangels?

> Ihr Kopf

Danach wenden wir uns der Bedeutung kognitiver Fähigkeiten für die Kreativität zu: Damit kommt im untechnischen Sinne die linke Gehirnhälfte ins Spiel: Welche Bedeutung haben technische Fähigkeiten (im Sinne von Handwerk)? Ist stets ein hohes Maß an Fachwissen erforderlich? Welche Rolle spielen Erfahrungen?

> Ihre Einstellung

In einem nächsten Schritt gehen wir der Frage nach, welche Rolle die emotionale Präposition bei kreativen Vorgängen hat: Wir werfen also einen Blick auf die rechte Gehirnhälfte:

Kann Schmerz die treibende Kraft sein? Oder braucht Kreativität vor allem positive Energie? Welche Bedeutung hat das sog. »open mindset«? Setzt Kreativität stets die Bereitschaft voraus, bestehende Regeln und Normen in Frage zu stellen und sich über sie hinwegzusetzen? Welche Rolle spielen Hartnäckigkeit, Leidenschaft und das sog. »Commitment«? Was gilt für die scheinbar widersprüchlichen Kategorien der Selbstzweifel und des Glaubens an sich selbst?

> Ihr Weg

Abschließend beschäftigen wir uns mit dem möglichst erfolgreichen Prozess kreativer Vorgänge: Sollten diese immer mit der richtigen, möglichst konkreten Frage beginnen oder ist im Gegenteil ein »leerer Geist« wichtig? Erfordert Kreativität als Ausgangspunkt ausreichende Informationen oder gar eine klare Datenlage?

Ist Kreativität stets ein intimer, sehr persönlicher Prozess oder setzt Kreativität regelmäßig einen iterativen Prozess voraus? Entsteht Kreativität vor allem bei fördernder und fordernder »Leadership«? Braucht Kreativität Exekution, vielleicht sogar auf brachiale Weise? Und schließlich: Erfordert Kreativität stets einen klaren Fokus?

Bevor wir uns nun mit Verve auf die Details dieser Erfolgsregeln warfen, wollten wir erst noch einmal genauer wissen: Sind diese Erfolgsfaktoren eigentlich alle gleich wichtig oder gibt es einen – vielleicht sogar breiten, wenn auch nicht ganz empirisch belegten – Konsens, dass das eine Kriterium vielleicht doch wichtiger als das andere ist.

Wir baten die Befragten also auch um eine Einschätzung auf der Skala von 0 – 10 (0 = »völlig unwichtig« / 10 = »sehr wichtig«), als wie maßgeblich sie die individuellen Faktoren jeweils für den kreativen Erfolg ansehen. Hieraus ergab sich ein spannendes Muster:

Was zunächst auffällt: Durchgängig wird dem kognitiven Bereich, unserem »Kopf«, bei kreativen Vorgängen keine sonderlich hohe Bedeutung zugewiesen. Die technischen Fähigkeiten bilden in der Rangliste der Wichtigkeit das Schlusslicht. Auch Fachwissen wird nicht als besonders wichtig angesehen. Etwas besser schneidet nur ein umfassender Erfahrungsfundus ab.

Anders stellt sich das Bild dar, wenn wir auf den Bereich der (inneren) Einstellung schauen. Zwar werden Gefühlen wie Selbstzweifeln und Schmerz auch nur eher geringe Werte zugesprochen: Die Mehrheit der Befragten glaubt nicht an die positive Wirkkraft dieser Gefühle. Anders sieht es jedoch bei den weiteren Facetten der Einstellung aus: Ohne offenes Mindset ist Kreativität ausgeschlossen – der Höchstwert, dicht gefolgt von dem Willen zum Regelbruch. Als fast ebenso wichtig werden Leidenschaft, Hartnäckigkeit, positive Energie und der Glaube an sich selbst eingestuft. Ein klares Bild insoweit.

Ebenso werden viele Erfolgsfaktoren bei dem Cluster »Spielfeld« als wichtig eingeschätzt. Diversität und Multidisziplinarität werden durchgängig als bedeutend für den kreativen Erfolg angesehen. Ausreichende Zeit für sich (»Me-Time«) scheint aus Sicht der meisten Befragten unabdingbar zu sein, ebenso spiegelbildlich gute Teamarbeit – alles zu seiner Zeit.

Bei den Erfolgsregeln mit Blick auf Prozessthemen (»Weg«) ergibt sich demgegenüber ein diverses Bild. Einem »leeren« Geist einerseits, aber auch ausreichenden Daten und Informationen zu Beginn eines kreativen Vorgangs wird wenig Bedeutung zugemessen. Ebenso wird – für uns erstaunlicherweise – eine zielgerichtete Umsetzung der kreativen Idee eher als weniger wichtig angesehen. Den Höchstwert in dieser Rubrik bekommt das Thema Leadership, gefolgt von einem gebotenen hinreichenden Fokus und dem Verständnis, dass nicht selten Kreativität eben kein singulärer Geistesblitz ist, sondern stattdessen ein iterativer Prozess. Diese Bestandsaufnahme bestärkte uns, sich uns diesen Faktoren einmal genauer zu widmen und sie detailliert unter das individuelle Brennglas zu legen.

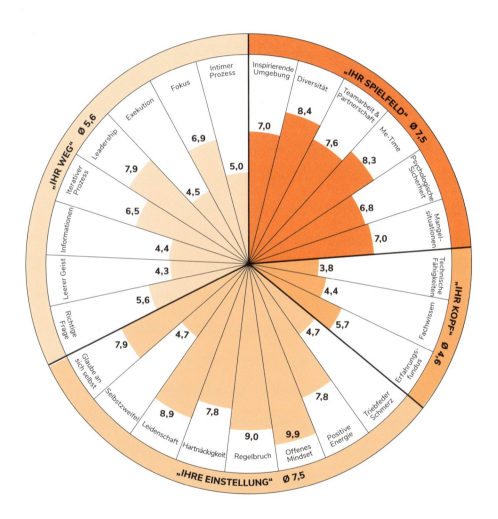

DIE UNTERSCHIEDLICHEN KREATIVITÄTSTYPEN

Dann haben wir uns noch eines gefragt: Kann man mit diesen Ergebnissen der Umfrage vielleicht sogar mehr machen? Wie wäre es, wenn man versuchen würde, aus diesen Daten bestimmte Kreativitätstypen zu destillieren? Gibt es vielleicht Muster, die uns weiterhelfen könnten?

Wie haben wir uns also diesem spannenden Thema genähert? Wir haben dazu immer dann, wenn die Befragten ein Kriterium als besonders wichtig empfanden (8-10 Punkte), einen grünen Ball »vergeben«. Wenn es eher neutral bewertet wurde (5-7 Punkte), haben wir das Grau gewählt. Wenn die Regel als unwichtig eingeschätzt wurde (0-4), haben wir das mit einem roten Ball gekennzeichnet. Das sich hieraus ergebene Bild ist interessant: Es haben sich Muster herausgebildet, die auf die folgenden 5 Kreativitätstypen schließen lassen:

1 Kreativer der Mitte
Am weitesten verbreitet ist der Kreativitätstyp, der dem Setting und der emotionalen Präposition eine große Bedeutung zumisst. Kognitive Fähigkeiten werden weitestgehend als unwichtig(er) bewertet.

2 Autarker Freigeist
Den 2. Typ prägt, dass er – anders als die Mehrheit – dem Setting und den damit verbundenen Fragen keine besondere Beachtung schenkt.

3 Kreativitäts-Techniker
Bei dem 3. Typ ist auffallend, dass er – wiederum im Gegensatz zu der Mehrheit der Befragten – durchgängig die kognitive Basis für wichtig hält.

4 Kreativitäts-Rebell
Der kreativitäts-Chaot hält die Prozessfacetten bei kreativen Vorgängen nicht für maßgeblich.

5 Strukturierter Kreativer
Dieser Kreativitätstyp misst Prozessthemen eine auffällige Bedeutung zu.

Kreativitätstyp #1:
Der Kreative der Mitte

Am weitesten verbreitet ist der Kreativitätstyp, den wir im Folgenden den »*Kreativen der Mitte*« nennen. Dieser misst den richtigen Rahmenbedingungen, also dem kreativen Setting, eine durchgängig hohe Bedeutung bei. Weit überwiegend wird eine inspirierende Umgebung als förderlich angesehen. Nahezu ausnahmslos wird die hohe Bedeutung von Teams und Diversität hervorgehoben. Gleiches gilt für die Kriterien, dass ausreichend Me-Time vorhanden sein muss und Kreativität vor allem in psychologisch sicheren Räumen stattfinden wird.

Die Bedeutung der kognitiven Basis wird eher als gering eingeschätzt. Technische Fähigkeiten und ein besonderes Fachwissen werden nicht als wichtig eingeschätzt. Ebenso wird regelmäßig – von vereinzelten Ausnahmen abgesehen – auch einem (umfassenden) Erfahrungsfundus keine besondere Bedeutung zugemessen.

Anders sieht es bei diesem »Kreativen der Mitte« aus, wenn wir uns seiner emotionalen (positiven) Einstellung zuwenden: Durch die Bank wird Schmerz nicht als maßgebliche Triebfeder beurteilt, gleiches gilt für Selbstzweifel. Sehr einhellig ist dieser Kreativitätstyp aber der Auffassung, dass Kreativität positive Energie, ein offenes Mindset und Leidenschaft braucht. Ebenso muss die hohe Bereitschaft bestehen, bestehende Regeln und Normen in Frage zu stellen und sich darüber auch hinwegzusetzen. Schließlich wird es gerade ebenso für die Umsetzung als wichtig angesehen, dass diese kreativen Ideen mit einer gewissen Hartnäckigkeit und einem entsprechenden Commitment umgesetzt werden.

Dieser Kreativitätstyp hat entlang der herausgebildeten Patterns keine klare Haltung mit Blick auf die »Prozess-Dimension«. Eine ganz klare Haltung gibt es nicht. Daten und eine klare Frage zum Beginn des kreativen Prozesses spielen eher keine große Rolle. Die Bedeutung von Leadership wird dahingehend durchaus angenommen, dass Menschen in einem kreativen Prozess geführt werden müssen. Dass Kreativität einen iterativen Prozess beinhaltet, wird ebenso gesehen, aber generell sind Ausprägungen in diesem Bereich nicht stark gegeben.

Zu diesem Kreativitätstyp würden wir entlang der in den Tiefeninterviews gegebenen Antworten den Baden-Württembergischen Finanzminister Danyal Bayaz und der Stepstone-CEO Sebastian Dettmers zählen.

Kreativitätstyp #2:
Der autarke Freigeist

Als zweiter Kreativitätstyp bildet sich der sog. »*autarke Freigeist*« heraus: Kennzeichnend für diesen Typ ist, dass er – anders als der Kreative der Mitte – sehr unabhängig vom Setting agiert. Teamarbeit und Diversität spielen nach seiner Auffassung keine Rolle bei kreativen Prozessen.

Er macht sich nicht abhängig von psychologisch sicheren Räumen. Auch kognitive Grundlagen wie technische Fähigkeiten, Fachwissen und Erfahrungen sind irrelevant, vielleicht sogar für wirklich kreative Durchbrüche hinderlich. Wichtig sind in erster Linie Fragen der richtigen Einstellung wie ein offenes Mindset, der Wille zum Regelbruch, Commitment und Leidenschaft. Auch Fragen, wie der kreative Prozess ausgestaltet werden sollte, spielen keine Rolle.

Der Prototyp für diesen Kreativitätstyp ist die deutsche Silicon Valley-Ikone Sebastian Thrun.

Kreativitätstyp #3:
Der Kreativitäts-Techniker

Der dritte Kreativitätstyp ist in Sachen Setting und emotionale Grundlage auf den Spuren des Kreativen der Mitte: Gerade Teamarbeit, Diversität und ausreichend Me-Time sind erforderlich. Ebenso braucht er positive Energie, ein offenes Mindset, die Bereitschaft zum Regelbruch, Hartnäckigkeit und Leidenschaft.

Was diesen Typ allerdings vom Typ der Mitte abhebt ist, dass er der kognitiven Basis erhebliche Bedeutung beimisst. Entscheidend sind in diesem Kreativitätskontext für diesen Typ technische Fähigkeiten und Domain-Wissen. Ebenso ist für ihn Kreativität ohne einen entsprechenden Erfahrungsschatz nicht wirklich denkbar.

Zu diesem Kreativitätstypus zählen wir beispielhaft den Nobelpreisträger und Gehirnforscher Thomas Südhof und Deutschlands CEO-Flüsterer Nr. 1 und Finsbury-Chef Alexander Geiser.

Kreativitätstyp #4:
Der Kreativitäts-Rebell

Den vierten Kreativitätstyp kennzeichnet, dass er eine klare Haltung gegenüber Prozessthemen einnimmt: Nicht wichtig. Eine richtige Frage zu Beginn eines kreativen Prozesses zu formulieren – überflüssig. Ausreichende Informationen und Daten vorher zu sammeln und zu analysieren – eher hinderlich. Kreativität als iterativen Prozess zu begreifen – nein. Exekution als wichtiger Teil des gesamten kreativen Geschehens – durchgängig abgelehnt.

Dieser Kreativitätstyp braucht und will also keine besonderen kreativen Strukturen und Prozesse. Er will frei agieren und sich möglichst wenig prozessuale Manschetten anlegen. Es darf ruhig etwas rebellisch zugehen. Ebenso spielen kognitive Fähigkeiten keine wirkliche Rolle. Wichtig ist dagegen das Setting. Dort allerdings weniger eine inspirierende Umgebung, die sich vom »normalen« Arbeitsalltag abhebt. Entscheidend sind eher diverse, multidisziplinäre Teams einerseits und ausreichend Me-Time andererseits. Konsequent ist für diesen Kreativitätstypus, dass ein offenes Mindset und die Bereitschaft zum Regelbruch maßgebliche Bedeutung haben.

In diese Richtung gehen entlang unserer Tiefeninterviews der OMR-Gründer Philipp Westermeyer und der ehemalige MAN-Chef Joachim Drees.

Kreativitätstyp #5: Der strukturierte Kreative

Der fünfte Kreativitäts-Typ ist vor allem mit Blick auf seinen Weg zur kreativen Umsetzung und damit hinsichtlich der Prozessdimension das Gegenteil des Rebellen. Ihm ist wichtig, dass der Startpunkt der meisten kreativen Prozesse eine klar und durchdacht definierte Frage ist. Kreativität braucht regelmäßig einen iterativen Prozess, fördernde und fordernde Leadership ist essentiell. Eine gute Idee allein reicht nicht, gute Exekution gehört ebenso zur Kreativität dazu. Und: Dieser Kreativitätstyp braucht einen klaren Fokus: Zu viele Ideen bergen Gefahren der Verzettelung. Unstrukturiertes Brainstorming ist seine Sache nicht.

Diese klare Prozessperspektive unterscheidet ihn auch von dem Kreativen der Mitte, selbst wenn sie sich ansonsten durchaus ähneln. Denn auch der strukturierte Kreative misst den kognitiven Fähigkeiten bei kreativen Prozessen keine wirkliche Bedeutung bei, wohl aber dem Setting und dem emotionalen Zugang. So bedeutet sein sehr strukturierter Angang im Prozess keineswegs, dass für ihn ein offenes Mindset und der Mut zum Regelbruch nicht ebenso wichtig wären. Zu ihm passt ebenso, dass Hartnäckigkeit hoch bewertet wird. Und schließlich und auch das verwundert wenig: Für übertriebene Selbstzweifel ist kein Platz. Role Model für diesen Kreativitätstyp ist die Civey-Gründerin und Co-CEO Janina Mütze. Wir kommen im Folgenden bei der Beschreibung der einzelnen Erfolgsregeln auf diese Grundtypen zurück, da jeweils die dort vertretenen Role Models zugeordnet werden können.

KAPITEL 2

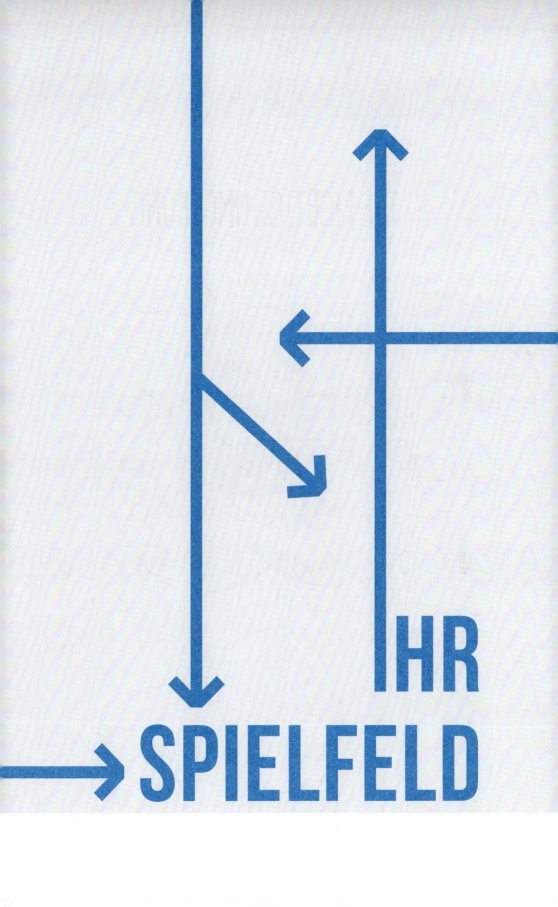

DIE RICHTIGE UMGEBUNG

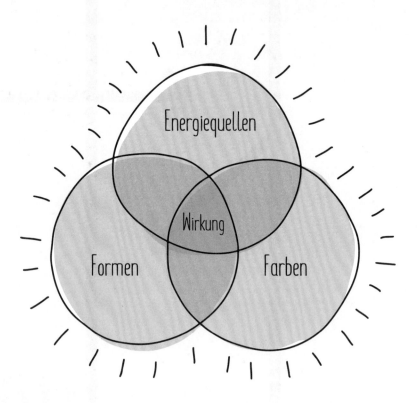

1. ERFOLGSREGEL:
DIE RICHTIGE UMGEBUNG

»Menschen sind räumliche Wesen«
– Frank Dopheide

Betreten wir kraftvoll und voller Neugierde Ihr kreatives Spielfeld. Kommen wir zu der ersten Erfolgsregel: Reden wir über die Bedeutung einer inspirierenden Umgebung für Ihre kreativen Vorhaben.

Vorab: Sie müssen sich eines bewusst sein, wir sind ein Produkt unserer Umwelt. Räumliche Stimmungen nehmen wir wahr. Sie prägen uns und unser Handeln. Wir agieren selten autonom, oft reagieren wir auf äußere Einflüsse.

Wenn wir vor diesem Hintergrund gefragt haben, welchen Einfluss die räumliche Umgebung auf die Kreativität hat, teilt sich das Feld der Befragten in zwei Lager: Einige finden, dass die Umgebung keine große Rolle spielt, andere investieren viel Zeit, Ressourcen und Energie, ein Umfeld zu schaffen, das Kreativität fördert.

So mag also nicht für jeden eine inspirierende Umgebung eine unverzichtbare Bedingung für die Kreativität sein. Generell gilt: Das Umfeld hat Einfluss auf unsere Kreativität. Farben und Licht bestimmen unsere Gedanken. Geräusche und Klänge prägen unsere Gefühle.

Wir schauen also tiefer: Welche Umgebung beeinflusst uns wie in unserer kreativen Arbeit? Was stimuliert uns und warum? Welche Bedeutung haben Räume, Farben, Materialien und Gegenstände für unsere Kreativität? Was stellt das Äußere genau mit unserer inneren Kreativität an?

Wir denken einmal gemeinsam nach. Und wir nehmen jemanden dazu, der wie kein Zweiter für dieses haptische, fühlbare, emotional aufgeladene Thema prädestiniert ist: **Frank Dopheide**. Sein jüngstes Werk: »Gott ist ein Kreativer, kein Controller.« – mittlerweile ein Standardwerk für Kreative oder solche, die es werden wollen.

Dopheide ist nicht in erster Linie Buchautor, sondern vor allem die lebendig gewordene, gerade auch unternehmerische Kreativität – und das gleich in ganz unterschiedlichen Branchen: Er war Chairman einer der weltweit führenden Werbeagenturen und Sprecher der Geschäftsführung der Handelsblatt Media Group. Er ist heute Gründer und Chef-Kreativer der Purpose-Agentur mit dem bezeichnendem Namen »human unlimited« und so etwas wie ein Apostel für die Sinnhaftigkeit in unserer Wirtschaft.

Und nicht nur deshalb preisen viele Hochkaräter seinen Namen: Der Boxweltmeister Wladimir Klitschko lobt ihn: »*Ein wahrer Champion der Markenführung und der perfekte Sparringspartner in diesem Ring.*« Die Werbe-Ikone Jean-Remy von Matt ruft ihm zu: »*Es gibt viele Leute, von denen ich viel halte, die viel von dir halten.*« Die Publizistin, Gründerin und Professorin Miriam Meckel schwelgt über ihn: »*Er nimmt uns alle mit auf eine hinreißende Fahrt entlang des Sternenstaubs in neue Galaxien des Denkens und Fühlens.*« Und schließlich verneigt sich die Journalisten-Legende Gabor Steingart mit folgenden Worten vor ihm: »*Das Zusammensein mit dir fördert die Wahrheit zu Tage.*«

Sein Ziel: Den Menschen – gerade auch im unternehmerischen Kontext – wieder in den Mittelpunkt stellen. Der fast zwanghafte Fokus auf Shareholder Value reicht nicht. Unternehmen sind für Menschen da. Sie müssen ihre Daseinsberechtigung neu finden, müssen verstehen, warum die Welt sie braucht. Das Menschliche muss wieder in die Vorstandsetagen einziehen.

Dopheide ist entlang unserer Kreativitäts-Typologie ein strukturierter Kreativer. Das Setting ist wichtig – inspirierende Umgebung, Teamarbeit, Diversität. Ebenso kommt es auf die richtige Einstellung an – positive Energie, offenes Mindset, hartnäckige Leidenschaft und vor allem der Mut zum Regelbruch. Herausstechend gegenüber dem »Kreativitäts-Mainstream« ist vor allem aber, dass kreative Prozessthemen für ihn von herausgehobener Bedeutung sind: Die richtige Frage zu Beginn ist wichtig, ein guter iterativer Prozess und Fokus sind entscheidend und vor allem kommt es auf eine sehr gute Exekution und Leadership an. Kreativität ist eben für Dopheide kein Selbstzweck, sie muss sich auszahlen, maximale Wirkung entfalten. Aber legen wir nun los.

Seien Sie sich bewusst: Räume können nicht nicht wirken

Beginnen wir mit einer Selbstverständlichkeit, die jedoch häufig vergessen wird: Räume wirken. Sie sagen etwas aus und setzen den Ton. Sie legen Schalter um und versetzen uns in eine bestimmte Stimmung. Die Umgebung beeinflusst unsere Kreativität.

Wir kennen das aus dem Privaten und bemühen hier zugegebenermaßen Klischees, die nichtsdestoweniger wahr sind: Ein Dinner bei Kerzenschein in einem schönen Restaurant – Kerzen auf dem elegant gedeckten Tisch: Wir entschleunigen automatisch, beruhigen uns, fühlen uns wohl, lassen uns fallen. Ein Picknick im Freien, den Geräuschpegel bestimmt die Natur – wir hören Vögel, die zwitschern, und den rauschenden Fluss. Beides hat vielfach die gleiche Wirkung auf uns. Vielen Menschen hilft gerade diese ganz besondere Atmosphäre, in einen fast meditativen Fluss der Kreativität zu kommen. Ganz anders ergeht es Ihnen sicherlich in der kühlen Umgebung eines polizeilichen Verhörraums oder der sterilen Umgebung eines ärztlichen Behandlungszimmers.

Oder werfen wir einen Blick in die Arbeitswelt: Eine »Deutsche Amtsstube« ist ähnlich kreativitätsfördernd, wie die Formulierung vermuten lässt. Anders dürfte auf die meisten von uns ein helles, geräumiges Atelier mit großen Fenstern und natürlichem Licht wirken. Solche Räume strahlen Wärme, Offenheit und Weite aus. Wir können experimentieren, uns frei bewegen und unserer Kreativität freien Lauf lassen.

Umso weniger ist uns und gerade auch Frank Dopheide verständlich, warum sich die meisten Büros sehr ähneln. Für ihn ist ein Raum mehr als ein Ort. Der Raum ist die Fortführung der unternehmerischen DNA: Räume sind sichtbar, greifbar, erlebbar. Sie grenzen ab und sagen etwas aus. Räume sind kulturbildende Maßnahmen. Sie verbinden, setzen aber auch Reibungspunkte.

Warum nur müssen die Räume in Deutschlands' Versicherungshäusern alle gleich aussehen? Unternehmen wie Google, Microsoft und andere oftmals US-amerikanische Tech-Unternehmen haben schon vor Jahren erkannt, wie wichtig die Umgebung für unseren kreativen Wirkungsgrad sind. Die Unternehmensräume sind deutlich farbiger und mit unterschiedlichen Formen verspielter.

Die Stimmung der meisten Menschen ändert sich generell mit der räumlichen Umgebung, die bestimmte Assoziationen, Gemüts- und Gefühlszustände auslöst. Oder wie es Dopheide formuliert: »*Menschen sind räumliche Wesen.*« Aber was genau passiert, ist oftmals eine höchst individuelle Sache. Was den einen inspiriert, ist für den anderen zu laut und lenkt ab. Manche Menschen benötigen im wahrsten Sinne des Wortes: nichts, kein Bild, kein Fenster, keine Farben, keine Ablenkung. Sie finden Kraft im Minimalistischen. Sie füllen den Raum selbst. So vertraut uns beispielsweise der Schweizer Bestsellerautor Rolf Dobelli an, dass er sich zum Schreiben in einen Raum – am liebsten ohne Fenster und Sonnenlicht – einschließt. Er starrt an die Wand und vermeidet jegliche Form der Aussicht, die ablenken könnte. Andere brauchen genau das Gegenteil.

Menschen reagieren also auf Räume und die Umgebung unterschiedlich. Sie sollten also idealiter begreifen, welcher Kreativitätstyp Sie und Ihre Mitstreiter sind. Auf dieser Basis können Sie die richtige Umgebung schaffen. Es gibt keine »one size fits all« Lösung. Aber: Vergessen Sie nie, genauso wenig wie man nicht nicht kommunizieren kann, können Räume nicht nicht eine Wirkung entfalten.

Denken Sie daran: Der Raum sollte zu Ihrer konkreten Aufgabe und Ihren kreativen Mitstreitern passen

Sie sollten verstehen, welcher Raum für die Aufgabe, für Sie, für die Menschen, die mit Ihnen arbeiten, das größtmögliche Kreativergebnis erzeugt: Sind Sie in der Endphase Ihrer kreativen Leistung und wollen Sie die letzten Meter schaffen, um Ihre Idee zum Leben zu erwecken? Oder sind Sie gefangen, kommen nicht weiter und wollen wachgerüttelt werden, um zu sehen, ob der kreative Impuls überhaupt eine Daseinsberechtigung hat? Wollen Sie die kreative Energie Ihres Umfelds nutzen oder brauchen Sie die Isolation, um wirklich leer zu werden?

Unterschiedliche Aufgaben entlang der kreativen Evolution erfordern mitunter unterschiedliche Umgebungen. Es kommt dabei nicht nur auf Ihre Stimmung und Ihre eigenen Vorlieben an. Genauso wichtig ist, welche kreative Aufgabe Sie zu erfüllen haben und welche Räume Ihre möglichen Mitstreiter brauchen.

Versuchen Sie also die richtige Umgebung für die richtige Aufgabe zu finden. Dies betrifft den Raum selbst, aber auch seine funktionale Ausstattung. Wir sind sensibel für Symbole und Aufbau. Ein runder Tisch hat eine andere Wirkung als eine lange Tafel. Beides kann funktionieren – abhängig vom zu bearbeitendem Kreativthema.

Zur Weite des Raumes: Vermeiden Sie (räumliche) Trennungen bei kreativen Vorgängen

Allgemeingültige Regeln gibt es also nicht. Aber das eine oder andere gilt es schon zu beachten. Wir kommen damit wieder zu Dopheide. Die Bedeutung von Räumen war und ist ihm stets bewusst. Gleiches gilt für die damit verbundene Symbolik.

Räume sollten – so Dopheide – nicht nur Energie spenden und einen Wiedererkennungswert haben. Sie sollten auch verbinden. Schon aus diesem Grund ist Dopheide kein Freund deutscher Vorstandsetagen. Vorstände »fühlen« weniger, wie es dem Unternehmen und seinen Mitarbeitern tatsächlich geht. Die künstlich installierte Trennung zwischen dem Vorstand und dem »Maschinenraum« ist nicht gut – weder kulturell noch wirtschaftlich. Die zementierte Trennung geht über das Räumliche hinaus.

So hat er in seiner Zeit in der Geschäftsführung der Handelsblatt Media Group als Erstes sein eigenes »Chefbüro« abgeschafft, genauer gesagt hatte er überhaupt kein eigenes Büro. Stattdessen saß er früh morgens immer am Empfang und las die neueste Ausgabe des Handelsblatts. Er wollte damit zeigen: »*Ich bin ansprechbar, erreichbar, greifbar, mittendrin, nicht abgehoben.*« Und auch im Laufe des Tages wanderte er durch das Haus. Wollten Mitarbeiter mit ihm etwas besprechen, sagte er, »*ich komm vorbei*«: Keine ehrfurchtsvollen Besuche beim Chef im Eckbüro mit Vorzimmer. Keine hierarchiebestimmten Rituale, wer zu wem kommen soll. Keine räumliche Trennung zwischen Chef und Mitarbeiter: Stattdessen dienende, unterschiedslose Bewegung zwischen den Etagen, gerne auch mit Kunden – im Dienst der Kreativität.

Einen Bruder im Dopheide'schen Geiste finden wir in dem **deutschen Nobelpreisträger Thomas Südhof**, den wir in unserem Buch noch häufiger begegnen und ausführlicher vorstellen werden. Er zeigt deutlich auf: Das Problem der räumlichen Trennung, die Kreativität unterdrückt, ist kein singuläres Phänomen der Wirtschaft. Es ist auch an der Tagesordnung der Wissenschaft in Deutschland: »*Gerade in Deutschland gibt es die weit verbreitete Theorie, dass man ein paar Leute aussucht, sie als Genies deklariert, dann allein forschen lässt und diese dann alle Entdeckungen a la Einstein machen.*«

Das ist für Südhof das genaue Gegenteil von dem, wie Kommunikation und Wissenschaft heute funktioniert. Austausch und Kommunikation sollten gefördert werden. Das erreicht man aber nicht, wenn man eine geringe Anzahl an Direktoren mit großen abgegrenzten Abteilungen ausstattet. So stellt sich Südhof auch ein modernes Haus der Wissenschaft ganz anders vor: »*Man sollte nicht 100 sondern 1.000 Leuten Mittel zuweisen. Und diese Wissenschaftler sollte man alle an einen Platz in ein Haus setzen, so dass sie miteinander reden.*«

Dieses Haus hätte in seiner Vorstellung gar keine Wände. Büros der Professoren wären nicht abgetrennt oder abgesetzt. Sie hätten auch keine Türen, die verschlossen werden könnten. Es gäbe viele Interaktionsbereiche, die jederzeit von allen geteilt würden. Also das genaue Gegenteil von den – gerade in der deutschen Wissenschaft noch vorherrschenden – völlig voneinander abgegrenzte Abteilungen, deren Mitglieder nicht miteinander diskutieren.

In einem solchen neuen Haus der Wissenschaft, das wir uns als eine Mischung aus dem mehrfach preisgekrönten europäischen Headquarter von Bloomberg in London[1] vorstellen, bräuchte man dann besonders kreative, interdisziplinäre Teamarbeit auch gar nicht mehr besonders zu orchestrieren: »*Wenn man einfach die Leute zusammensetzt, dann reden und arbeiten sie auch miteinander. Dann braucht man die gar nicht besonders steuern. Und dann machen sie auch Sachen zusammen. Aber wenn sie getrennt sind und sich nie sehen, dann passiert nichts.*«

Wir halten also fest: In den seltensten Fällen ist eine hierarchiegesteuerte räumliche Trennung für interaktive kreative Prozesse gut. Seien Sie mittendrin, gerade wenn Sie bei kreativen Projekten in einer leitenden Funktion sind. Reißen Sie, wenn nötig, Barrieren ein, bauen Sie Mauern ab. Vertrauen Sie nicht darauf, dass Einsteins in ihren abgeschlossenen Büros gänzlich ohne Interaktion isoliert den kreativen Stein der Weisen finden. Nur selten wird dieser Weg zum kreativen Ziel führen. Dopheides' Mantra bringt es auf den Punkt: »*Seien Sie mittendrin und voll dabei.*«

---

1 (https://www.bloomberg.com/company/offices/bloomberg-london/), dem Camp in Aix-En-Provence (https://www.thecamp.fr/) und der neuen HPI-Dependance in Südafrika (http://www.dschool.uct.ac.za/new-building)

Farben: Achten Sie auf die richtigen Energiequellen

Wenden wir uns dem nächsten Thema zu: Die Kraft und Macht der Farben. Für Dopheide ist das nicht nur eine theoretische Fragestellung. Im Gegenteil: Er hat dies ganz konkret in seiner eigenen Agentur kraftvoll umgesetzt. Die drei Arbeits- bzw. Meetingräume dort haben eine jeweils unterschiedliche Farbgebung. Sie strahlen dadurch eine diverse Emotionalität aus: *»Es gibt zunächst das Sonnenstudio. Das ist gelb. Dann haben wir aber auch einen bisschen kühleren Raum, der in einem ruhigen Blau gehalten ist. Und schließlich haben wir einen sehr energetischen Raum, der in Magenta strahlt. Und je nachdem, wo man sich gerade befindet, wird man in eine bestimmte Emotionalität versetzt.«*

Besucher dürfen sich immer selbst ihren Raum aussuchen, der zur jeweiligen Stimmung und kreativen Aufgabe passt: *»Dabei ist es total spannend zu sehen, wer in welchen Raum geht. Der blaue Raum, die blaue Lagune, hat eine abklingende Wirkung. Wenn du mal wirklich für dich sein willst, wieder wirklich Ruhe haben oder aufs Wasser blicken willst, dann findest du dort eine gewisse Abgeschiedenheit. Der Magenta-Raum ist lebendiger. Aber man muss ihn aushalten können. Wenn ich den ganzen Tag drin bin, macht mich diese grelle Farbe doch irgendwie fertig.«*

Dopheide spielt also ganz bewusst und konsequent mit der Farbpallette und ihrer Wirkung. Er möchte bestimmte Gefühlsregungen aufnehmen oder sogar erzeugen. Gerade farbige Räume wirken nicht nur nach innen, sondern auch nach außen. Der Raum tanzt mit unserer kreativen Stimmung. Art und Takt geben dabei oft die verwendeten Farben vor: Gelb steht beispielsweise für Wärme, Optimismus, Heiterkeit und extrovertierte Freundlichkeit. Mit Blau drücken Sie Harmonie, Zufriedenheit, Ruhe, Unendlichkeit und Hoffnung aus. Rot dagegen versinnbildlicht Aktivität, Dynamik, Gefahr, Temperament, Zorn, Wärme und Leidenschaft. Grün wiederum steht für Durchsetzungsvermögen, Frische, Beharrlichkeit, Entspannung und Naturverbundenheit.

Was bedeutet das also für Sie? Sie müssen auch farblich den Raum finden, der zu Ihnen, Ihren Mitstreiterinnen und auch Ihrer Aufgabe passt. Gerade Farben spielen da eine häufig unterschätzte Rolle. Graue Räume führen nicht selten zu grauen Ideen. Dies gilt jedenfalls für diejenigen Kreativitätstypen, die gerade eine inspirierende Umgebung für einen der Erfolgsfaktoren ihres kreativen Erfolgs halten.

Die richtige Formenwahl: Möbel beeinflussen (kreatives) Verhalten

Der nächste wichtige Punkt: Die Ausstattung – in ihrer Wirkung weiterhin stark unterschätzt. Auch Büromöbel, Sitzordnungen oder sonstige Gegenstände können nicht nicht wirken. Möbel beeinflussen Verhalten.

So berichtet beispielsweise der *frühere Vorstandsvorsitzende der Siemens AG* und heimliche Chef der damaligen Deutschland AG, **Heinrich von Pierer**, dass die allermeisten kreativen Innovationen bei Siemens nicht einsam in einer Kammer entstanden sind. Vielmehr haben immer Leute – oftmals interdisziplinär – zusammengearbeitet und gemeinsam Lösungen entwickelt: »*Da musste Gemeinschaftsgeist entstehen und besonders wichtig war, dass sich einzelne Mitarbeiter nicht als Gewinner oder Verlierer fühlten.*« Es ging darum, die Mitarbeiter wirklich »*zum Reden zu bringen*«. Manchmal gibt es in einem Team oder einer Gruppe Personen, die einen wertvollen Beitrag leisten könnten, aber aus verschiedenen Gründen schweigen.

Das mag vielleicht wie eine kleine Veränderung aussehen, aber es könnte eine große Bedeutung haben: »*Ich habe beschlossen, im Vorstand einen runden – anstatt eines länglichen – Tisches einzuführen. Das mag vielleicht wie eine kleine Veränderung wirken, aber es hat die Diskussionskultur in unserem Team völlig verändert. Durch den runden Tisch fühlten sich alle gleichberechtigt und waren eher bereit, ihre Meinungen und Ideen zu teilen. Das hatte mich früher schon gestört, wenn ich selbst vor dem Vorstand berichten musste. Auch herkömmliche Sitzordnungen in Aufsichtsratssitzungen wirken oft autoritär und tragen nicht dazu, ein offenes und einladendes Umfeld für Diskussionen zu schaffen. In unserer Organisation war es wichtig, dass alle zu Wort kommen und ihre Perspektiven teilen konnten, da unsere Arbeit sehr vielfältig war.*«

Runde Tische lassen eben keine Hierarchie zu. Ein Rechteck hat zwei kurze und zwei lange Seiten. Normalerweise wird immer eine der kurzen Seiten automatisch vom Chef als Platz gewählt. Es manifestiert sich ein Habitus, der vielfach von allen einfach akzeptiert wird. Ein runder Tisch kann demgegenüber keine hierarchischen Positionen vorgeben. Die Plätze sind gleichberechtigt. Mit der Platzwahl verbindet sich keine Symbolik. Unterschätzen Sie diese Wirkung auf kreative Vorgänge nicht.

Auch der damalige Deutschland-Chef der Strategieberatung **Boston Consulting Group, Dieter Heuskel,** hatte in der Mitte seines Büros einen zwar nicht runden, aber ebenso »demokratischen« quadratischen roten Tisch stehen – eben auch keinen autoritären Chef-Schreibtisch. Hier saß er genau wie jeder andere seiner Gesprächspartner ohne jegliche (psychologischen) Barrieren oder gegenständlich ausgedrückten Autoritäts- oder Hierarchiegesten. Und auch Dopheide hat in seiner Agentur einen großen Tisch, an dem das ganze Team gleichberechtigt arbeitet. Achten Sie also besonders auf diese Kleinigkeiten. Unterdrücken Sie nicht bereits dadurch Kreativität, indem Sie kommunikationsmindernde, regelmäßig auch hierarchiebestärkende Büromöbel verwenden.

Auf ein weiteres wichtiges Detail macht uns schließlich **Ulrich Weinberg, der Leiter der HPI Design School of Business**, aufmerksam. Er schwört auf flexible Räume in Bewegung: »*Wir müssen weg kommen von starren, den kompetitiven Einzelmodus unterstützenden räumlichen Umgebungen hin zu flexiblen, die Zusammenarbeit unterstützenden Räumen: Wir müssen die Teams atmen lassen*«. Weinberg hat also beim HPI in Potsdam flexibel räumlich gestaltbare Räume entwickelt und besondere Tische und Whiteboards auf Rollen konstruieren lassen: »*Alles, was man bewegen kann, sollte man auch beweglich machen.*« Weinberg stellte fest, dass es solche beweglichen Tische für 5-6 Personen, an denen man im Stehen arbeiten, die man aber auch durch die Gegend schieben und miteinander paaren konnte, nicht gab. Gleiches galt für Whiteboards – auch die gab es nicht auf Rollen. Aus diesem Grund entwickelte Weinberg diese Tische vor mehr als 20 Jahren mit Kooperationspartnern selbst. Und mittlerweile stehen die Tische und Whiteboards in Hunderten von Einrichtungen in ganz Europa.

Die Wirkkraft unterschiedlicher Materialien: Seien Sie achtsam

Kreativität braucht zweifellos Energie. Energie, die fließt: Zwischen uns und unseren Ideen. Zwischen uns und unseren Mitstreitern. Wir wagen deshalb einen Blick ins Fernöstliche, genauer gesagt auf **Fengshui**, die traditionelle chinesische Lehre, die sich mit der harmonischen Gestaltung von Räumen und der Schaffung einer positiven Energiebalance beschäftigt.

Was sagt uns diese uralte Lehre? Wir brauchen Harmonie und Ausgewogenheit, eine Balance zwischen den Elementen, den Energien und Symbolen unserer Umgebung: Chi, die Lebensenergie, die Schwingungen müssen fließen. Die Polarität von Yin und Yang, das Streben nach Gleichgewicht, hilft uns dabei, uns zu finden. Sind wir in Balance, sind wir kreativer.

Fengshui betrachtet fünf Elemente: Holz, Feuer, Erde, Metall und Wasser. Und genauso wie Farben entfalten diese Elemente eine besondere, individuelle Wirkung: Holz steht vereinfacht für Wachstum, Vitalität sowie Flexibilität und fördert Kreativität. Feuer symbolisiert Energie, Leidenschaft sowie Begeisterung und fördert Motivation, Wärme und Aktivität. Erde repräsentiert Stabilität sowie Balance und fördert Harmonie. Metall steht für Klarheit, Präzision sowie Stärke und fördert Fokus, Struktur und klare Kommunikation. Wasser schließlich symbolisiert Fluss, Reinigung sowie Intuition und fördert Flexibilität, Ausgewogenheit und emotionale Ausdrucksfähigkeit.

Die richtigen Materialien und ihre damit verbundenen Symbole setzen die richtigen räumlichen Impulse. Nicht nur in der Welt von Fengshui. Mit welchen Materialen wir uns umgeben, hat Einfluss auf unsere Denk- und Arbeitsweise. Das Kreative und Warme von Holz kann Ihnen sehr in den Anfangstagen Ihres kreativen Vorhabens helfen, während die Klarheit von Metall in der Phase der Umsetzung essentiell sein kann. Hören Sie also in sich hinein, welche Umgebung für Sie und Ihr Projekt gerade die richtige ist.

Jeder hat seine eigene kreative (Un-)Ordnung – auch Sie

Und schließlich noch ein letztes Word zum Thema »kreatives Chaos versus Klarheit schaffende Ordnung«:

Der Legende nach war Einstein ein Mensch des kreativen Chaos. Auch der Volksmund meint, Kreativität an der Unordnung eines Schreibtisches erkennen zu können: Menschen, die in ihren Gedanken versinken, haben keine Zeit, Papier zu ordnen, Ablage zu machen. Und schließlich gibt es auch kluge experimentelle Studien, wonach unaufgeräumte Schreibtische, Räume oder Umgebungen die Kreativität förderten: Sie stimulierten eine Abkehr von der Konventionalität, was zu frischen Erkenntnissen führen könne. Ordentliche Räume hingegen förderten die Konvention und »das sichere Spielen«.

Stimmt das wirklich? Eine allgemein gültige Antwort darauf gibt es wohl nicht. Auch hier sollten Sie stattdessen wieder genau fragen: Welche (Un-)Ordnung brauchen sie, um möglichst kreativ zu sein? Welcher Grad des Chaos ist nur noch ablenkend oder gerade stimulierend? All dies ist sehr individuell, aber seien Sie sich der Bedeutung bewusst und treffen Sie eine bewusste Entscheidung: Auch über Ihre eigene, möglichst kreative, (Un-)Ordnung.

Was Sie für sich mitnehmen können

Fazit: Jetzt und auch in den folgenden Abschnitten fassen wir kurz zusammen, was Sie mit Blick auf diese Erfolgsregel mitnehmen sollten:

- Seien Sie sich bewusst: Räume können nicht nicht wirken. Die Umgebung setzt den emotionalen Ton für die Kreativität, Wechselwirkungen inklusive.

- Der richtige Raum für die individuelle Aufgabe und Ihre Mitstreiterinnen – verstehen Sie die räumliche Umgebung als Werkzeug und setzen Sie das richtige Werkzeug für Ihren individuellen Kontext ein.

- Seien Sie mittendrin und voll dabei: Vermeiden Sie (räumliche) Trennungen bei kreativen Vorgängen.

- Farben wirken: Achten Sie auf die richtigen Energiequellen, jeweils orientiert an der ganz konkret zu erzeugenden kreativen Stimmung.

- Möbel beeinflussen kreatives Verhalten. Schaffen Sie eine größtmögliche Flexibilität. Vermeiden Sie in jedem Fall kreativitätsmindernde Umgebungen, die Hierarchien befördern.

- Unterschätzen Sie nicht die Wirkkraft unterschiedlicher Materialien: Wählen Sie sie achtsam aus, vielleicht gerade auch mit Blick auf die Stufe Ihres kreativen Vorhabens.

- Definieren Sie für sich genau, welcher Grad der (Un-)Ordnung für Ihren kreativen Prozess ideal ist. Treffen Sie eine bewusste Entscheidung.

DIVERSE KREATIVE TEAMS

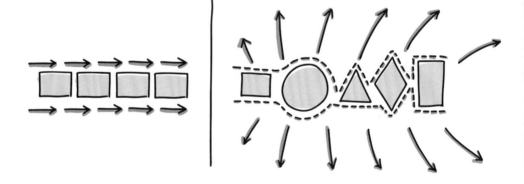

2. ERFOLGSREGEL: DIE BEDEUTUNG VON DIVERSITÄT UND MULTIDISZIPLINARITÄT

»Als Wissenschaftler ist man sich selbst nie genug«
– Thomas Südhof

Nun zur zweiten Erfolgsregel. Auf Ihrem kreativen Spielfeld sind Sie regelmäßig nicht allein: Sie haben Partner, Teams, Mitstreiterinnen, Mentoren, Impulsgeberinnen, Inspirationsquellen und viele Akteure mehr. Sie müssen sie möglichst effektiv einsetzen, orchestrieren und kreativitätsstiftend nutzen. Dies wirft gerade zwangsläufig die Frage auf, welche Bedeutung Diversität und Multidisziplinarität haben. Eine sehr große – das meinen fast ausnahmslos alle Befragten. Und dies ist beileibe keine Modeerscheinung, die vorüberziehen wird. Warum eigentlich? Lassen Sie uns dem einmal gemeinsam genauer nachgehen.

Zunächst: Kreativität entsteht gerade an den Orten, wo sich unterschiedliche Disziplinen, Denkweisen und Kulturen kreuzen: Menschen mit unterschiedlichen Hintergründen, Erfahrungen und Wissen schaffen vielfältige Perspektiven. Sie führen zu einem breiteren Spektrum von Ideen. Komplexe Probleme können aus unterschiedlichen Blickwinkeln betrachtet und kreativer gelöst werden. Diversität und Multidisziplinarität vermeiden eine kreativitätshemmende, zu große Homogenität von Gruppen und damit verbundenen unkritischen Denken. Sie macht das kreative Leben spannender – oder wie es der israelische Historiker und Bestseller-Autor Yuval Noah Harari sagt: »*Es ist die Vielfalt der Kulturen, die die Welt interessant macht.*«

Wir wollen dabei den Begriff der Diversität sehr breit verstehen. Es geht uns nicht nur um Geschlechter-Diversität. Wir meinen stattdessen eine Vielfalt in jeder vorstellbaren Weise – es geht also um Alter, Sozialisierung, geographische Herkunft, Erfahrungshintergründe, Fachdisziplinen, wirtschaftliche Situation, generell das Vorhandensein unterschiedlicher Ressourcen und vieles mehr.

Was müssen wir also tun, um möglichst vielfältig inspiriert zu werden? Was macht diverse und multidisziplinäre Partnerschaften und Teams aus? Wie verhindern wir ein zu homogenes Denken und Handeln?

Diese besondere Formel der kreativen Diversität ergründen wir vor allem mit zwei Personen, die im Denken vieles eint, die im Übrigen aber unterschiedlicher nicht sein könnten:

Dies ist zunächst **Thomas Südhof, Pionier der Neurowissenschaften, Professor in Stanford**, der für seine bahnbrechenden Arbeiten im Bereich der synaptischen Übertragung und Signalübertragung in Nervenzellen 2013 den **Nobelpreis** für Physiologie oder Medizin erhielt. Er ist einer, den stets die kreative Neugierde treibt, der seinen Antrieb selbst so beschreibt: »*In der Wissenschaft muss man Spaß daran haben, Dinge zu entdecken und etwas Neues zu verstehen. Das ist so, als wenn es über Nacht geschneit hat und man morgens der erste ist, der über den Schnee geht. Dann sieht man seine eigenen Fußabtritte.*«

Thomas Südhof ist Niedersachse. Er ist in der heimlichen Hochburg der Nobelpreisträger als Sohn eines Ärzte-Ehepaars geboren, in Göttingen. Als Biologe fällt es ihm schon frühzeitig schwer, vom menschlichen Gehirn nicht fasziniert zu sein. Er möchte von Beginn an die großen Fragen lösen, die noch keiner angefasst hat und welche die Menschen bisher nicht verstehen. Er erforscht seit rund vierzig Jahren deshalb das menschliche Gehirn.

Genauer gesagt will er wissen, wie Gehirnzellen miteinander »reden«. »*Alle Funktionen – von Sehen, Riechen bis zur Entscheidungsfällung bis zu den Gefühlen – operieren im Gehirn dadurch, dass Zellen miteinander kommunizieren. Mich interessiert, wie durch diese Kommunikation der Zellen Informationen verarbeitet werden und auch zu Entscheidungen kommen können.*«

Wunderbar! Er bohrt also die ganz dicken Bretter, erzielt bahnbrechende Fortschritte und scheint höchst kreativ zu sein. Und wir werden nicht enttäuscht. Schon seine Antwort auf unsere Gesprächsanfrage ist überraschend (und kreativ): Das wunderbare Thema Kreativität findet er sehr spannend. Aber ein Buch? Er selbst habe – anders als früher – in den letzten Jahren nicht mehr viele gelesen. In unserem Gespräch lernen wir eine Menge. Südhof ist in unserer Diktion ein Kreativitätstechniker. Diversität des Teams und ausreichend Me-Time sind ihm sehr wichtig. Ebenso ist die richtige Einstellung entscheidend, vor allem der Mut zum Regelbruch und ein offenes Mindset. Was ihn allerdings vom Kreativen der Mitte abhebt ist, dass er kognitive

Fähigkeiten zumindest für seinen Kontext als essentiell ansieht. Ohne sehr tiefe fachliche Expertise und einen umfassenden Erfahrungsschatz sind in seinem Bereich kreative Höchstleistungen schwer vorstellbar.

Unser anderes – nicht minder spannendes – Role Model ist **Yasmin Mei-Yee Weiß**. Sie ist nach eigenen Aussagen ein bisschen faul – glauben können wir das allerdings kaum. Man muss sich nur vor Augen führen, was sie alles in ihrem Leben macht: Weiß ist *Professorin, mehrfache Aufsichtsrätin, viel beachtete Publizistin, Politikberaterin, Unternehmensgründerin, Mutter* und noch viel mehr.

Weiß ist ganz viele Personen in einer. Sie ist gewiss eine sanfte Regelbrecherin – aber dazu kommen wir noch. Sie betrachtet ihren eigenen Lebensweg als ihre größte kreative Leistung, an den sie sich herangetastet und den sie für sich »gestrickt« hat: Kein vorgefertigter Werdegang wollte so recht zu ihr passen. Stattdessen ist sie immer neue Wege gegangen. Sie ist innerlich getrieben, auch wenn dies selten nach außen dringt. Und sie hat eine große Sehnsucht: Sie möchte immer – völlig antizyklisch, örtlich, zeitlich autonom – bei gutem Wetter in den Bergen sein, zugleich aber auch ihren Alltag »wuppen«. Sie möchte das Wetter genießen, viel Urlaub machen und gleichzeitig aber auch die Dinge, die ihr wichtig sind, zustande bringen. Eine wirklich befriedigende Lösung haben wir gemeinsam (noch) nicht gefunden, aber ihre Gedanken zur Diversität haben sich bei uns festgesetzt.

Wenn wir versuchen, Weiß einem unserer Kreativitätstypen zuzuordnen, befindet sie sich im kreativen, sehr emphatischen Mainstream der Mitte: Die kreative Einstellung und gerade auch das kreative Spielfeld ist für sie wichtig. Kreativität ist für sie: Inspirierende Umgebungen, Diversität, psychologische Sicherheit, ein offenes Mindset, Regelbruch, Leidenschaft – durchaus auch Selbstzweifel, und die Herausforderung, das Spannungsfeld aus konfligierenden Rollen und Bedürfnissen in Balance zu bringen. Kognitive Fähigkeiten sind weniger entscheidend. Wir hören ihr bei dieser Erfolgsregel der Kreativität also genau zu.

Verlassen Sie ganz bewusst Ihre eigene Bubble – suchen Sie gerade die diversen Inspirationen

Fangen wir mit Yasmin Weiß ein. Sie ist sofort geständig: Wir bewegen uns hauptsächlich in unserer eigenen Bubble, in der wir sozialisiert worden sind. Das prägt unsere Denkmuster: »*Da müssen wir aber raus: Interdisziplinarität hilft, diese Denkmuster zu hinterfragen und so auch in die toten Winkel der persönlichen Wahrnehmung hineinzuleuchten.*« Der Diskurs außerhalb dieser Bubble hilft, Probleme holistisch zu betrachten und gemeinsam Lösungswege zu entwickeln. Gerade das ist in der eigenen Bubble, die durch ähnliche Disziplinen, ähnliche Sozialisierung und ähnlichen sozialen Status geprägt ist, viel zu wenig der Fall.

Analysieren Sie sich also genau: Wie sehr sind Sie in ihrer eigenen Blase verhaftet? Bekommen Sie ausreichend Impulse und Inspirationen gerade auch von ganz anderen Personen? Wenn nein, dann ändern Sie dies aktiv. Denn: Wirklich diverse Interdisziplinarität stellt sich – auch aus der Sicht von Weiß – nicht von selbst ein: Sie müssen diese regelmäßig gezielt orchestrieren und organisieren. Sie müssen bewusst andere Disziplinen einbeziehen und aus dem eigenen Umfeld ausbrechen. Der Grund hierfür ist einfach: Die meisten Arbeitsumgebungen sind momentan leider noch zu wenig interdisziplinär.

Treffen Sie alte Bekannte, die Sie aber lange nicht gesehen haben dürfen

Die spannende Frage ist also: Wie orchestriert Weiß ihre eigene interdisziplinäre Umgebung, um selbst möglichst kreativ zu sein? Ihre Antwort: Soziale Netzwerke sind wie eine Zwiebel. Anhand dieses Bildes zeigt sie, wo man am meisten Neues lernen und was die eigene Kreativität befeuern kann:

Diese Zwiebel hat einen harten Kern. Dort sind die Menschen, die Sie täglich sehen. Von diesen können Sie – so hart es klingt – in der Regel wenig neue Impulse erwarten, da Sie mit diesen tagtäglich interagieren. Um diesen harten Kern herum ist ein weiterer Kreis. Das sind Ihre Freunde. Diese sind schon eher in der Lage neue Inspiration zu geben, weil sie nicht notwendigerweise Ihrer oder einer vergleichbaren Disziplin entstammen.

Die meisten neuen Impulse bekommen Sie aber von dem erweiterten Kreis außen herum. Das sind Menschen, die Sie in irgendeiner Form kennen. Sie stehen Ihnen Rede und Antwort. Diese Menschen sind Ihnen nicht total fremd – sonst könnten Sie sie nicht einfach anrufen und bitten »erzähl mir etwas«. Aber sie sind nicht Ihre Freunde und nicht Ihr alltägliches soziales Umfeld: »*Und von diesem äußeren Kreis lernt man wohl am allermeisten Neues, weil sie sehr divers im Vergleich zu dem sind, was du selbst bist. Und wenn man kreativ sein möchte, dann muss man bewusst auch Kontaktpunkte zu diesem äußersten Teil des persönlichen Netzwerks suchen und finden.*«

Weiß setzt diesen äußersten Kreis strategisch für die eigene Kreativität ein. Sie definiert auf besondere Weise deren Mitglieder. Sie trifft sich ganz bewusst wieder mit alten Schulfreunden, die sie zu diesem Kreis zählen würde, und tauscht sich aus. Hier ist die Verbindung stark genug. Man kennt sich aus der Schulzeit. Man kann sich ohne Weiteres auf einen (virtuellen) Kaffee verabreden und die Leute machen das auch. Auf der anderen Seite liegen aber auch zwischen Abitur und jetzt 25 Jahre. Sie sind in der Zwischenzeit unterschiedliche Wege gegangen. Das findet Weiß sehr hilfreich. Uns leuchtet dies ein.

Wagen Sie also einmal das Experiment: Wem standen Sie – sei es aus der Schulzeit, dem Sportverein oder der Musikband – vor langer Zeit nahe, den Sie aber lange nicht mehr gesehen haben? Nehmen Sie einfach Kontakt auf. Und wer weiß, vielleicht werden Sie ja überrascht und erhalten ganz diverse Impulse, mit denen Sie nie gerechnet hätten. Einen Versuch ist es wert. Meinen Sie nicht?

Suchen Sie nach Lösungen in interdisziplinären Teams – nur dann gehen Sie dauerhaft neue Wege

Kommen wir nun zu Thomas Südhof. Er sagt zu Beginn unseres Gesprächs einen wunderbaren Satz: »*Im Kern entsteht kreative Erneuerung immer dann, wenn vorher nicht miteinander in Verbindung gebrachte Ereignisse, Tatsachen, Möglichkeiten verbunden werden.*« Ein Erfolgsfaktor seiner Kreativität sei dabei vor allem die besondere Wirkkraft seiner interdisziplinären Teams. Gerade solche Gruppen entwickeln Ideen und verbinden Dinge auf diese neue, ganz besondere Weise.

Dabei kommt es ihm weniger darauf an, dass es sich »klassisch« um verschiedene Fachrichtungen handelt. Es geht ihm um unterschiedliche Skills und Erfahrungshintergründe. Entscheidend sind unterschiedliche Herangehensweisen mit gefundenen Ergebnissen. Denn eines ist sicherlich richtig: Wir können fundamental Neues nur dann entdecken, wenn wir das gefundene Ergebnis in einen größeren Zusammenhang stellen: »*Menschen entdecken häufig irgendwas, können aber ihre Bedeutung gar nicht realisieren: Sie interpretieren das Ergebnis nur in ihrem engen Bezugssystem, mit dem sie normalerweise vertraut sind. Sie sehen dann gar nicht, dass ihre Entdeckung etwas bedeuten könnte, was weit darüber hinausgeht. Das schafft man nur in einem interdisziplinären Rahmen.*«

Aus diesem Grund kommt kreative Innovation und Disruption auch häufig von außen. Das gilt für die Wissenschaft und Wirtschaft in ähnlicher Weise und für Sie ganz persönlich ebenso. Wenn Sie mit den gleichen Mitstreitern der gleichen Disziplin immer das Gleiche machen, können Sie ein großes Expertentum in dem immer gleichen Thema entwickeln. Sie werden aber nicht die Möglichkeiten erkennen, etwas fundamental Neues zu machen.

Südhof bringt es dabei wunderbar auf den Punkt: »*Als Wissenschaftler sollte man sich aber nie selbst genug sein. Wir sind ja heutzutage nicht nur in der Wissenschaft, sondern überall doch sehr, sehr spezialisiert, nicht wahr? Und meiner Erfahrung nach tendieren die meisten sehr spezialisierten Leute dazu, immer das Gleiche zu machen.*«

Seien Sie sich also wie Thomas Südhof sich selbst nie selbst genug. Andernfalls laufen Sie Gefahr, immer das Gleiche zu tun. Suchen Sie sich Verbündete, die anders als Sie sind – mit anderem Hintergrund, anderen Fähigkeiten, anderen Erfahrungen. Nur dann werden Sie etwas wirklich Neues schaffen.

Tauschen Sie sich aus – sprechen Sie nicht über sich, sondern unterhalten Sie sich über deren Probleme

Thomas Südhof macht uns darüber hinaus noch auf einen wichtigen Aspekt aufmerksam: Wichtige Impulse bekommt er nicht nur bei der zielgerichteten Arbeit an Problemen durch disziplinäre Teams. Kreativität entsteht generell für ihn im diversen Miteinander, wenn sich unterschiedliche Menschen schlicht miteinander unterhalten – fast über was auch immer. Sie bekommen Ideen von anderen, ohne dass ihnen bewusst ist, dass sie eine Inspirationsquelle sind. Sie äußern eine Idee, der andere setzt den Gedanken fort und entwickelt eine darauf aufsetzende Idee.

Da hilft es sehr – so Südhof -, sich auch mit ganz anderen Menschen auszutauschen und über Dinge zu reden, die überhaupt nichts mit dem Problem zu tun haben, mit dem man sich beschäftigt. Disruptionen und kreative Paradigmenwechsel entstehen gerade dann, wenn man plötzlich feststellt, dass es woanders ebenso so ist und man Zusammenhänge erkennt. Diese Ideen bekommt man nicht, wenn man immer nur über seine eigenen Sachen redet. Südhof profitierte stets davon, dass er sich mit anderen Wissenschaftlern über ihre Probleme unterhalten hat. Hierdurch konnte er für seine eigenen Themen viele neue Ideen extrahieren.

Und kennen Sie das nicht auch? Sie sprechen mit ganz anderen Menschen über ganz andere spannende Themen und plötzlich kommt Ihnen eine Idee zur Lösung Ihrer eigenen Probleme. Nehmen Sie sich also die Freiheit. Gute Ideen kommen manchmal über Bande.

Brechen Sie bewusst tradierte Rituale

Einen neuen Punkt führt **Matthias Hartmann, CEO von Techem** und passionierter Schlagzeuger (dazu später mehr), in die Diskussion rund um Diversität ein: Es ist wichtig, verschiedene neue Perspektiven und Erfahrungen in einem Unternehmen einzubringen, um bestehende, tradierte Muster aufzubrechen und Kreativität zu entfalten. Er hat naturgemäß die Perspektive eines CEO. Seine Gedanken lassen sich aber auf jede kreative Teamkonstellation übertragen.

Bei seinem Unternehmen Techem handelt es sich um einen international tätigen Anbieter für Energieeffizienzdienstleistungen entlang der gesamten Wertschöpfungskette in Immobilien. Dessen Geschäftsmodell und die Grundverfassung der Mitarbeiter waren in der Vergangenheit besonders durch das regulatorische Umfeld – wie zum Beispiel Regelwerke mit klangvollen Namen wie »Heizkostenverordnung« – geprägt: »*Es entstehen Automatismen. Dadurch entwickelte sich seit 70 Jahren ein Muster. Einmal im Jahr ablesen, einmal im Jahr abrechnen. Das steckt in der DNA und in den Menschen tief, tief drin. Es ist notwendig, diverse, auch andere kundenzentrierte Erfahrungen in das Unternehmen zu integrieren.*«

Hartmann will diese festgefahrenen Muster durchbrechen. Er setzt die Mitarbeiter unterschiedlichen, neuen Perspektiven aus. Sie müssen den Kundenumgang, Daten und Digitalisierung neu denken. Dieses neue Denken und die damit verbundenen Veränderungen erreicht er, indem er »*ganz andere Charaktere*« in das Team integriert.

Er gründet zum Beispiel einen Inkubator namens Techem X, siedelt diesen aber nicht – wie sonst üblich – in Berlin, sondern in unmittelbarer Nähe des Mutterunternehmens in Frankfurt an. Die dort ansässigen – neu gewonnenen – Digital-Experten brachten eine komplett neue Denkweise gerade mit Blick auf die sogenannte User Experience ein. Zugleich hatten sie aber bereits vorher im energetischen Kontext gearbeitet, so dass es ausreichend Anknüpfungspunkte gab.

Was können wir daraus lernen? Nun, manchmal müssen Sie tradierte Denkmuster gerade auch durch Menschen mit anderen Erfahrungen und Expertise aufbrechen, um Anstöße zu einem neuen kreativen Denken und Handeln zu initiieren. Setzen Sie also gegenüber Ihren Mitstreitern durchaus einmal diverse Kontrapunkte. Bringen Sie verschiedene Perspektiven ein. Provozieren Sie auch Konflikte. Aber behalten Sie immer auch im Auge, dass die neuen Gedanken »anschlussfähig« sind. Holen Sie Ihre alten Mitstreiterinnen ab.

Treffen Sie kreative Entscheidungen idealiter im diversen Diskurs

Diversität und Multidisziplinarität haben nicht nur einen erheblich positiven Einfluss auf die Entstehung von Ideen und kreative Prozesse. Ganz konkret wirken diese Faktoren auch auf häufig zu treffende Entscheidungen ein, wenn Sie an kreativen Weggabelungen stehen. Prägnant bringt dies **Christian Bruch, der Vorstandsvorsitzende von Siemens Energy**, auf den Punkt.

Er spricht geradezu euphorisch von der Zusammensetzung seines Vorstands. Es ist ein flammendes Plädoyer für das Zusammenspiel von unterschiedlichen Nationen, Sozialisierungen und Erfahrungsschätzen: »*Ich zehre sehr von meinem diversen Vorstand. Ich habe eine Kanadierin, einen Amerikaner, einen Ägypter, eine Französin, einen Inder und einen Deutschen in meinem Vorstand. Wir diskutieren extrem divers. Es gibt immer ganz andere, unterschiedliche Richtungen auf ein Problem zu schauen. Diese Diversität tut dem Unternehmen unheimlich gut.*«

Sein Team, das in diesem schwierigen Umfeld, regelmäßig kreative Höchstleistungen vollbringen muss, funktioniert im besten Sinne des Wortes divers: »*Die einzelnen Vorstandsmitglieder agieren sehr unterschiedlich, sind auch emotional ganz unterschiedlich geprägt. Der eine nimmt erst die Fakten, trifft dann die Entscheidung. Der andere entscheidet zuerst und seziert dann die Fakten. Der eine ist besonders ›street-smart‹ und argumentiert schon einmal emotional. Der andere ist viel analytischer und kommt von der Wissenschaft.*«

Gerade diese unterschiedlichen Betrachtungsweisen und eine damit einhergehende gesamthafte Sicht bekommen Sie nur in einem solchen diversen System. Gerade diese komplementären Herangehensweisen führen zu einer bestmöglichen kreativen Entscheidung. Hierzu räumt Bruch auch gerne ein: »*Ich habe immer nur eine Art und Weise auf ein Problem zu gucken. Ich bin da regelmäßig sehr analytisch. Aber das ist im wahrsten Sinne nur die halbe Wahrheit. Da kann aus rein analytischer Sicht eine bestimmte Entscheidung zwar richtig sein. Wenn dann aber ein anderes Vorstandsmitglied aus einem anderen*

Kulturkreis aus einem anderen überzeugenden Grund ›nein‹ sagt, dann kommen wir durchaus zu einer anderen Entscheidung.«

Nun werden die wenigsten von Ihnen Mitglied eines multikulturellen Vorstands sein und die Möglichkeit haben, auf ein – so international und hochklassig divers – besetztes Team zurückzugreifen. Aber selbstverständlich gelten diese Kerngedanken grundsätzlich für die Zusammensetzungen von Teams. Gerade die (kreativen) Entscheidungen sollten durch die Diskussion mit Menschen unterschiedlicher Herkünfte, Sozialisierungen und auch Mentalitäten (mit-)geprägt werden. Und dies geschieht auf verschiedenen Ebenen – es geht um Emotionales, Strategisches, Zahlen und auch unterschiedliche Bauchgefühle. Gerade solche diversen Systeme helfen dabei, einseitige Entscheidungen zu verhindern.

Lösen wir trennende Schubladen auf – emotional, rational und räumlich

Der Befund ist also eindeutig: Diversität und Multidisziplinarität können wichtige kreativitätsstiftende Mosaiksteine sein. Es ist dabei umso bedauerlicher, dass viele Institutionen nach wie vor – in trennenden Schubladen organisiert – die Wirklichkeit verstehen, denken und handeln wollen. Das gilt für weite Bereiche der Wirtschaft, Wissenschaft und Kultur. Vor diesem Hintergrund möchten wir abschließend zwei Mut machende Beispiele aus zwei Bereichen der Lehre zeigen, die Schule machen sollten.

Das erste Beispiel erwähnt in unserem Gespräch unser Role Model Yasmin Weiß: Sie erzählt, dass an einer der renommiertesten deutschen Universitäten, der Technischen Universität München, Fakultäten abgeschafft und damit wirklich ein Bruch mit bisherigen Gangarten vollzogen wurden. Es gibt nicht mehr die Ingenieurs- oder BWL-Fakultät. Vielmehr sollen die Studierenden darauf vorbereitet werden, später eine Rolle in einem interdisziplinären Team einzunehmen und entsprechende Aufgaben zu erfüllen.

Wenn also eine Absolventin mit einem Bachelor in Quanten-Technologie ihr Studium beendet, wird sie natürlich ein gewisses Maß an Fächern belegt haben, die direkten Bezug nehmen auf Quanten-Technologie. Sie wird aber auch Psychologie-Kurse besucht und entsprechende Punkte gesammelt haben. Sie wird Vorlesungen belegt haben, in denen sie mit einer Vielfalt an Kommilitonen in Verbindung kommt. Wir machen also erste Fortschritte, wenn wir junge Leute interdisziplinär ausbilden. Und das wird auch – so Weiß – die Art und Weise, wie sie zukünftig denken und an Probleme herangehen, beeinflussen – alles in Richtung einer kreativen Diversität.

Ein weiteres – sehr inspirierendes – Beispiel für gelebte diverse Kreativität erläutert der mehrfach **Grammy-nominierte US-Jazztrompeter und Lehrer Dave Douglas**, dem wir uns später noch vertiefter widmen werden. In allen seinen Bands sei immer dann große Kreativität entstanden, wenn sehr unterschiedliche Menschen voneinander gelernt, sich gegenseitig inspiriert hätten und sich aufeinander hätten einstellen müssen. Jeder Aspekt der Vielfalt werde zu einem wichtigen kreativen Katalysator, wenn Menschen mit anderen Denkweisen konfrontiert würden, über die sie nichts wüssten.

Auch Douglas, der an vielen Musikhochschulen unterrichtet, hält die Fragmentierung in verschiedene Fachbereiche, Abteilungen und Stile in der Musik für eines der Hauptprobleme der Ausbildung. Die Zusammenarbeit zwischen den verschiedenen musikalischen Disziplinen ist essentiell. Die New School, an der er derzeit in New York unterrichtet, arbeitet deshalb hart daran, die Abteilungen stärker zu verschmelzen.

So setzt Douglas klassisch ausgebildete Schüler der Jazz- oder Improvisationspraxis aus und umgekehrt. Opernstudenten haben die Freiheit, das zu tun, was sie wollen, und improvisierende Schüler haben die Gelegenheit, mit Menschen zusammenzuarbeiten, die Rachmaninoff spielen. In seinen Kursen bringt deshalb Douglas Schülerinnen aus verschiedenen Disziplinen zusammen: »*Diese Form der Vielfalt bereichert die Musik*«, so Douglas: »*Es ist wichtig, dass Musiker kontinuierlich daran arbeiten, miteinander zu kommunizieren und voneinander zu lernen.*«

Lassen Sie uns deshalb – auch im Kleinen – alles daransetzen, trennende Schubladen aufzulösen – emotional, rational und auch räumlich. Wir müssen alles daransetzen, dass verschiedene Disziplinen, Erfahrungshintergründe und Sozialisierungen kontinuierlich zusammenarbeiten und sich gegenseitig inspirieren. Eine immer komplexere und sich schneller drehende Welt ist in Silos nicht mehr – gerade auch kreativ – zu bewältigen.

Was Sie für sich mitnehmen können

Unser Fazit: Diversität und Multidisziplinarität sind regelmäßig ganz entscheidende Erfolgsfaktoren für Ihre kreativen Vorhaben und ganz generell für Ihren kreativen Horizont. Folgende Gedanken sollten Sie mitnehmen:

- Wir sind meist in unseren engen Kreisen verhaftet: Verlassen Sie ganz bewusst Ihre eigene Blase – suchen Sie gerade die diversen Inspirationen.

- Von Ihrem unmittelbaren täglichen Umfeld sind eher weniger kreative Impulse zu erwarten: Treffen Sie deshalb alte Bekannte, die Sie lange nicht gesehen haben.

- Suchen Sie bei Ihren konkreten kreativen Vorhaben nach Lösungen in interdisziplinären Teams – nur dann gehen Sie dauerhaft neue Wege.

- Tauschen Sie sich mit anderen Menschen aus – unterhalten Sie sich gerade auch über ihre Probleme. Im Gespräch finden Sie oftmals einen Schlüssel zu den eigenen Fragen.

- Wenn Sie in tradierten Bahnen unterwegs sind, setzen Sie bewusst diese Rituale aufbrechende, diverse Kontrapunkte. Sie dürfen zunächst irritieren, müssen aber anschlussfähig sein.

- Gerade wenn Sie (kreative) Entscheidungen treffen wollen (müssen), tun Sie dies idealiter im diversen Diskurs.

- Unsere immer komplexer werdende Welt ist nicht mehr in Silos zu bewältigen. Lösen wir trennende Schubladen auf – emotional, rational und räumlich.

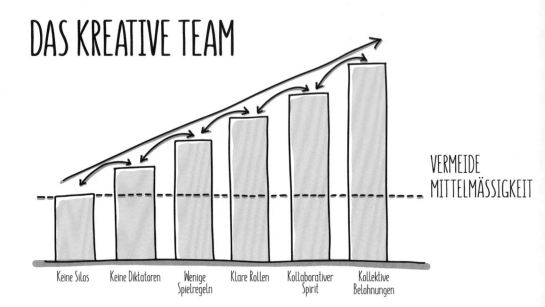

3. ERFOLGSREGEL: DAS PERFEKTE TEAM

»Die wirklich Kreativen sind so selten, dass du dir alles von ihnen gefallen lassen musst.«
– Christian Lohse

Kommen wir zur dritten Erfolgsregel: Das perfekte Team. Ihr kreatives Spielfeld betreten Sie manchmal allein, aber viel häufiger noch mit anderen Mitstreiterinnen. Kreativität ist nicht selten Mannschaftssport, Orchesterspiel und Forschergruppe. Kreativität entsteht in Teams, Partnerschaften und Netzwerken. Warum ist Teamarbeit also so wichtig bei kreativen Vorgängen?

Sie brauchen zunächst regelmäßig eine Vielfalt der Perspektiven: Jeder Einzelne bringt im Team unterschiedliche Erfahrungen, Fähigkeiten und Perspektiven mit. Ideen werden aus verschiedenen Blickwinkeln betrachtet, kreativere Lösungen können dadurch entstehen. Der Ideenaustausch unter mehreren und das Zusammenspiel komplementärer Fähigkeiten können dazu führen, dass neue und innovative Ansätze entwickelt werden. Mitstreiterinnen motivieren sich untereinander und inspirieren sich. Kurzum: In bestimmten Phasen kreativer Vorgänge kann Teamarbeit von essenzieller Bedeutung sein. Sie führt aber auch nicht automatisch zu Kreativität. Sie kann genauso nämlich auch lähmend, demotivierend sein, einer gewissen Mittelmäßigkeit Vorschub leisten. Wir werden das im Folgenden vertiefen.

Was sind also die Geheimnisse erfolgreicher kreativer Teamarbeit? Welche Fallstricke sind zu vermeiden? Wie kann ich die Arbeit möglichst effektiv machen? Was ist bei der Teamzusammensetzung zu beachten? Wie incentiviert man sie am besten? Aber wie verhindert man gerade auch Mittelmäßigkeit, für die gerade Teams anfällig sind?

Auf der Suche nach Antworten holen wir uns die Unterstützung zweier ungleicher Protagonisten:

Zum einen handelt es sich um **Prof. Ulrich Weinberg, den Leiter des »School of Design Thinking« HPI Hasso-Plattner-Institut** der Universität Potsdam. Er war und ist vieles: Laut Handelsblatt einer der 100 wichtigsten Innovatoren Deutschlands, mehrfacher Unternehmensgründer, Buchautor, Möbeldesigner und einer der maßgeblichen Vordenker im Film- und 3D-Bereich, davon 13 Jahre als Professor an der Filmhochschule in Babelsberg.

Er erzählt uns in unserem Gespräch etwas sehr Spannendes, was wir vorher noch nicht wussten: Er war nämlich Teil der Gruppe Art+Com, die zum Ende des vergangenen Jahrhunderts im Untergrund der Berliner Technoclubs, Kunstakademien und des Chaos Computer Clubs eine damals faszinierende Idee erdachte: Wir packen die ganze Welt in einen Rechner. Was hieß das genau? Nun, sie entwickelten einen der Algorithmen, die heute noch den Alltag der ganzen Welt bestimmen. Google klaut ihn, baut darauf Google Earth auf, und es gibt einen Prozess, den die Berliner verlieren. Mist! Immerhin wird ihnen später in der Netflix-Serie »The Billion Dollar Code« ein Denkmal gesetzt.

Anfang des 21. Jahrhunderts baut dann Weinberg Computerspiele, will an die Börse gehen, gerät aber in den Sog der Dotcom-Krise. Zu allem Unglück geht dann auch noch sein größter Auftraggeber, die Kirch-Gruppe, pleite. Immer wieder Neustart. Von außen betrachtet scheinbar ein ausgesprochen turbulentes Leben voller Sprünge. Aber es gibt – wie Weinberg betont – einen roten Faden: Er will sich immer in einem innovativen Kontext weiterentwickeln, ständig dranbleiben an dem, was gerade technologisch spannend ist, auf die jeweils neuesten Themen ganz früh aufspringen.

Seine treibende Kraft ist aber stets nicht die Technik selbst, sondern das, was man damit machen kann. Dabei spielen diverse Teams immer eine große Rolle, wenn es darum geht, die technologische Innovation in den kreativen und gesellschaftlichen Kontext zu bringen und nutzbar zu machen. Er verknüpft dabei immer Disziplinen, die im Grunde nicht viel miteinander zu tun haben: Programmierer, Architekten, Stadtplaner, Musiker, Designer und viele mehr. Er schöpft in unserem Gespräch aus einem reichen Erfahrungsschatz. Als Hohepriester des Design Thinkings dürfte er dem Kreis der strukturierten Kreativen zuzurechnen sein.

Wobei bei ihm die richtige Frage als Startpunkt im Vordergrund steht. Dabei werden Silos aufgebrochen, Köpfe und Teams miteinander in einen strukturierten Prozess geführt.

Unser anderes Role Model kommt aus einem ganz anderen kreativen

Lager: Es ist der aus **Film und Fernsehen bekannte Sternekoch** und – wie man so schön sagt – bekennende Ost-Westfale **Christian Lohse**. Wie bei vielen unserer Interviewpartner hat auch seine bunte Persönlichkeit viele Facetten: Er hat Sterne gewonnen, viele hochdekorierte Restaurants erfolgreich betrieben und wieder geschlossen, für den Sultan von Brunei gekocht, in unzähligen Fernsehsendungen mitgewirkt, sich mehrfach gehäutet und macht sich viele Gedanken darum, wie Teams in Küchen und darüber hinaus gut funktionieren.

Und er stellt nach 35 Jahren seinen damaligen Mathematik-Lehrer und Schulleiter mit den Worten zur Rede, warum er denn Mathelehrer geworden sei, wenn er nicht rechnen können. Warum nur das? Nun ja, der 56jährige Lohse findet vor zwei Jahren plötzlich in seinem privaten Durcheinander sein Abiturzeugnis wieder. Und was stellt er fest? Man hat sich damals verrechnet – zu seinen Gunsten: Nicht 2,8, sondern 3,8 wäre die richtige Gesamtnote gewesen. Wenn das kein Grund für einen Anruf bei dem alten Rektor ist. Auch Lohse dürfte ein strukturierter Kreativer sein. Das richtige Setting und gute Teams sind essentiell. Eine gute Küche muss eben reibungslos funktionieren: Ohne Leadership, Fokus, ein klares Ziel und meisterhafte Ausführung ist man verloren.

Zeit also, sich mit diesen beiden schillernden Persönlichkeiten einmal genau über die Bedeutung von Teams für den kreativen Prozess zu unterhalten.

Reihen Sie nicht einfach Experten aneinander – vermeiden Sie das Brockhaus-Phänomen

Beginnen wir zunächst mit Weinberg: Er erinnert uns an ein wichtiges Thema: Wir leben in einer sehr komplexen Welt. Die wichtigen Fragen unserer Zeit können leider nicht unterkomplex beantwortet werden. Wir müssen anders als in den früheren analogen Zeiten kreative Lösungen finden. Wir brauchen regelmäßig Teams, in denen Expertise in unterschiedlichen Facetten vorhanden ist.

Hier dürfen wir aber nicht den Fehler begehen, die Experten für jedes bestimmte Thema einfach nur »aneinander zu reihen«. Weinberg nennt dies sehr anschaulich das Brockhaus-Phänomen: »*Früher war der Brockhaus das*

Modell, wie man Wissen aggregierte. In den früheren analogen Zeiten haben wir Wissen von anderem Wissen getrennt. Wir haben die Dinge von A bis Z sortiert, wie das der Brockhaus macht. Und da wir nicht alles in ein Buch bekamen, haben wir verschiedene Bände gemacht, die nebeneinanderstehen und haben somit das Wissen getrennt. Und je weiter das Wissen wucherte, desto mehr Bände machten wir, desto mehr Silos wurden gebaut.«

Genauso wenig dürfen Sie heute Teams wie einen Brockhaus orchestrieren. Das vorhandene Wissen der Mitstreiterinnen muss begleitet, nicht einfach nebeneinandergestellt werden. Genauso wie heute Wissen nicht mehr im Brockhaus, sondern in Wikipedia oder Google verknüpft wird. Reißen Sie die Teammitglieder aus Ihren Silos und arbeiten Sie multidisziplinär. Denken Sie gemeinsam und vernetzt, stellen sie das kreativ zu lösende Problem oder Werk in den Mittelpunkt und betrachten Sie es aus allen Perspektiven. »*Das Team steht im Fokus, nicht der Einzelne. Aufgabenstellungen werden multiperspektivisch bearbeitet in einem nicht-linearen Lösungsprozess über verschiedene Schritte und Prototypen – Fehler inklusive. Nicht das Fertige ist das Ziel, sondern die Version. Mit möglichst wenigen zeitlich, räumlich und inhaltlich fixen Vorgaben.*«

Weinberg postuliert die Formel des vernetzten Denkens wie folgt: »*Frage die Menschen, beobachte die Menschen, versuche, die Menschen zu verstehen. Seien Sie vernetzt offen: Dann kann auch ein vermeintlicher Nichtfachmann eine zielführende, kreative Idee haben, eine Innovation vorantreiben, da der Blick nicht durch Sachkenntnis getrübt ist. Das Laien-Lexikon ist ein Beispiel unter vielen.*«

Seien Sie kein (kreativer) Diktator – führen Sie nicht das Regime eines Solisten

Wandern wir nun zu unserem Sternekoch Lohse. Er weist uns eindringlich auf Fallstricke hin, die sich gerade für besonders erfolgreiche Kreative auftun können. Er berichtet sehr farbig von seinen eigenen Verhaltensweisen nach den ersten größeren Erfolgen, die das Gegenteil von guter Teamführung sind:

»*Dann habe ich den ersten und zweiten Stern gewonnen, habe mich fein angezogen und verhärtete mich. Ich führte ein Regime, ein Diktat des Solisten. Ich habe mich nicht ein einziges Mal mit einer Silbe hinterfragt. Ich war einfach der Meinung, dass der Imperator Rex in der Küche alles weiß und alles kann, nur weil er drei Bücher gelesen hatte. Und das war fatal. Ich war da aber völlig auf einem Irrweg. Ich bin sogar einmal einen Mitarbeiter körperlich angegangen, der einen Teller fallen gelassen hatte und habe ihn angebrüllt, dass er den Schaden von seinem Lohn erstatten müsse. Ein ganz feiner Freund von mir beobachtete das seinerzeit und stellte mich zur Rede. Er sagte mir vieles deutliches, vor allem aber auch: ›Ein kreativer Raum verträgt keine solche Kulisse.‹ Und ich habe mir dann geschworen, nie wieder so aus der Rüstung zu fahren. Ich habe diese Rüstung genauer gesagt abgelegt. Denn Kochen ist und bleibt eine gemeinsame Arbeit von Menschen für Menschen. Wir machen Menschen glücklich – mit unserem Essen, Trinken und gutem Service. Ein Diktator ist da fehl am Platz«*

Natürlich ist das ein besonders rustikales Beispiel und Sie neigen sicherlich ohnehin nicht zu solchen – sogar körperlichen – Verhaltensweisen. Aber aus dieser Erfahrung von Lohse können wir trotzdem etwas mitnehmen. Ein kreatives Team verträgt keinen Diktator. Wenn Sie ein solches führen, müssen Sie Ihre Rüstung ablegen, müssen zugänglich sein. Sie sind Teil des Teams, Sie führen kein autoritäres Regime und dürfen solches Verhalten auch von anderen Teammitgliedern nicht zulassen. Nicht von ungefähr fühlt sich heute Lohse seinem großen Vorbild, dem legendären Jazz-Musiker Miles Davis, sehr nahe. Auch dieser hat immer sehr starke einzelne Musiker für seine Formationen gesucht, ihnen aber wenig Vorgaben gemacht, sondern immer sehr viel künstlerischen Freiraum gegeben und ihre eigene Kreativität gefördert.

Stellen Sie eher wenige Teamspielregeln auf und haben Sie immer die Leichtigkeit des (kreativen) Seins im Blick

Das Vorhergesagte bedeutet allerdings nicht, dass kreative Teamarbeit ohne Spielregeln auskäme. Die Spielregeln müssen ein Leitmotiv haben, auf das uns Lohse hinweist: »*Die wirklich Kreativen sind so selten, dass du dir alles von ihnen gefallen lassen musst. Wenn du selbst Kreativität ausübst, egal in welcher Form, musst du das auf der anderen Seite auch zulassen. Die Leichtigkeit des Seins in der Küche ist etwas ganz Besonderes. Ich möchte dort eine wirklich beschwingte Stimmung haben.*«

Dieses Leitmotiv stellt damit aus unserer Sicht das Fundament aller Spielregeln da. Es ist gewissermaßen die erste Grundspielregel: Kreative Prozesse und die damit verbundene Teamarbeit erfordern Struktur, aber regelmäßig großzügige Freiheiten, Offenheit und Respekt. Die postulierte »Leichtigkeit des Seins« ermöglicht kollaborative Lernprozesse, die für die Kreativität elementar sind. Kreative Teamarbeit braucht sich gegenseitig befruchtenden frischen Geist und Erfahrungen.

Die zweite Grundregel ist, dass Sie gerade im Teamkontext eher vorsichtig nach Perfektion streben sollten. Nicht alles haben Sie – gerade im Team – kontrollierend in Ihrer Hand. Perfektion als Maßstab kann ein Team demotivieren, unter Umständen sogar desillusionieren. Lohse bringt es für seinen beruflichen Lebensbereich auf den Punkt. Seine Aussagen sind – sicherlich auch auf metaphorischer Ebene – allgemeingültig: »*Es gibt keine Perfektion in der Küche, die wird es auch nie geben, da die Natur uns keine wirkliche – eine ähnlich dem Maschinenbau abgesicherte – Perfektion abliefert. Wir sind abhängig von den Jahreszeiten. Wir sind abhängig von den Gewalten der Natur. Das sollten wir nie vergessen.*«

Fragen wir bei Lohse weiter nach den – das Team begrenzenden – Spielregeln, die er aufstellt, sind es tatsächlich nur sehr wenige, eher sehr praxisorientierte, mit denen wir aber sehr viel anfangen können: »*Mir ist zum Beispiel Pünktlichkeit wichtig. Die zu spät gekommenen sind die zurückgeblieben. Und wenn jemand einmal feiern und nicht kommen will, muss er dafür sorgen, dass ›seine Abteilung Gemüse‹ funktionsfähig bleibt.*« Eine weitere – jetzt eher fundamentale – Grundspielregel bei ihm ist, dass der sog. »*Kreislauf der Frische*« eingehalten wird. Hiernach darf bei ihm bereits zubereitetes Gemüse nicht mehr gekühlt werden.

Sie sollten also das kreative Team-Regelwerk eher auf wenige praktische bzw. grundsätzliche Regeln begrenzen, um die Leichtigkeit des kreativen (Team-)Seins nicht zu gefährden. Auch Miles Davis hat seinen Mitmusikern regelmäßig nicht gesagt, was sie zu spielen hätten, sondern eher nur knapp aber genauso deutlich angesprochen, wenn ihm etwas nicht gefallen hat.

Die wenigen Regeln sind dann aber konsequent einzuhalten. Bei Lohse gibt es beim ersten »Vergehen« die gelbe Karte, beim zweiten Mal ein »weiteres Hingucken« und beim dritten Mal eine Entscheidung, die interessanterweise bei ihm im Kollektiv von vier Entscheidern in der Küche gefällt wird. Wenn Spielregeln nicht eingehalten worden sind, ist die Person eben auch kein Mannschaftsspieler und man trennt sich.

Seien Sie sich über die Rollenverteilung im klaren und besetzen Sie Rollen entsprechend

Haben Sie zudem eine klare Rollenverteilung für die Team-Mitglieder im Kopf. Wer hat in welchem (kreativen) Bereich welche Stärken? In welcher Reihenfolge sollten diese verschiedenen Talente zur Geltung kommen? Wer ist besonders stark bei der Ideenfindung, der weiteren Konzeption oder bei der Umsetzung? Dies kann sogar für sehr kleine, zeitlich und inhaltlich sehr begrenzte kreative Projekte gelten.

Bei Lohse findet diese kreative Arbeitsteilung bei der Entwicklung einzelner Gerichte statt: »*Ich bin Linkshänder und beim Anrichten von Gerichten habe ich im wahrsten Sinne des Wortes zwei linke Hände. Deshalb habe ich zwei Leute in meiner Mannschaft, die unheimlich stark im Anrichten sind und somit das sog. Teller-Design übernehmen. Ich mache also die generellen Vorgaben oder habe vielleicht auch am Wochenende etwas zu Hause gekocht. Dann richte ich das grob an und der Diamant wird dann von anderen Mitgliedern im Team geschliffen. Und dann gehen wir geschmacklich noch mal rein.*«

Suchen Sie also immer nach komplementären, sich ergänzenden, kreativen Talenten. Dies macht selbst bei kleinen Vorhaben den kreativen Prozess deutlich effizienter und das Ergebnis besser. Legen Sie sich offen die eigenen Karten, in welchem Bereich Sie wie Lohse »zwei linke Hände« haben und finden Sie Hilfe. Und sortieren Sie für sich, auf welchem Weg Sie Ihre Mannschaft aufstellen wollen. Da können viele Wege nach Rom führen. Lohse selbst hat sein Küchen-Führungsteam aus den eigenen Reihen zusammengestellt. Viele haben sich bei ihm vom Schüler zum Küchenchef hochgearbeitet. Manche hat er auch zwischendurch einmal weggeschickt, die dann, wenn sie wieder kamen, viele Einflüsse von außen mitbrachten. Auch diese veränderten Rollen und neuen Einflüsse müssen Sie zulassen können, sie sogar fördern.

Wenn Sie Rollen im Team verteilen, denken Sie auch daran, wer was wie entscheiden darf und soll. Wer soll die maßgeblichen Weichenstellungen vornehmen dürfen? Sind die Team-Mitglieder nur Ihre »Erfüllungsgehilfen« oder sollen Sie tatsächlich mitentscheiden können, und wenn ja, was gilt, wenn man sich nicht einig wird. Alles ist hier denkbar. Ein richtig oder falsch gibt es auch hier nicht. Bei Lohse werden zum Beispiel keine Gerichte »auf die Karte gesetzt«, wenn im Gremium von sieben zwei aus seiner Mannschaft dagegen sind. Dann muss nachgebessert werden.

Setzen Sie also Ihre Teams gewissenhaft und mit Weitsicht zusammen.

Und bauen Sie tendenziell nicht zu große Teams. Kreativität entsteht in der Regel eher in kleinen Teams. Oder wie es der deutsche KI-Vordenker und Silicon Valley-Unternehmer Sebastian Thrun, auf den wir später noch ausführlicher zu sprechen kommen werden, in unserem Gespräch so schön formulierte: »*Man besteigt schließlich auch den Mount Everest nicht mit 300, sondern eher mit 3 Menschen.*«

Seien Sie generell kollaborativ – eher in ganz seltenen Fällen kompetitiv

Kehren wir noch einmal zu Ulrich Weinberg zurück. Sein Mantra: Zusammenarbeit in kreativen Teams kann überhaupt nur dann zum Erfolg führen, wenn wirklich kollaborativ gedacht und gehandelt wird. Es klingt so leicht, aber es ist ein nicht ganz einfaches Unterfangen. Und das hat Gründe:

»*Diese Art des Zusammenarbeitens muss erst gelernt werden. Es ist etwas, was wir alle nicht können, da wir alle (Aus-)Bildungsstationen durchlaufen haben, die uns beigebracht haben, wie wir am besten kompetitiv sind, wie wir besser als die anderen werden. Wir vergiften unsere Jugendlichen mit den falschen Prinzipien. Wir sorgen dafür, dass sie nicht kollaborationsfähig sind. Unsere Ausbildungsstätten sind von Silos und Hierarchien geprägt. Einer steht vorne und 500 Leute hören ›andächtig‹ zu. Und wirkliche Zusammenarbeit muss auch in Unternehmen erst entwickelt werden. Es müssen neue Rhythmen definiert werden, wann individuell oder im Team gearbeitet wird, ganz neue Vereinbarungen getroffen werden.*«

Gerade auch kreative Ideen und ihre effektive Umsetzung gelingen selten am besten im Wettkampf miteinander. Vergegenwärtigen Sie sich aber immer wieder, dass unsere anerzogene Mentalität regelmäßig eine andere ist. Betonen Sie den kollaborativen Geist Ihrer kreativen Teams. Leben Sie ihn vor, »sanktionieren« Sie Verhalten, das diesem Geist widerspricht. Nur selten dürften Sie zu einer gemeinsamen kreativen Höchstleistung im Wettbewerb untereinander kommen.

Denken Sie über Bewertungen und Belohnungen nach, die nicht den Einzelnen, sondern das Team fördern

Wie motivieren Sie Ihre kreativen Mitstreiterinnen zu einem möglichst kollaborativen Miteinander? Zur Antwort hierauf kann Weinberg auf eine bahnbrechende Transformation bei einem der größten deutschen Familienunternehmen, nämlich Bosch, zurückgreifen, die er begleitet hat. Das ausgegebene Ziel war klar: »*Wir wollen Kollaborationen im Unternehmen fördern. Wir wollen weg vom Wettbewerb untereinander. Wir wollten raus aus den Silos. Wir wollen all das abschaffen, was die Menschen davon abhält, miteinander zusammenzuarbeiten.*«

Besonders prägend für die Kultur von Unternehmen, aber auch von Teams generell, ist dabei die Ausgestaltung des Bonus- bzw. Anreiz-Modells. Oder grundsätzlicher gefasst: Wer wird wie für welches Verhalten oder Ergebnis bewertet und belohnt? Gängige Unternehmenspraxis ist nach wie vor, dass der größte Teil der Bonuszahlung sich aus der Bewertung der Leistung des Einzelnen generiert. Damit wird eine eher kompetitive und weniger kooperative Grundhaltung erzeugt, die immer in erster Linie den eigenen Vorteil im Auge hat.

Bosch änderte dies mit Hilfe von Weinberg, führte 2016 ein neues Bonusmodell ein und verzichtet seitdem bis heute bei seinen Führungskräften auf die Incentivierung individuell vereinbarter Ziele. Sie erhalten stattdessen einen Bonus, der den weltweiten Erfolg der Bosch-Gruppe und den Erfolg der Einheit, in der sie arbeiten, gleichermaßen berücksichtigt: »*Bosch war damit das erste große Unternehmen in Deutschland, das sich radikal von der individualisierten Wettbewerbskultur hin zu einer mehr auf intrinsische Motivation setzenden Kultur der Zusammenarbeit gewandelt hat.*«

Nehmen Sie sich also Bosch auch für Ihre eigene kreative Teamarbeit, die vermutlich regelmäßig eher im kleineren Rahmen stattfindet, zum Vorbild: Denken Sie daran, gemeinsame Teamergebnisse zu belohnen und höher zu bewerten als den individuellen Beitrag des einzelnen.

Aber Achtung: Teams führen auch leicht zur Mittelmäßigkeit

Nachdem wir das Hohelied auf die kreativen Teams gesungen haben, können wir uns aber auch den einen oder anderen warnenden Gedanken nicht verkneifen. **Sebastian Dettmers, der Stepstone-CEO**, ist da nämlich etwas skeptischer und bringt dies provokant auf den Punkt:

»Wenn sich Gruppen treffen, um Ideen zu entwickeln, erreichen sie oft nur *Durchschnittlichkeit. Es ist wie mit Farben: Wenn du alle Farben miteinander vermischst, wird am Ende Braun oder Schwarz draus. Das Ergebnis: unauffällig, erwartbar. Gute Ideen entstehen nicht planbar, sondern oft zufällig. Manchmal sogar völlig unerwartet, wenn wir Gedanken aus ganz unterschiedlichen Themenfeldern miteinander verknüpfen. Trotzdem sind Gruppen wichtig. Nämlich dann, wenn aus einzigartigen Ideen Innovationen entstehen sollen. Wir sind als Gruppe kreativ, wenn unterschiedliche Ideen von Menschen aufeinandertreffen und Verbindungen eingehen. Denken Sie an Künstlerkollektive, in denen sich Mitglieder gegenseitig beobachten, diskutieren und vielleicht auch manchmal streiten. Diese Farbpalette ergibt ein sehr buntes Bild.«*

Und in der Tat fühlen wir uns auch ein wenig bei dem Gedanken ertappt. Manchmal sind Teams, die sich gut verstehen und besonders kollaborativ interagieren, auch etwas gemütlich, spannungsfrei und neigen in der Harmonie zum (kreativen) Durchschnitt. Manchmal wünscht man sich ein eher robustes Wort, um eine schnelle Klarheit zu erzielen; hofft man auf eine Provokation, damit es wieder etwas lebhafter wird, wünscht sich unterschiedliche Temperamente, Farben und Temperaturen, die nicht allzu harmonisch und (politisch) korrekt im Gleichschritt voranschreiten. Oder haben Sie nicht auch manchmal das Gefühl, dass solche besonders »liebe« Runden das kreative Optimum nicht erreichen?

Dettmers scheint jedenfalls in diese Richtung zu denken: »*Diese Sparks (=Funken), diese Extreme werden häufig rund geschliffen. Kreativität entsteht dagegen oft aus dem Abbiegen in irgendeine – oftmals ganz andere – Richtung. Das machen einzelne, Gruppen hingegen eher nicht. Insofern funktionieren kreative Prozesse in Gruppen anders.«*

Seien Sie deshalb gerade auch in kreativen Prozessen nicht zu harmonisch, ersticken Sie nicht die individuelle – manchmal etwas provokativere – Kreativität. Halten Sie den besonders Kreativen aus, der manchmal auch etwas quälend sein kann. Lassen Sie kreative Konflikte zu, auch wenn es manchmal kracht oder weh tut. Die Alternative ist kreativer Durchschnitt. Der tut nachhaltig mehr weh, und Sie verlieren die Besten. Die wirklich Kreativen sind – wie schon gesagt – selten.

Zum Abschluss: Teams helfen oft, sind aber kein Allheilmittel

Und zum Abschluss noch ein weiteres warnendes Wort. Nicht selten wissen wir vielleicht allein nicht mehr weiter und suchen unser (kreatives) Heil in der Gruppe. Dies geht aber nicht selten schief. Dettmers ist auch hier wiederum – wie wir – etwas skeptisch: »*Neue Ideen kann man in Teams schlecht provozieren. Kreativität entsteht selten, wenn man ein Whiteboard hinstellt und quasi verordnet, jetzt gemeinsam kreativ zu werden. Es entsteht ein Prozess, aber ganz sicher keine neue Idee.*«

Auch **Alexander Geiser, der CEO des globalen Kommunikationsunternehmens FGS Global**, sieht die kreative Bedeutung von Teams differenziert: Es gibt manchmal Situationen, in denen man als Einzelperson klare eigene Gedanken kreieren muss: »*Dieser kreative Moment entsteht im eigenen Kopf und erfordert, dass man die Ideen aus sich selbst herausholt.*« In anderen Fällen gibt es größere Projekte, bei denen man auf die Zusammenarbeit mit anderen angewiesen ist: »*Dann müssen alle voll mitspielen, um erfolgreich zu sein.*« Unterschiedliche Szenarien erzeugen jeweils verschiedene kreative Momente. Den Unterschied macht die Frage, das Problem, welches Sie kreativ lösen wollen.

Was Sie für sich mitnehmen können

Als Fazit können wir also folgendes festhalten

- Reihen Sie nicht einfach Experten aneinander – vermeiden Sie das Brockhaus-Phänomen.

- Seien Sie kein (kreativer) Diktator – führen Sie nicht das Regime eines Solisten.

- Stellen Sie eher wenige Grundregeln auf und haben Sie immer die Leichtigkeit des (kreativen) Seins im Blick.

- Seien Sie sich über die Rollenverteilung im klaren und besetzen Sie die Rollen entsprechend.

- Seien Sie generell kollaborativ – eher in seltenen Fällen kompetitiv.

- Denken Sie über Bewertungen und Belohnungen nach, die nicht den Einzelnen, sondern das Team belohnen und fördern.

- Aber Achtung: Teams führen auch leicht zur Mittelmäßigkeit.

- Zum Abschluss: Teams helfen oft, sind aber kein Allheilmittel.

KREATIVE ME-TIME

4. ERFOLGSREGEL:
DIE WICHTIGE »ME-TIME«

*»Du kommst zur Ruhe und auf einmal
formen sich Spitzen im Rauschen,
die sich zu neuen Ideen verbinden.«*
– Sebastian Dettmers (CEO Stepstone,
Bestsellerautor)

Kreativität bedeutet fast immer, dass Sie sich Zeit für sich nehmen müssen. Wenn wir es etwas theoretisch herunterbrechen, gibt es gleich eine Vielzahl von Gründen, die ausreichend Me-Time für den kreativen Prozess unverzichtbar machen:

Kreativität braucht Raum zur Entfaltung. Sie werden keine Ideen entwickeln, wenn Sie ständig beschäftigt oder abgelenkt sind. Sie brauchen Zeit für sich, die Ihnen hilft, Erfahrungen und Gedanken zu sortieren, Muster zu erkennen und neue Verbindungen herzustellen. Ausreichend »Me-Time« hilft Ihnen, Ihre Konzentrationsfähigkeit zu verbessern und schafft die Grundvoraussetzung für kreatives Arbeiten. Sie brauchen Zeit für sich, um aufnahmefähig zu sein für neue Impulse und um Ihre Sicht auf die Welt zu erweitern. Und schließlich hilft Ihnen diese Zeit, um sich selbst besser kennenzulernen – Ihre Stärken, Schwächen, Leidenschaften und Ängste.

Ausreichend »Me-Time« ist also eine ganz wesentliche Investition in Ihre kreativen Fähigkeiten – ihre Ausprägungen sind vielfältig: Für **Yasmin Weiß**, die Professorin, Aufsichtsrätin und Buchautorin, sind es – oftmals joggende – Oasen, weil sie hierdurch wieder ein »*anschlussfähiger, angenehmer Mensch wird*«. Ohne sie wäre sie eine schlechtere Version ihrer selbst. **Simone Menne, ehemalige Finanzvorständin der Lufthansa**, ist zwar allein nicht besonders kreativ, braucht aber Zeit für sich, um sich zurückzuziehen, Energie zu tanken und zu erholen, um dann wieder kreativ werden zu können.

Für den **US-Jazz-Trompeter Dave Douglas** ist Kreativität immer ein Nebenprodukt von Selbstreflexion und Gedanken. Zeit für sich selbst ist eine notwendige Bedingung für ihn, weil dort die eigentliche Arbeit erledigt wird. Er braucht Raum – metaphorisch wie auch wortwörtlich – zum Denken und Entwickeln von Ideen. Er merkt heute sehr schnell, wenn er zu viele Projekte angenommen hat und dann nicht mehr das Gleichgewicht und die Zeit hat, die er für das Komponieren und das Üben braucht.

Und schließlich ist es auch für den **Nobelpreisträger Thomas Südhof** schlicht das »*größte Problem in den letzten Jahren*«, sich genügend Freiräume zu erhalten, kreativ zu sein. Auch er leidet unter dem »Online Always On«-Zeitalter, das es uns so schwer macht, wirklich abzuschalten, nicht erreichbar zu sein, nicht irgendetwas machen oder auf irgendetwas reagieren zu müssen: »*Gerade diese wertvolle Zeit für sich zu haben, ist eine der größten Herausforderungen unserer Zeit*«, so der Nobelpreisträger.

Wie schaffen Sie sich also genügend Freiraum für die wichtige Me-Time? Was passiert genau in dieser Zeit? Wie holen Sie das Beste aus dieser Zeit heraus? Wie wechseln Sie Inspirationsphasen mit solchen ab, in denen Sie das Erlebte verarbeiten und vergegenständlichen? Wir suchen Rat bei gleich zwei Role Models, die sehr klare Gedanken zur eigenen Me-Time entwickelt haben und diese in ihrem Leben konsequent umsetzen.

Es handelt sich dabei zunächst um Mr. »Arbeiterlosigkeit« *Sebastian Dettmers*. Dettmers hat 2022 mit seinem Buch zum Riesenproblem des Fachkräftemangels und gerade auch mit dem von ihm geprägten Begriff der »Arbeiterlosigkeit« eine neue Farbe in die Diskurse der Wirtschaft gebracht und diese auch aufgerüttelt.

Der **CEO** der sehr erfolgreichen **digitalen Recruiting-Plattform Stepstone** steht mit jeder Faser für schnörkellose Klarheit. Schwarze Brille, funktionaler Haarschnitt, fast immer einfach gehaltene Pullover ohne Muster. Das heimische Arbeitszimmer – so viel Einblick der gemeinsame Zoom-Call gewährt – sieht fast aus wie ein orchestriertes Hintergrundbild eines sehr sortierten erfolgreichen Familienvaters – gerahmte Kinderbilder, sein eigenes Buch, andere geschmackvolle Gegenstände. Man kann sich kaum vorstellen, dass er Unordnung – gedanklich, räumlich, organisatorisch – zulässt. Dass dieser Schluss zu kurz greift, zeigt uns jedoch das gemeinsame Gespräch.

Er sieht die Gegenwart und – soweit möglich – auch die Zukunft sehr klar. Ihn interessieren die großen Zusammenhänge, er wähnt sich in einer Post-Fortschrittsgesellschaft (was ihn sehr bewegt). Man merkt: Er hat einen hohen Anspruch an sich und andere. Er findet Menschen langweilig, die keinen ausgeprägten Musikgeschmack haben (wir auch). Er wandert sicher Mahler,

Liszt, Rachmaninow und die Beatles ab. Er fragt sich, warum sein Vater – seines Zeichens Jazzmusiker – seit 60, 70 Jahren Amateurfunker ist und jeden Morgen in die ganze Welt funkt (eine in der Tat spannende Frage).

Und er ist der tiefen Auffassung, dass Unternehmen jedes Jahr einen neuen Sound brauchen, aber dazu später mehr. Dettmers ist ein autarker Freigeist. Psychologische Sicherheit bedeutet für ihn vor allem die Freiheit, ohne Restriktionen zu denken und zu lernen. Expertenwissen ist für ihn nicht immer essenziell, wohl aber die Fähigkeit, Inhalte aus unterschiedlichen Themenfeldern miteinander verknüpfen zu können. Für ihn kommt es in erster Linie auf die Einstellung an: Leidenschaft, Perspektivwechsel, Mut zum Regelbruch und auch eine gehörige Portion Selbstzweifel sind seine Schlüssel zur Kreativität.

Unser zweites Role Model in Sachen »Me-Time« ist **Alexander Geiser,** ein extrem beschäftigter Mensch. Die Wirtschaftspresse nennt ihn ehrfurchtsvoll »*Deutschlands CEO-Flüsterer*«. Er hatte bereits mit 22 Jahre den Plan, das McKinsey der Kommunikationsbrache zu schaffen. Diesen Plan hat er »schrittweise abgearbeitet«: Er ist der CEO des mittlerweile global agierenden Kommunikationsriesen FGS Global.

Und: Er bewertet seine Tätigkeit zu Recht als ausgesprochen kreativ. Er führt eine weltweite Firma, muss sich vielen Governance- und Leadership-Themen widmen, sieht nach wie vor seine Kunden als eine seiner zentralen Herausforderungen und prägt ganz maßgeblich die strategische Ausrichtung seines sehr dynamisch wachsenden Unternehmens. Im Kern – so Geiser – geht es vor allem darum, immer wieder Menschen dazu zu bewegen, über sich selbst (konstant) hinauszuwachsen. Dies erfordert immer Kreativität – mit einer rationalen und gerade auch emotionalen Komponente.

Wir »treffen« Geiser virtuell in seinem Frankfurter Büro an. An der Wand lehnt ein von Ronaldo unterzeichnetes gerahmtes Real Madrid-Fußball-Trikot. Der Schreibtisch ist akkurat aufgeräumt. Alexander ist »erwartungsgemäß« beeindruckend präzise in Wahrnehmung, Analyse und Sprache. Und: Er ist er einer der diszipliniertesten Menschen, den wir kennen, dem Disziplin anscheinend zugleich mühelos und ausnahmslos gelingt. Er ist rund herum ganz bei sich.

Geiser ist in unserer Diktion ein Kreativitäts-Techniker: Er misst neben der richtigen Einstellung vor allem den kognitiven Fähigkeiten enorme Bedeutung zu. Auch hat er sich sehr genaue Gedanken zum richtigen Weg zu kreativen Höchstleistungen Gedanken gemacht: Die richtige Frage ist für ihn regelmäßig ein wichtiger Startpunkt, fordernde und fördernde Leadership und eine zielgerichtete Ausführung sind in seinem kreativen Kontext essentiell.

Legen wir also mit unseren beiden Protagonisten los.

Lassen Sie zunächst ein unstrukturiertes Rauschen zu

Zunächst einmal sollten Sie sich etwas sortieren. Wie sieht Ihr kreativer Prozess genau aus? Wann brauchen Sie Zeit für sich und wie sieht diese genau aus? Wann müssen Sie in eine nächste Phase eintreten, in der Sie bisher Erdachtes vielleicht mehr strukturieren und ggfs. auch andere Personen dazu nehmen wollen? Sie müssen hierauf Ihre ganz persönliche Antwort finden.

Dettmers unterscheidet zwischen zwei Phasen, die seine eigene, ganz persönliche Me-Time kennzeichnen: »*In der ersten Phase erzeuge ich ein Rauschen von Gedanken und neuen Ideen. Das ist zumindest anfangs kein strukturierter Prozess, sondern ein unentwegtes Sammeln von Eindrücken und unterschiedlichen Perspektiven. Ich treffe interessante Menschen, führe Gespräche, lese Bücher, höre Podcasts, spaziere im Wald, gehe in Ausstellungen, ich reise in eine fremde Stadt oder in ein fremdes Land. Ich sammle Impulse, die sich zu Hause nicht einfach offenbaren. Aber ich kann sie finden, wenn ich mit offenen Augen durch die Welt gehe.*«

In der ersten Phase sollten Sie vor allem den Ideen-Speicher aufladen. Das muss/sollte gerade nicht sonderlich strukturiert sein. Es geht darum, Impulse aus ganz verschiedenen Quellen und Umgebungen aufzunehmen. Sortieren können Sie später. In dem ersten Schritt brauchen Sie erst einmal möglichst viele Inspirationen, die Sie bewusst teils, aber gerade auch unbewusst aufnehmen. Ein wenig Geschmackssache ist, inwieweit Sie es auch zulassen wollen, dass hier entwickelte Ideen oder auch Impulse wieder verloren gehen. Dettmers überlässt dieses seinem Schicksal: »*Es ist nicht so, dass ich dieses Rauschen permanent strukturiere. Viele Gedanken bleiben liegen, werden weggefiltert. Dann sind sie nicht wichtig. Wichtig sind die Gedanken, die hängen bleiben, die neu sind, die einzigartig sind. Wenn du Ideen als besonders wichtig empfindest, behältst du sie auch.*«

Dettmers tritt dann in die zweite Phase seiner kreativen Me-Time ein: »*Du kommst zur Ruhe und auf einmal formen sich Spitzen im Rauschen, die sich zu neuen Ideen verbinden. Dein Gehirn schafft neue Verknüpfungen, neue Denkmuster. Und erst auf Grundlage dessen, was hierbei entsteht, fange ich an, eine Struktur zu entwickeln. Die Kreativität wird fassbar, ich produziere etwas, das ich mit anderen teilen kann. Es ist wie ein Motiv in einem Musikstück, ein erster Teil eines Bildes, ein erstes Artefakt, das du erzeugst.*«

Uns leuchtet das ein: Ab einem bestimmten Zeitpunkt müssen Sie etwas sortieren und dem Ganzen eine Struktur geben. Sie müssen sich fragen, wie die vielen Ideen und Impulse tatsächlich zusammenpassen. Die Gedanken müssen sich vergegenständlichen, aus dem bunten Strauß ganz unterschiedlicher Ideen muss sich etwas formen: Ihr kreatives Vorhaben.

Ihr persönlicher Slot am Morgen – sprachlos, mäandernd, ohne Agenda und mit ganz besonderen Regeln

Wenden wir uns nun unserem anderen Role Model zu. Alexander Geiser hat ein ganz besonderes morgendliches Me-Time-Ritual – vielleicht nicht für jedermann geeignet, aber sicherlich eine spannende Inspiration:

Sein Tag beginnt sehr früh und dieser Slot folgt ganz besonderen Regeln: »*Ich bin extremer Frühaufsteher und habe jeden Morgen zwischen 4:30 und 6:00 Uhr meine Zeit für mich. Ich brauche keinen Wecker, ich wache einfach auf. Das ist quasi in meiner Hardware. Das sind anderthalb Stunden ohne Sprache. Ich bin wach und ich spreche kein Wort. Anderthalb Stunden lang. Ich denke und höre und manchmal schreibe ich. In diesem morgendlichen Zeitraum bin ich komplett allein. Komplett.*

Ich mache dann Sport, lese, denke über Sachen nach, ›mäandere‹ ein bisschen in Themen hinein. Das ist nicht festgelegt. Ich kann nicht sagen, was ich morgen früh mache. Ich nehme mir kein konkretes Thema vor. Ich lasse meinem Unterbewusstsein, meiner intellektuellen und emotionalen Kreativität freien Lauf, bis ich total in Balance mit mir selbst bin. Da ist kein Stress. Und ich mäandere. Ich gehe mit dem Fluss.

Es kann sein, dass ich mich auf's Laufband stelle und eine Stunde mit hohem Tempo durchlaufe, wenn ich das Gefühl habe, dass es das ist, was ich brauche. Es kann aber auch sein, dass ich auf dem Laufband nur langsam gehe, also mit sieben km/h und ich mir etwas anhöre oder sogar das 1990er WM-Finale anschaue. Wenn ich nicht auf das Laufband gehe, wandere ich manchmal durch den Wald, etwa anderthalb Stunden. Oder ich setze mich hin und arbeite eine Stunde lang an Ideen, Konzepten und anderen Dingen. Die eiserne Regel ist, dass alles, was ich da schreibe, erst gegen 7:30 oder 8:00 Uhr rausgeht, wenn alle anderen aufwachen.«

Interessanterweise macht uns Geiser deutlich, dass gerade auch kreative Me-Time etwas mit Disziplin zu tun hat. Zunächst einmal hat er ein fixes Date mit sich selbst, welches er nie ausfallen lässt. Zudem erhebt er die Regellosigkeit zur bedingungslosen Regel. Wir kennen das doch selbst. Wir sind nicht selten getrieben von den eigenen Aufgaben und Problemen, die wir gerade im beruflichen Kontext lösen müssen. Geiser macht sich in seiner Me-Time eben nicht zu einer Geisel der eigenen Verpflichtungen. Er nimmt sich in diesem morgendlichen Slot gerade nicht vor, drängende Probleme schnell einer Lösung herbeizuführen. Nein: Er mäandert ganz bewusst unbewusst. Das ist erstaunlich diszipliniert.

Und schließlich eine weitere eiserne Regel: Er spricht nicht. Jegliche Kommunikation, die ja mit Blick auf die unterschiedlichen Zeitzonen, in denen Geiser agiert, durchaus möglich wäre, scheidet damit aus. Er schaltet konsequent jede zielgerichtete Ablenkung aus. Im Grunde schafft er sich alle Vorteile, welche die Me-Time mit sich bringen soll – in 1 ½ Stunden pro Tag: Er verordnet sich eine (wache) geistige Ruhepause. Er ist ganz bei sich. Er fokussiert sich voll auf den Moment und lädt durch unterschiedliche Quellen seinen Impulsspeicher auf. Ein wirkliches Vorbild für uns.

Nutzen Sie zeitliche Leerläufe – ganz bewusst und erzwingen Sie sie sogar

Kehren wir zu unserem anderen Protagonisten, Sebastian Dettmers, zurück. Anders als Geiser blockt er sich keine speziellen Slots im Kalender. Aber: auch er hat einen Plan. Und auch er setzt diesen konsequent und sehr diszipliniert um. Es sind vor allem drei Dinge, die er beherzt verfolgt, um sich ausreichend Me-Time sichern.

Zum einen fährt er gerne mit dem Fahrrad zur Arbeit, wenn es das Wetter erlaubt: »*Das ist eine halbe Stunde hin und eine halbe Stunde zurück. Davon ist ein Drittel der Strecke im Grünen, ein Drittel auf einer lauten, dicht befahrenen Straße, ein Drittel am Rhein. Diese Zeit ist die Schleuse zwischen Arbeit und Privatem – das gibt dir schon einmal eine Stunde. Dann mache ich noch eine halbe Stunde Sport. Dazu verbringe ich zahlreiche Stunden an Bahnhöfen und Flughäfen, in Zügen und Flugzeugen. Das ist enorm viel Zeit, die du für dich hast.*«

Zum anderen nutzt er jede weitere Gelegenheit des Leerlaufs, zum Beispiel am Flughafen. Er führt uns vor Augen, dass kreative Me-Time tatsächlich auch Energie und Disziplin erfordert: »*Ich versuche dabei bewusst, nichts zu tun – kein Podcast, keine Mails, nichts. Denn für mich bedeutet Nichtstun, dass ich aufhöre, neue Informationen zu konsumieren, aufhöre, mein Gehirn mit externen Reizen auf Last zu halten. Nichtstun bedeutet für mich, mein Hirn zu fordern, in der Folge eigene Gedanken zu produzieren. Nichtstun kostet mich viel Energie. Und diese Energie verringert sich mit Abstand zu meiner letzten geistigen Erholung, wie zum Beispiel dem letzten Urlaub. Mir fällt es also kurz vor den Sommerferien immer schwerer, noch ruhig am Flughafen zu sitzen und nichts zu tun.*«

Und schließlich erzwingt Dettmers besonders intensive Zeiten des Leerlaufs, bezeichnender Weise in der Fastenzeit. Dann macht er einen Digital Detox, wenn auch nicht ohne Ausnahmen: »*Ich will in dieser Zeit immer meinen Reflex durchbrechen, sofort bei 50 Sekunden Leerlauf das Smartphone aus der Tasche zu ziehen und zu schauen, was es Neues gibt. Als ich das erste Mal vor 10 Jahren Digital Detox gemacht habe, ist etwas ganz Seltsames passiert. Ich saß auf einer Bank im Grünen. Ich schaute nur ein paar wenige Minuten ins Grüne und fühlte sofort einen richtiggehenden Phantomschmerz. Es war der Impuls, mein Smartphone rausholen, fast wie ein Drogensüchtiger.*«

Wenn wir also Dettmers zuhören, fühlen wir uns tatsächlich ertappt. Und geht es Ihnen nicht auch so? Spüren Sie nicht auch die Symptome eines Abhängigen? Und behaupten Sie nicht auch, viel zu wenig Zeit für sich selbst und Ihre kreativen Vorhaben zu besitzen? Sie merken es selbst. Die Rezeptur zur Abhilfe ist eigentlich einfach. Aber sie kostet doch viel Disziplin und Energie. Aber es lohnt sich, wie Dettmers sehr illustrativ ausführt, selbst wenn die Wirkung manchmal etwas auf sich warten lässt. Was passiert also genau in Dettmers' Kopf in diesen erzwungenen Leerläufen?

»*Es dauert etwa zwei Wochen, bis sich etwas ändert: Dein Gehirn verlangt nicht mehr ständig nach externen Reizen. Stattdessen geschieht etwas anderes: Es füllt die Leere, fängt an, eigene Gedanken zu produzieren und kreative, neue Ideen zu entwickeln. Das müssen nicht immer ganz neue Gedanken sein. Manchmal ist das auch ein Verknüpfen von Wissen, erlebten Impulsen und gemachten Erfahrungen. Du gehst eine Ebene höher, betrachtest Dinge in Zusammenhängen, die dir vorher vielleicht nicht offensichtlich waren. Diese Momente erreichst du aber nur, wenn du deinem Gehirn ausreichend Energie zur Verfügung stellst. Du reduzierst diese Energie, wenn du zu sehr in deinen Arbeitsalltag zurückfällst und dir nicht diese Me-Time ganz bewusst verordnest.*«

Denken Sie also daran: Im täglichen Hamsterrad werden Sie nur selten ausreichend Energie für wirkliche kreative Durchbrüche finden. Sie brauchen Me-Time, um auf die nächste kreative Ebene zu kommen und dazu Disziplin.

Bleiben wir noch kurz bei Dettmers, der sich noch eine ganz besondere Art der Me-Time schafft, die eher experimenteller Natur ist: Wenn er an Orte reist, die er nicht kennt, reist er oftmals einen Tag vorher an, besucht eine Ausstellung und geht abends manchmal auch allein essen oder etwas trinken:

»Ich fahre in die Stadt und gehe in ein Restaurant oder in eine Bar und komme mit den Leuten dort ins Gespräch – oder manchmal eben auch nicht. Ich bin gelöst aus meiner sozialen Umgebung, die oftmals ja etwas von uns erwartet, uns einengt. Und in dem Moment, an dem ich an einem Ort bin, wo ich noch nie war, wo ich allein bin, wo mich niemand kennt, da ist dieser Zwang weg: Niemand erwartet etwas von mir. Und das gibt mir die Möglichkeit, mich nicht nur anders zu verhalten, sondern auch anders zu denken. Auf diese Weise hole ich mich immer wieder aus der Komfortzone und das hilft mir, mein Gehirn zu stimulieren und auch mal andere Gedanken zu verfassen.«

Testen Sie sich auch einmal wie Dettmers. Schaffen Sie sich eine besondere Art der Me-Time. Gehen Sie raus aus Ihrer Komfortzone und gehen Sie unter Menschen an Orte, die Sie nicht kennen. Lassen Sie diese für Sie fremde Welt auf sich einwirken. Aber auch hier gilt: Betrügen Sie sich nicht selbst, indem Sie gleich das iPhone oder Telefon wieder hervorholen.

Vom Laufen, das Blockaden löst und ausreichend Schlaf, der sein muss

Wenn wir uns auf eine Rundschau zu allen Interviewten begeben, werden zwei gut funktionierende Aktivitäten in Sachen Me-Time häufig genannt, die gut funktionieren. Beide dürften für Sie nicht neu sein, sie sind nicht arg innovativ, aber wir möchten sie trotzdem nicht unerwähnt lassen: Ruhe und Bewegung.

So kommen beispielsweise **Eva van Pelt, die ehemalige Co-CEO von der Eppendorf AG und mehrfache Aufsichtsrätin,** beim Laufen die besten Ideen. Umso mehr interessiert es sie und uns, was in diesen Momenten genau passiert. Es sind verschiedene Prozesse, die in ihrem Kopf ablaufen: *»Ich fange an zu divergieren und komme von einem Gedanken zum nächsten. Ohne es bewusst zu steuern, entstehen kreative Prozesse in meinem Kopf.«* Situationen aus der Vergangenheit kommen plötzlich wieder hoch und helfen ihr dabei, neue Ideen und Lösungen zu finden: »*Da lösen sich Blockaden, und ich bekomme Inspirationen*«, sagte sie. »*Es ist sehr gefühlsgetrieben, die kognitive Ebene kommt erst später dazu. Da entstehen Bilder, Assoziationen, Gefühle.*« Gerade das Laufen hilft, aus den herkömmlichen Bahnen auszubrechen und einmal ganz anders, freier zu denken.

Ähnlich geht **Janina Mütze, Gründerin und CEO von Civey**, vor, die sich nicht selten im Gründer-Hamsterrad wähnt: Um sich zu entspannen, geht Mütze oft mitten am Tag für ein paar Stunden zum Sport. »Es ist wirklich hilfreich, wenn ich zwei Stunden am Tag rausgehe und Sport mache«, sagt sie. »*Mir persönlich hilft es auch, genug Schlaf zu bekommen. Ich bin ein Mensch, der sehr vom Schlaf lebt. Aktuell merke ich, dass er mir fehlt und sich das in meinem Gemütszustand bemerkbar macht.*«

Was Sie für sich mitnehmen können

Die kreative Me-Time ist ein vielschichtiges Thema, das mit vielen großen Herausforderungen verbunden ist. Aber eines ist ziemlich sicher: Wir haben es selbst in der Hand, genügend – konstruktiv und kreativ nutzbare – Me-Time zu schaffen. Das hat viel mit Disziplin und Energie zu tun – einer besonderen Form der Disziplin, nämlich loslassen zu können und bewusst bei sich zu sein. Folgendes dürfen Sie, wenn Sie mögen, zu dieser Erfolgsregel mitnehmen:

- Sortieren Sie Ihren kreativen Prozess: Wann brauchen Sie Ihre Me-Time? Wann brauchen Sie unstrukturiertes Rauschen, wann Struktur?

- »Me-Time« ist etwas sehr Individuelles. Finden Sie Ihren eigenen Weg. Denken Sie über geblockte Me-Time-Slots in Ihren Kalendern nach und unterwerfen sie sich diesen klaren Regeln, die gerade auch das Eintauchen in das Unterbewusstsein ermöglichen.

- Seien Sie diszipliniert und klar in dem, was Sie erreichen und wie Sie Ihre Me-Time gestalten wollen.

- Nutzen Sie gezielt zeitliche Leerläufe und erzwingen Sie sie sogar durch digitalen Detox oder bewusst gewähltes Verlassen der eigenen Komfortzone.

- Entwickeln Sie Routinen: Bei vielen der Gesprächspartner ist es Ruhe und Bewegung.

PSYCHOLOGISCH (UN-)SICHERE RÄUME

5. ERFOLGSREGEL: PSYCHOLOGISCH (UN-)SICHERE RÄUME

»Kreativität entsteht nicht durch Kuschelkurs.«
– Christian Bruch

Nehmen wir jetzt gemeinsam unsere nächste Erfolgsregel auf Ihrem kreativen Spielfeld in Angriff: Es ist eine weitverbreitete Meinung, dass Kreativität nur in einer sicheren Umgebung entstehen kann. Auch unsere breit angelegte Online-Befragung kommt zu einem ähnlichen Ergebnis. Die Bedeutung von psychologisch sicheren Räumen wird durchweg als hoch angesehen.

Die Argumente hierfür liegen auf der Hand: Skepsis ist einer der größten Bremser kreativer Prozesse. Manchmal trauen wir uns nicht, unsere Meinung kundzutun oder neue Wege zu gehen, weil wir uns in unserer Umgebung unsicher oder unwohl fühlen. Als Medizin gegen diesen Kreativhemmer werden regelmäßig psychologisch sichere Räume angesehen. Sie ermöglichen einen offenen Austausch, wir können unsere Gedanken und Ideen frei äußern, auch wenn sie unkonventionell oder unvollständig sein mögen. Wir können kreative Risiken eingehen. Wir wissen, dass wir von anderen unterstützt und dass unsere Fehler akzeptiert werden. Und psychologisch sichere Räume fördern schließlich verschiedene Perspektiven, Hintergründe und Erfahrungen. Sie schaffen ein Klima des Vertrauens und erleichtern eine effektive Zusammenarbeit: Wir können offen miteinander kommunizieren und gemeinsam an kreativen Lösungen arbeiten.

Sie werden – genauso wie wir – diesen Erwägungen sofort und vorbehaltlos zustimmen wollen. Aber irgendwie scheint das nur die eine Seite der Medaille zu sein. Wenn wir nämlich unsere Tiefeninterviews Revue passieren lassen, ergibt sich ein deutlich differenziertes Bild. Die **deutsche Silicon Valley-Ikone Sebastian Thrun** zeigt eine andere Perspektive: »*Wenn man sich sehr sicher fühlt, hat man keinen Grund, kreativ zu sein.*« Und auch der **CEO von Siemens Energy, Christian Bruch**, scheint ein wenig in die gleiche Kerbe hauen zu wollen. Er sagt: »*Kreativität entsteht nicht durch Kuschelkurs*«.

Wir wollen also etwas tiefer bohren und tun dies vor allem mit einer sehr beeindruckenden Persönlichkeit, die mit uns dieses Thema sehr differenziert und sehr persönlich unter das Brennglas gelegt hat: **Simone Menne**.

Frau Menne ist die **ehemalige Finanz-Vorständin der Lufthansa AG und von Boehringer Ingelheim** sowie **heutige multiple Multiaufsichtsrätin**. Sie ist Präsidentin der American Chamber of Commerce Germany und eine der erfolgreichsten deutschen Podcaster – ihr Podcast hat den schönen Titel »Die Boss«. Und damit nicht genug: Sie betreibt auch eine Galerie in Kiel.

Menne ist wie eine Brausetablette, so sagte es einmal der berühmte Fotograf Jim Rakete bei einer gemeinsamen Session. Das bringt es auf den Punkt: Sie ist eine ausgesprochen facettenreiche Persönlichkeit mit einem stets klaren, manchmal auch unbequemen Kopf. Menne wollte – so in einem früheren Gespräch – nie Hausfrau werden, aber ebenso nicht unbedingt steil nach oben. Sie hatte noch nie ein Problem mit Macht: »*Wenn Sie etwas bewegen wollen, brauchen sie Macht.*« Sie kann manchmal etwas respektlos sein – was sie bedauert.

Ihr kreatives Feuer entfachte ihr Vater. Selbst Industriemeister und Dreher, verbrachte er seine Freizeit mit Skulpturen, Malerei und Modellschiffbau. Das inspirierte sie nachhaltig – selbst wenn ihr Vater ihr dann doch den Rat gab, lieber einen vernünftigen Job anzustreben und ihre Kreativität als Hobby auszuleben.

Kreativ geprägt und ihren Horizont erweitert hat sie ihre Zeit in der Ganztagsschule. Auf dem Stundenplan standen damals eher ungewöhnliche Fächer wie Geigenunterricht und Gartenarbeit. Sie erinnert sich heute noch sehr genau an ihren anspruchsvollen Kunstlehrer: Er trieb sie an, sich selbständig weiterzuentwickeln und förderte ihre kreativen Fähigkeiten nachhaltig. Sie hatte wohl deshalb gar keine andere Wahl, als eine Galerie zu eröffnen. Diese Galerie ist übrigens gelebte Diversität im Sinne der Interdisziplinarität – ihr Untertitel: »KUNST TRIFFT WIRTSCHAFT. Wechselnde Künstler. Kritische Themen. Interaktive Events.«

Menne ist eine strukturierte Kreative. Der Startpunkt sollte häufig eine klare und durchdachte Frage sein. Kreativität braucht aus ihrer Sicht regelmäßig einen iterativen Prozess, Leadership und Exekution. Technische

Fähigkeiten und Fachwissen spielen keine Rolle, wohl aber ein offenes Mindset, Leidenschaft und der Glaube an sich selbst. Wir legen also gemeinsam mit ihr los.

Besondere Kreativität entsteht gerade auch in Drucksituation – ein Widerspruch?

Zunächst weist Menne in unserem Tiefeninterview auf einen wichtigen Befund hin: Ihre wohl größten kreativen Leistungen hat sie gerade in besonderen Drucksituationen ohne psychologische Sicherheit vollbracht. Sie nennt hierfür zwei Situationen, in denen sie ganz besondere Herausforderungen auf sehr kreative Weise lösen musste:

Zunächst zur ersten Krise, an die sie sich in unserem Gespräch erinnert: In Ihrer Zeit bei der Lufthansa starb ihr Vater. Sie musste also vor allem ihrer Mutter in dieser schwierigen Situation Beistand leisten. Zum gleichen Zeitpunkt stand aber eine sehr wichtige Pressekonferenz zum Quartalsbericht in einer schwierigen Situation ihres Unternehmens an. Hier sollte auf jeden Fall der Eindruck vermieden werden, dass die Finanzvorständin nicht ihre volle Aufmerksamkeit auf das Unternehmen richten würde und abgelenkt sein könnte: »Wir haben überlegt, wie kriegen wir dies hin? Und dann haben wir die Vorstellung des Quartalsberichts hier in einem Hotel in Kiel gemacht. Und so merkte wirklich keiner, dass da irgendwas im Hintergrund nicht stimmt.«

Die zweite Situation, die wir hier schildern wollen, war besonders tragisch – eine extreme Drucksituation, in der sehr schnell improvisiert und Lösungen gefunden werden mussten. Sie erinnern sich vielleicht noch:

Im März 2015 stürzte der Germanwings-Flug 9525, ein internationaler Passagierflug von Barcelona nach Düsseldorf in den französischen Alpen ab. Alle 144 Passagiere und sechs Besatzungsmitglieder an Bord kamen dabei ums Leben. Die Ermittlungen ergaben, dass der damalige Erste Offizier Andreas Lubitz das Flugzeug absichtlich zum Absturz brachte, während der Kapitän sich außerhalb des Cockpits befand. Die Blackbox-Aufzeichnungen zeigten, dass Lubitz die Kontrolle über das Flugzeug übernommen und den Sinkflug eingeleitet hatte, während der Kapitän erfolglos versuchte, wieder ins Cockpit zu gelangen.

Untersuchungen nach dem Absturz enthüllten, dass Lubitz an Depressionen und Suizidgedanken gelitten hatte. Vor dem Flug hatte er mehrere Ärzte aufgesucht, die ihm attestierten, nicht flugtauglich zu sein. Diese Informationen wurden aber aufgrund von Datenschutzbestimmungen nicht an die Fluggesellschaft weitergegeben.

Der Vorfall stellte die Konzernmutter Lufthansa vor sehr schwierige Herausforderungen im Umgang mit diesem schrecklichen Ereignis. Die Vorstände mussten kreativ in ihren Rollen agieren, um den betroffenen Angehörigen und Mitarbeitern beizustehen. Menne beschreibt, wie sie und ihre Kollegen sich aufteilten, um unterschiedliche Gruppen zu unterstützen: »*Carsten [Spohr] kümmerte sich um die Crew, ich übernahm die spanischen Angehörigen der Opfer, und Frau Volkens [damalige Personalvorständin] kümmerte sich um die anderen Betroffenen. Diese Aufgabenteilung war nicht vorgeplant, sondern entstand aus der Notwendigkeit heraus, reaktionsschnell Verantwortung zu übernehmen und den Betroffenen ihre Unterstützung zu zeigen.*«

Die Lufthansa-Gruppe, zu der Germanwings zu diesem Zeitpunkt gehörte, reagierte auf den Absturz mit einer Reihe von Maßnahmen, sowohl intern als auch in der Kommunikation mit der Öffentlichkeit. Zunächst bestätigte Lufthansa den Verlust von Flug 4U9525 und drückte tiefe Trauer aus. Zudem wurde ein Krisenteam aufgestellt, um die Untersuchungen zu unterstützen und den Familien der Opfer Beistand zu leisten.

Die Lufthansa-Gruppe arbeitete eng mit den Behörden zusammen, um den genauen Ablauf des Unglücks zu klären. Kommunikativ versuchte die Lufthansa-Gruppe, so transparent wie möglich zu sein. Sie bot regelmäßige Pressekonferenzen und Updates über die sozialen Medien an, um die Öffentlichkeit über den Fortschritt der Untersuchungen zu informieren. Sie bestätigte den Verlust des Flugzeugs und die Anzahl der Todesopfer und drückte ihr tiefes Mitgefühl für die Familien der Opfer aus. Der damalige Vorstandsvorsitzende Carsten Spohr war ein wichtiger Teil dieser Kommunikationsbemühungen. Es gab mehrere Pressekonferenzen.

Zudem wurde ein umfassendes Betreuungsangebot für die Hinterbliebenen organisiert, inklusive psychologischer Unterstützung und Hilfe bei logistischen Angelegenheiten. Die Lufthansa-Gruppe richtete darüber hinaus in Marseille sehr schnell ein Betreuungszentrum für Angehörige ein. Die Fluggesellschaft brachte Angehörige und Freunde der Opfer mit drei Sonderflügen von Düsseldorf und Barcelona nach Marseille. Von dort wurden sie nach Seyne-les-Alpes, in der Nähe der Unfallstelle gebracht, wo ein Gedenkgottesdienst stattgefunden hat. Menne und Volkens begleiteten die Angehörigen.

Gerade in solchen tragischen und unvorhersehbaren Situationen und unter besonderer psychologischer Unsicherheit ist also – so hart es klingen mag – Kreativität erforderlich, um effektiv handeln und Verantwortung übernehmen zu können. Dieses Beispiel zeigt auch: Die besondere Form der Kreativität kann und muss häufig Antworten auf Krisensituationen finden, die keine Präzedenz haben und gerade das Gegenteil von psychologisch sicheren Umgebungen sind.

Die Antwort: Unterschiedliche Typen funktionieren in unterschiedlichen Situationen unterschiedlich

Bedeutet das also, dass ganz generell kreative Höchstleistung gerade nicht in einer psychologisch sicheren Situation entsteht, sondern dann, wenn es besonders schwierig ist? Und hat nicht auch – worauf uns der **Nobelpreisträger Thomas Südhof** hinweist – der berühmte österreichische Philosoph Ludwig Wittgenstein seine größten Werke in den Schützengräben des Ersten Weltkriegs geschrieben. Kommt es also doch nicht auf psychologisch sichere Räume an?

Der bereits vorgestellte **Alexander Geiser** gibt uns dazu eine richtungsweisende Antwort. Wir müssen zwischen stabilen und volatilen Systemen unterscheiden: Verschiedene Menschentypen erbringen in diesen zu unterscheidenden Systemen unterschiedlich wahrscheinlich Spitzenleistungen und große Kreativität.

Menschen, die in sich selbst gefestigt sind und keine Bestätigung von anderen suchen, eine starke Identifikation mit der Sache haben und aus einer dienenden Funktion heraus handeln, funktionieren gut in solchen volatilen Situationen: »*Sie haben nichts zu verlieren. Sie haben nur etwas zu leisten, beizutragen. Sie funktionieren extrem gut.*« Diese – als besonders stark und stabil zu qualifizierenden – Personen sind besonders kreativ in besonders unsicheren Zeiten und Situationen.

Hingegen werden diejenigen, die unsicherer und eher mit sich selbst beschäftigt sind, durch die schwierige und unsichere Situation, sowie den Stress destabilisiert. Sie identifizieren sich nicht mit der Aufgabe oder der Institution, sondern eher damit, was das für sie persönlich bedeuten kann und welche Risiken sich ganz konkret für sie ergeben können. Laut Geiser sind diese Personen nicht in der Lage, in solchen Situationen wirklich große Entscheidungen zu treffen und kreative Bestleistungen zu erbringen: »*Die bekommen die PS in besonders fordernden Situationen, die durch eine große Unsicherheit geprägt sind, nicht auf die Straße.*«

Wir vermuten, dass die Mehrzahl der Normalsterblichen eher der zweiten Kategorie zuzurechnen ist. Lassen Sie sich also nicht von den Ausnahmetalenten blenden. Horchen Sie jedenfalls genau in sich hinein und versetzen Sie sich in das Mindset Ihrer möglichen Mitstreiter. Akzeptieren Sie: Auch wenn Sie psychologisch sichere Räume nicht brauchen, dann vielleicht aber andere. Vor diesem Hintergrund nähern wir uns diesen Räumen. Was zeichnet diese besondere Sicherheit aus?

Deshalb: Kreativitätsstiftende Umgebungen bedingen regelmäßig eine gesunde und hierarchiefreie Fehlerkultur

Ein wichtiger Punkt zuerst: Die richtige Fehlerkultur – oft (herbei-)beschrieben, selten wirklich gelebt –, ist essenziell für unsere Kreativität. Wir sollten Fehler als Lernchance begreifen. In einem psychologisch sicheren Raum werden Fehler als normale und wertvolle Bestandteile des kreativen Prozesses angesehen. Wenn wir uns ermutigt fühlen, aus Fehlern zu lernen, gewinnen wir neue Erkenntnisse, anstatt uns für Fehler zu schämen oder sie zu verbergen. Nur so können wir kontinuierliches Lernen und Wachstum sicherstellen, um innovative Lösungen zu finden.

Auch Simone Menne beschäftigt sich intensiv damit, wie man gerade vor diesem Hintergrund eine kreativere Kultur schaffen kann, insbesondere in Deutschland. Mennes Vision ist eine Kultur, die sich von den Fesseln der Hierarchie befreit und eine offene, konstruktive Auseinandersetzung mit Fehlern fördert, um so den Weg für mehr Kreativität und Innovation zu ebnen. Sie zieht dazu ein interessantes Beispiel heran: die Lufthansa-Piloten. Sie sind für sie der Inbegriff einer guten Fehlerkultur, weil sie offen über ihre Fehler sprechen, um mögliche Katastrophen zu verhindern. Doch in anderen Bereichen, wie zum Beispiel der Buchhaltung, bleibt Kreativität aufgrund von Hierarchieängsten ihrer Ansicht nach auf der Strecke: vergebene Chancen für mehr Kreativität.

Tragen Sie also zu einer kreativen Atmosphäre bei, in der Sie und Ihre Mitstreiterinnen innovative Ideen ausprobieren und neue Herangehensweisen entwickeln, ohne Angst vor negativen Bewertungen oder Ablehnung zu haben.

Hören Sie erst einmal zu – werten Sie nicht

Der *bildende Künstler Michael »Dyne« Mieth*, der uns an späterer Stelle noch ausführlicher begegnen wird, macht uns auf folgendes aufmerksam: Wir sollten alle mehr wie Künstler denken. Diese zeichnet aus, dass sie regelmäßig weniger wertend auf die Dinge schauen. Wir geben dabei freimütig zu, dass wir uns ertappt fühlen:

»Wenn ich Sachen regelmäßig als gut oder schlecht bewerte, habe ich immer ein Problem: Entweder bin ich zu euphorisch, weil ich etwas als sehr gut bewerte und dann werde ich enttäuscht. Oder ich bewerte etwas als schlecht und unterschätze es dann. In beiden Fällen blockiere ich mich selbst. Das ist immer kontraproduktiv, im wahrsten Sinne des Wortes.«

Vermeiden Sie also Wertungen – in Ihrem Kopf und in Ihren Worten. Wenn Ihre Mitstreiterinnen das Gefühl haben, dass ihre Ideen und ihre Arbeit sofort beurteilt werden, können sie Angst haben, Fehler zu machen. Diese Angst wird sie davon abhalten, Risiken einzugehen, neue Dinge auszuprobieren und ihre Kreativität voll zu entfalten. Schnelle Wertungen führen dazu, dass die Ideengeber ihren Fokus verschieben und sich mehr auf die (positive) Beurteilung ihrer Arbeit konzentrieren als auf die Arbeit selbst. Das – gerade für kreative Vorgänge wichtige – freie Denken wird blockiert. Es besteht die Gefahr, dass nur »sichere« Ideen vorgebracht werden – solche, die der Norm entsprechen oder bereits akzeptiert sind: Wirklich innovative oder unkonventionelle Ideen werden dadurch unterdrückt.

Lassen Sie also eine kreative Phase der Ideenfindung zu, in der alle Ideen ohne sofortige Beurteilung willkommen sind. Ansonsten laufen Sie immer Gefahr, etwas vorschnell in Schubladen einzuordnen und Filter einzusetzen, die etwas wirklich Neues verhindern: »*Du weißt dann gar nicht mehr*«, so Mieth, »*was in dieser Schublade eigentlich drinsteckt. Der Inhalt ist dann ›abgeschlossen‹. Du kannst ihn nicht mehr aktivieren.*«

Es nützt nichts: Die Meisten von uns müssen sich also ändern. Was sehr leicht klingt, ist ein mitunter schwieriger und längerer Prozess. Überprüfen Sie sich selbst: Wie häufig bewerten Sie etwas sehr schnell und äußern auch Ihr (Unwert-)Urteil. Öfter als Sie wahrscheinlich zunächst annehmen. Es wird eine Weile dauern, bis Sie aus diesem Modus herauskommen. Das ist ein Prozess, bei dem Sie immer wieder aufs Neue merken, dass Sie in alte Muster zurückfallen. Aber es lohnt sich, glauben Sie uns und gerade auch Michael »Dyne« Mieth.

Wenn der Hund uns sagt, was ihm weh tut: Lassen Sie andere (scheinbar) absurde Ideen zu

Um zu verdeutlichen, was wir meinen, lassen wir noch einmal Simone Menne zu Wort kommen. Wir greifen uns eine besonders schöne Geschichte heraus. Sie spielt in einem Workshop zu der Zeit, als Menne noch Finanzchefin bei Boehringer Ingelheim war. Es geht um die Entwicklung neuer Produkte im Bereich der Tiermedizin:

»Wir hatten einen Workshop, in dem jemand, der nichts von Tiergesundheit verstand, fragte: ›Wie wäre es, wenn der Hund uns sagen könnte, was ihm weh tut?‹ Obwohl es zunächst wie völliger Unsinn klang, entwickelten wir am Ende ein Produkt, bei dem Tierärzte die Bewegungen von Hunden und Pferden auf dem Handy aufnehmen konnten, um zu erkennen, ob sie ein Hüftproblem oder ein anderes Problem hatten.

In dem Workshop waren wir damals eine sehr heterogene Gruppe und konnten trotz anfänglicher Skepsis ein interessantes Produkt entwickeln, gerade weil wir in einem geschützten Raum waren, der uns erlaubte, offen über unsere Ideen zu sprechen. Wir wären auf diese spannende Idee nie gekommen, wenn wir nicht ganz unterschiedliche Köpfe in unserer Runde gehabt hätten. Und wir haben uns ganz offen auf diese – erstmal sehr naiv und verrückt klingende – Idee eingelassen und sie dann in unserem Kontext gemeinsam übersetzt und weiterentwickelt. Das war sehr spannend und ein sehr befriedigender kreativer Vorgang für alle Beteiligten.«

Sortieren wir also einmal gemeinsam, was die Erfolgsfaktoren für die Entwicklung dieser wirklich außergewöhnlichen Idee war. Zunächst einmal wurde in diesem Workshop eine sehr diverse Mischung an Teilnehmern zusammengeführt. Diese befand sich in einem psychologisch sicheren Raum. Es bestand die Übereinkunft, dass alle Ideen ergebnisoffen diskutiert werden sollten. Auch verrückt klingende Ideen waren ausdrücklich zugelassen. Wir sehen: An dem deutschen Sprichwort »*Wer spinnt, gewinnt*« ist schon etwas dran. Und schließlich wurde diese Idee gemeinsam »übersetzt« und damit zu einem Reifegrad weiterentwickelt, der eine konkrete Umsetzung ermöglichte: Ein wirklich mustergültiger kreativer Prozess. Nehmen Sie sich ein Beispiel daran!

Aber psychologisch sichere Räume heißt nicht Kuschelkurs – Sie bleiben (eigen-)verantwortlich für Ihre kreativen Räume

Sollen wir aus dem Gesagten nun schließen, dass Kreativität stets einen »psychologisch sicheren« Kuschelkurs voraussetzt? Entlassen solche Umgebungen aus der eigenen Verantwortung für einen – gerade auch kreativen – Erfolg? Kann ich eigene Kreativität nicht ausleben, wenn mir kreativ sichere Freiräume fehlen? Sie merken schon: So einfach lassen wir Sie nicht entkommen. Tut uns leid. Unsere Antwort auf alle diese Fragen ist ein klares »Nein«.

Und auch **Christian Bruch, der Vorstandsvorsitzende der Siemens Energy AG**, hat in unserem Gespräch dazu aus unserer Sicht sehr passende Worte gefunden: »*Oftmals höre ich: Uns hat niemand gefragt, kreativ zu sein. Wir können das nicht. Es gibt 10.000 Entschuldigungen und Probleme, Dinge nicht zu lösen oder nicht kreativ zu sein. Das ist mir zu einfach und das kann ich nicht als Entschuldigung akzeptieren. Jeder Einzelne hat eine Verantwortung als Individuum. Und Kreativität entsteht nicht durch Kuschelkurs. Oft höre ich dann: ich brauche den Freiraum, ich darf mich eigentlich gar nicht bewegen. ›Ey, mach doch einfach mal und mach's halt mal kaputt‹!*«

Es bleibt also – psychologische Sicherheit hin oder her – dabei: Kreativität erfordert Eigenverantwortung. Kreativität bedeutet, dass es manchmal auch ungemütlich werden kann. Und dazu gehört auch, dass Sie notfalls kreative Freiräume einfordern müssen. Machen Sie es sich nicht zu einfach: Entschuldigen Sie sich nicht mit der Behauptung, dass Ihre Rahmenbedingungen nicht passen und Sie deshalb nicht kreativ werden könnten. Kreativität bedeutet auch, dass Sie sich mitunter eben Räume schaffen müssen, indem Sie kreativ sein können. Sie müssen schon diesen inneren Antrieb haben, dass Sie etwas – gerade auch kreativ – verändern wollen.

Und Sicherheit heißt auch nicht regelfreier Raum – im Gegenteil

Und ein zweites mahnendes Wort zum Schluss: Psychologisch sichere Räume sind kein Selbstzweck – gerade auch mit Blick auf kreative Ideen und ihre Umsetzung. Es geht nicht allein um eine Kultur des Wohlbefindens. Es geht mehr darum, die bestmöglichen kreativen Ergebnisse zu erzielen.

Diese Räume entbinden Sie also nicht davon, an sich oder an Ihre Mitstreiterinnen hohe Anforderungen und Leistungsstandards zu stellen. Dies bedeutet gerade auch, dass für diese Räume Regeln definiert werden, effektiv zu den besten Ergebnissen zu gelangen. Hierzu gehören zum Beispiel klare Vorgaben an die individuelle Vorbereitung dieser Räume. Ebenso sollte es klare Prozessregeln geben – an den Erfolg schlecht vorbereiteter »psychologisch sicherer« Brainstormings glauben wir nicht. Insofern gehören auch klare Verantwortlichkeiten für Verfahren, Ergebnis und Monitoring dazu. Alles andere wäre reines kreatives Glück oder Zufall. Dies sollte für die meisten kreativen Vorgänge nicht unser Anspruch sein.

Was Sie für sich mitnehmen können

Sie haben es gemerkt: Die Erfolgsregel der psychologisch sicheren Räume ist nicht eben einfach zu dechiffrieren. Es gibt hierzu sicherlich Ausnahmen, vieles ist kontextabhängig und diese Räume müssen auch in besonderer Weise ausgestaltet werden. Folgendes sollten Sie mitnehmen:

- Besondere Kreativität kann gerade auch in Drucksituationen entstehen. Dies bedeutet aber nicht, dass psychologisch sichere Räume regelmäßig nicht zielführend sein könnten.

- Vergessen Sie nämlich nicht: Unterschiedliche Typen funktionieren in unterschiedlichen Situationen unterschiedlich.

- Deshalb erfordern kreativitätsstiftende Umgebungen regelmäßig eine gesunde und hierarchiefreie Fehlerkultur.

- Vermeiden Sie Bewertungen und Unwerturteile. Hören Sie erst einmal zu.

- Lassen Sie durchaus auch (scheinbar) absurde Ideen anderer zu und »übersetzen« Sie sie in Ihren kreativen Kontext.

- Psychologisch sichere Räume sind nicht mit einem Kuschelkurs zu verwechseln. Nehmen Sie Ihre Verantwortung aktiv an und akzeptieren Sie keine Entschuldigungen.

- Sortieren Sie Ihre kreativen Räume. Schaffen Sie klare Regeln und Verantwortlichkeiten.

MANGEL

6. ERFOLGSREGEL: MANGELSITUATIONEN ALS KREATIVE TREIBER

»Partizipative Kreativität kann aus Mangelsituationen Großes entstehen lassen«
– Danyal Bayaz

Viele große Leistungen der Menschheitsgeschichte sind in Situationen des Mangels entstanden. Der Schmerz, das Verlangen nach Verbesserung, das Ringen um ökonomische oder freiheitliche Luft, der Durst nach Wissen und Teilhabe und die Hoffnung auf Besseres sind unbestritten wichtige historische Merkmale unserer jüngeren Geschichte.

Wenn es uns zu gut geht, werden wir langsamer. Im Überfluss entschleunigen wir, während uns Hunger antreibt. Auch in diesem Buch, in dem es um etwas sehr Positives, die Kreativität geht, wird oftmals Bezug darauf genommen. Speziell auf Seiten der Unternehmer wie Rühl (ehemaliger CEO von Klöckner), Drees (ehemaliger CEO von MAN) und Bruch (CEO von Siemens Energy) wird Mangel geschätzt und, wenn nötig, künstlich erzeugt.

Warum ist das so? Was macht die kreative Magie von Mangel aus? Wie schaffen Sie es in Situationen des Mangels, Kreativität zu erzeugen? Warum arbeiten wir manchmal besser zusammen, wenn wir limitierte Ressourcen haben? Wieso erhöht sich unsere Risikobereitschaft und Innovationskraft unter diesen Umständen? Wichtige Fragen im Zusammenhang mit Kreativität.

Für **Danyal Bayaz** sind Zeiten des Mangels bei seiner täglichen Arbeit die Norm. Als **Finanzminister von Baden-Württemberg** muss er den Staatshaushalt in Einklang mit den politischen und gesellschaftlichen Zielen und den

Bedürfnissen und Wünschen der unterschiedlichen Ressorts bringen und gleichzeitig sicherstellen, dass die Mittel, die er verwaltet, auch einen positiven Effekt auf die Menschen im Land haben. Seit seinem Amtsantritt befindet sich Deutschland dauerhaft im Stapelkrisenmodus. Extremsituationen sind ihm daher mehr als bekannt. Die Welt ist im Umbruch. Deutschland in der Rezession. In Europa herrscht Krieg.

Woher kommt dieser Mann, der Politik anders machen will? Der sich selbst zum Ziel gesetzt hat, auf Phrasen zu verzichten und den politischen Dialog respektvoll zu führen. Wie wurde seine Kreativität durch Situationen des Mangels geprägt?

Danyal Bayaz ist kein »normaler« Grüner. Als Mann der Wirtschaft war er Unternehmensberater bei der Boston Consulting Group, bevor er sich entschloss, für den Bundestag zu kandidieren. Ein positives Beispiel, wie sich erfolgreiche Menschen der Wirtschaft in den Dienst für das Land stellen.

Nach seiner Wahl in den Bundestag wurde er deutschlandweit als Mitglied des Wirecard-Untersuchungsausschusses bekannt. Seine Klarheit, seine Bestimmtheit, kombiniert mit einem für die Politik ungewöhnlich respektvollen und wertschätzenden Ton, der auf Beleidigungen anderer politischer Spieler verzichtet, halfen ihm dabei, aus der Masse hervorzustechen.

Der Wechsel in die Landespolitik machte ihn zum Gestalter. Wenn man Kreativität damit übersetzt, neue Wege, die etwas Positives bewirken, zu gehen, muss man ihn als erfolgreichen Kreativen bezeichnen.

Man könnte ihn als »Wanderer zwischen den Welten« bezeichnen. Er ist inklusiv, wissbegierig und sucht den Austausch mit unterschiedlichen gesellschaftlichen Gruppen, um die unterschiedlichen Erfahrungen seiner Gesprächspartner auch in seiner landespolitischen Aufgabe anzuwenden.

So wurde der Hip-Hop Fan zum Finanzminister und verwendet diesen diversen Erfahrungsfundus nun, um Positives aus Situationen des ständigen Mangels zu ermöglichen.

Lesen Sie selbst, welchen Beitrag Bayaz, den wir entlang unserer Logik als Kreativen der Mitte einordnen, zum Thema Mangel im kreativen Kontext beitragen kann.

Wie Sie in Situationen des Mangels durch Teilhabe und Partnerschaften kreativ sind

Danyal Bayaz sieht in der »*partizipativen Kreativität*« enormes Potential. Was heißt das? Was meint er damit?

Wenn sich Menschen in ihren Kommunen, Städten und Gemeinden zusammentun und Dinge bewegen, kann aus seiner Sicht daraus eine Bewegung entstehen. Ein neues Momentum, das unserem Land guttäte. Ein neues Zielbild, gesellschaftlich, politisch und ökonomisch. Eine Vereinigung statt einer Trennung, wie wir sie derzeit mit der Spaltung der Gesellschaft erleben. Nicht nur in Deutschland, sondern weltweit. Die partizipative Kreativität hat also das Potential zu viel mehr als nur der Beschleunigung lokaler Projekte. Sie kann zum Nukleus einer positiven Bewegung werden, wie ein Magnet, der uns Menschen wieder näher zusammenbringt und das Auseinanderdriften der Gesellschaft zumindest teilweise entschleunigen oder gar verhindern kann.

Als Beispiel führt er die Energiewende an. Energie ist knapp und wird knapp bleiben. Überall herrscht Mangel. Die Transformation zu einer CO_2-freien Energieproduktion erzeugt weiteren Druck. Erneuerbare Energien wie Wind und Solar werden, auch aufgrund der Bürokratie, nicht schnell genug umgesetzt. Zusätzlich stoßen diese Projekte dort, wo sie gebaut und errichtet werden sollen, auf Widerstand. Mangel an allen Ecken und Enden. Aber auch eine Chance, findet Bayaz, der diese Situationen des Mangels mit partizipativer Kreativität auflösen will.

Für ihn geht es darum, unterschiedliche Logiken, Interessen und Bedürfnisse zusammenzubringen, um den (Energie-)Mangel zu beseitigen. Was möchte der lokale Politiker, was bewegt die Menschen vor Ort und was treibt die Unternehmer an? Für Bayaz besteht der Schlüssel darin, Widersprüche transparent zu machen und gemeinsam an einer Lösung zu arbeiten. Durch Teilhabe, auch wirtschaftlich:

»*Und Partizipation heißt natürlich Mitsprache. Aber Mitsprache hat auch ein Boomerang-Effekt. Wenn jeder mitspricht, dann wird nichts entschieden. Dann sind wir nicht nur der größte Debattierclub der Welt. Wir brauchen auch ökonomische Partizipation. Beispiele hierfür sind unter anderem Stadtwerke vor Ort, die kleinen Banken, Genossenschaften, Sparkassen, regionales Kapital. Wenn jemand vor Ort weiß, dass sein Geld in einem Projekt steckt, das nicht nur der Umwelt, dem Land, sondern auch seiner Altersversorgung hilft, entsteht aus einem Investment mehr als eine finanzielle Dividende. Es entsteht eine zusätzliche gesellschaftliche Dividende. Und die Akzeptanz für diese so wichtigen Projekte steigt enorm. Das heißt: regionale Ökosysteme bauen, Partizipation ermöglichen, Wertschöpfung vor Ort auch sichtbar machen. Das kann, so glaube ich, das Thema auflösen.«*

Das Prinzip der partizipativen Kreativität und Zusammenarbeit funktioniert aber nicht nur im Lokalen und im Kommunalen. Es ist ein Konzept, das wesentliche und spannende Merkmale aufweist, die wir in den meisten mangelbehafteten Kreativsituationen für uns anwenden können: Jeder wird gehört, jeder trägt etwas bei, jeder profitiert.

Partnerschaften auf Augenhöhe, Zusammenschlüsse, bei denen jeder das einbringt, was er wirklich gut kann. Sich auf die eigene Expertise besinnen, etwas, das der Mangel unterstützt und fördert. Beispiele dafür gibt es zuhauf. Speziell dort, wo der Mangel herrscht. Großunternehmen, die mit jungen, agilen Firmen zusammenarbeiten, um den Mangel an Innovation und Kreativität auszugleichen. Hersteller, die mit ihren Kunden im engen Schulterschluss an neuen Lösungen gemeinsam arbeiten, um Ressourcenengpässe auszugleichen. Stiftungen, die lokale Herausforderungen durch Patenschaften und Partnerschaften adressieren.

Mangel verbindet und fördert Zusammenarbeit. Wenn man wenig hat, kann das ein besonderes Wir-Gefühl erzeugen. Man sieht das oftmals im Sport oder auch bei Startups, wenn David gegen Goliath antritt. Der vermeintliche Mangel wird in besondere Motivation übersetzt und kann das scheinbar Unmögliche möglich machen. Denken Sie in Wertschöpfungsketten und Expertisen, Kompetenzen, Erfahrungen und Ökosystemen. Was für Sie Mangelware sein kann, kann für einen potenziellen Kreativpartner im Überschuss vorhanden sein. Fehlt Ihnen etwas? Suchen Sie sich Partner und Verbündete und bringen Sie die unterschiedlichen »Logiken« zusammen.

Nutzen Sie Mangel, um entschlossen zu handeln

Das geht nicht! Wir können das nicht! Das ist unmöglich! Aussagen, die man leider oft hört. In der Politik, der Wirtschaft und im Alltag allgemein. Bis der Mangel uns dazu zwingt, kreativ zu werden und das scheinbar

Unmögliche möglich zu machen. Danyal Bayaz fasst das auf die Politik bezogen folgendermaßen zusammen:

»In extremen Zeiten, wie in diesen, werden auf einmal Dinge möglich, die in der ›normalen Welt‹ vorher undenkbar waren. Waffenlieferungen an die Ukraine sind so ein Beispiel. Extremsituationen und Mangel machen manchmal unmögliche Dinge möglich. Und es würde ein bisschen die These zumindest unterstützen, dass Dinge funktionieren, die sonst vielleicht nicht funktionieren, oder?«

Für die These, dass Mangel Unmögliches möglich macht und Dinge beschleunigt, gibt es in der jüngeren Geschichte diverse Beispiele. Die Gas-Krise, trauriges Resultat des Kriegs in der Ukraine, die Corona-Impfstoffe, Hilfen bei Fluten oder anderen Katastrophen, Streitigkeiten im US-Haushalt. Immer, wenn der Mangel existenziell wird, raufen wir Menschen uns zusammen, machen Dinge möglich und beschleunigen den Prozess so schnell es geht. Kurzum, wenn wir mit dem Rücken zur Wand stehen, wenn es uns wirklich fundamental an etwas fehlt, entscheiden wir entschlossener. Diese Entschlossenheit, Dinge schnell umzusetzen, ist oftmals ein Resultat der Herausforderung, die ihren Ursprung im Mangel hat. Nutzen Sie daher Mangelsituationen, um schnell und entschlossen zu handeln und zu entscheiden, ziehen Sie Motivation und Kraft, Ihr Kreativprojekt umzusetzen, gehen Sie neue Wege, die vorher so noch keiner gesehen hat – kurzum: seien Sie kreativ.

Mangelsituationen helfen Ihnen, Normen zu brechen und Dinge zu verändern

Aber auch der Normenbruch oder Regelbruch wird durch Mangel notwendig und salonfähig. In der Politik hilft der Mangel, dass »*beschleunigt und aufs Gas gedrückt wird*«. Bayaz führt dazu ein Beispiel aus der Bekämpfung der Gaskrise an:

»*Als ganz aktuelles Beispiel kann man die drei LNG Terminals, die man vorher in 20 Jahren nicht hinbekommen hat und die auf einmal in wenigen Monaten funktionieren, nehmen. Oftmals steht sich die Politik natürlich ein Stück weit selbst im Weg, weil Bürokratie, Planungen, Ausschreibungen, regulatorische Vorgaben Prozesse stark verlangsamen. Aber die extreme Gasmangelsituation in Deutschland hat zu sehr schnellen, kreativen und nach vorne gerichteten Lösungen geführt.«*

Auch Gisbert Rühl hat Situationen des Mangels genutzt, um große Transformationsprojekte als CEO eines börsennotierten Unternehmens anzustoßen. Projekte, die er in Zeiten des Überflusses wahrscheinlich nicht so einfach hätte umsetzen können. Er hat daher den Mangel als Chance zur Veränderung gesehen und entschlossen gehandelt: *»Bei Klöckner war es tatsächlich so, dass es lange Zeit immer wieder auf und ab ging. Das Umfeld, in dem wir uns bewegt haben, war stark zyklisch und dadurch waren wir auch immer wieder von Mangel-Situationen betroffen. Ich habe diese Situationen genutzt, um die Transformation anzuschieben. Ich habe sie nie in einem Zeitpunkt gestartet, wo alles super lief, sondern immer dann, wenn ich den Zyklus als Chance sah, Veränderungen anzustoßen.«* Für ihn öffnen sich durch den Mangel sozusagen Kreativfenster, in denen sowohl der Kapitalmarkt als auch seine Mitarbeiterschaft offen für neue kreative Wege waren. Nutzen Sie daher die Chance, die mit dem Mangel kommt.

Wie Mangel den für Kreativität essenziellen Veränderungswillen erzeugt

Die vorherige Regel hat uns gezeigt, wie wir Mangelsituationen nutzen können, um Regeln zu brechen und das Richtige zu tun. Das setzt voraus, dass wir eigentlich wissen, was das Richtige ist, es aber nicht tun, weil uns Normen und Regeln im Weg stehen. Mangelsituationen können Kreativität aber auch noch auf eine höhere Evolutionsstufe heben. Wenn wir nämlich in unserer Ausweglosigkeit gar nicht wissen, wie eine Lösung aussehen könnte, kann uns der Mangel helfen, komplett neue Wege zu sehen, die wir vorher nicht mal erahnten.

Christian Bruch hält dazu ein Beispiel zur Konkretisierung parat:

»Oftmals ist es so, dass Menschen sich aus der Situation heraus dann verändern, wenn sie keine Chance mehr sehen. Und deswegen glaube ich auch, dass Leid kein schlechter Berater ist bei kreativen Vorgängen der Veränderung. Kreativität braucht Veränderungswillen. Das ist übrigens eines der Hauptprobleme gerade in unserer deutschen Gesellschaft. Es fehlt nicht am Können zur

Veränderung, sondern am Willen. Die Fähigkeiten zur Transformation sind vorhanden. Aber wir leiden an der Nichtexistenz eines Veränderungsprozesses.«

Auch Gisbert Rühl kann etwas zu diesem Thema beisteuern und springt Christian Bruch bei. Als seine Zeit als CEO einer großen Organisation mit mehr als 10.000 Mitarbeitern endete, haben sich damit auch seine Ressourcen, die ihm zur Verfügung standen, geändert. Als Investor hat er Situationen des Mangels ganz anders kennengelernt und viel Kreativität daraus gezogen:

»In Mangelzeiten oder wenn es besonders kritisch wird und man das Gefühl hat, es geht einfach nicht mehr weiter, dann kommen oft die besten Ideen. Man wird dann noch stärker gefordert, etwas Kreatives zu entwickeln. Wenn alles gut läuft und man erfolgreich ist, kann man schnell das Gefühl von Sättigung bekommen und es besteht möglicherweise weniger Anreiz für Veränderungen. Eine Disruption oder transformative Veränderung ist dann oft einfacher umzusetzen, wenn es bereits schlecht läuft.«

Dazu passend verrät Christian Bruch nochmal, wie sehr Mangel Veränderung beschleunigen kann und wie er das in seiner Organisation anwendet:

»Und ich merke immer, wenn ich Budgets kürze, werden die Leute kreativ. Oftmals werden die Standorte, die am meisten zu kämpfen haben, die die wenigsten Ressourcen haben, zu denjenigen, die am profitabelsten sind. Oftmals sichert der Mangel die Zukunft. Weil dadurch Veränderung entsteht. Manchmal kann es daher eine sinnvolle Taktik sein, Mangel künstlich zu erzeugen, um Kreativität zu fördern.«

Kreativität, die durch künstlich erzeugten Mangel entsteht, ist dabei nicht nur Stilmittel einiger CEOs, die Politik nutzt dieses Werkzeug ebenfalls, wenn sie steuernd in Märkte eingreifen möchte. Joachim Drees kann dem, unter bestimmten Gesichtspunkten, so etwas Positives abgewinnen:

»In Bezug auf politisch initiierte Regulationen und Gesetze, die Mangel erzeugen, denke ich, dass es mindestens zwei Seiten der Medaille gibt. Einerseits bin ich ein Gegner von Regulation, da ich ein Freigeist mit liberalem Gedankengut bin. Andererseits ist der Mensch oft erst dann bereit, Dinge zu verändern, wenn er aus seinen gewohnten Bahnen herausgedrängt wird. Daher kann Regulation kreative Prozesse in Gang setzen oder sogar erst ermöglichen. Teilweise kommen kreative Lösungen von allein, wenn es in einem kapitalistischen System betriebswirtschaftlich oder kapitalistisch besser ist. Aber in anderen Fällen, wie zum Beispiel der Verdrängung des Verbrennungsmotors, ist es ein System, das durch Regulation entstanden ist.«

Wenn Sie also keinen Ausweg mehr sehen, nutzen Sie den Mangel, um neue Wege zu erkunden. Erinnern Sie sich daran, was alles schon aus Mangel entstanden ist, welche neuen Wege, Systeme, Erfindungen und Durchbrüche ihren Ursprung in der durch Mangel verursachten Ausweglosigkeit hatten.

Was Sie von Startups lernen können

Bayaz hat sich früh um Startups gekümmert. In seiner Zeit als Bundestagsabgeordneter hat er die Nähe zu jungen, innovativen und kreativen Menschen gesucht und sich wichtigen Input für seine politische Arbeit geholt. Aber nicht nur für die Politik sind Startups wertvolle Ratgeber. Auch für das Thema Mangel im Kreativkontext bieten sich junge, aufstrebende Firmen als Impulsgeber an. Verwalten sie doch dauerhaft Mangel, sind sie doch ressourcentechnisch oftmals schwächer ausgestattet als ihre tradierten Mitbewerber und stehen sie ständig vor der finanziellen Nahtoderfahrung, die sie so prägt und die sie ständig an den existenzgefährdenden Mangel erinnert. Mangel an Kunden, Mangel an Geld, Mangel an Erfahrung. Das Einzige, an dem es jungen Startups nicht fehlt, ist der Mangel selbst.

Joachim Drees, der sowohl in der Unternehmenswelt als auch bei Startups fest verankert ist und beide Welten kennt, fasst es folgendermaßen zusammen:

»*Ja, ein Mangel löst Kreativität aus, weil im klassischen menschlichen Verhalten Mangel dazu führt, dass man kreativ wird, um das Problem zu lösen. In Corporate Settings oder generell in Unternehmen ist Mangel jedoch oft nicht der Auslöser für Kreativität, da es im klassischen Sinne keinen Mangel gibt oder dieser nicht als solcher empfunden wird. Externe Faktoren wie die Gesetzgebung oder das falsche Umfeld können jedoch kreative Prozesse auslösen. Kreative Prozesse sind spannend, und Startups sind oft erfolgreich, weil sie echte Probleme lösen müssen und unter Druck stehen.*«

Was können Sie nun also von Startups lernen? Fokussieren Sie sich auf das Wesentliche, nutzen Sie alternative Ansätze, machen Sie aus weniger mehr und nutzen Sie so den Mangel als Hebel zur Effizienzsteigerung. Gehen Sie Partnerschaften ein und passen Sie sich der Mangelsituation, so gut es geht, an.

Was Sie für sich mitnehmen können

Was sollten wir uns mitnehmen? Wie kann der Mangel unserem kreativen Prozess helfen, was gilt es zu berücksichtigen?

- Suchen Sie passende Partner und lassen Sie sie teilhaben. Partner, die Sie dort ergänzen, wo es nötig und sinnvoll ist – zusammen sind wir stärker und besser.

- Ziehen Sie Entschlossenheit aus dem Mangel – der Mangel kann Ihr Freund sein, Dinge schnell möglich zu machen, die vorher nicht denkbar waren.

- Brechen Sie Normen und Regeln, die in Situationen des Überflusses nicht so einfach zu brechen sind.

- Lernen Sie von der effizienten Mangelverwaltung von Startups – machen Sie aus wenig viel.

KAPITEL 3

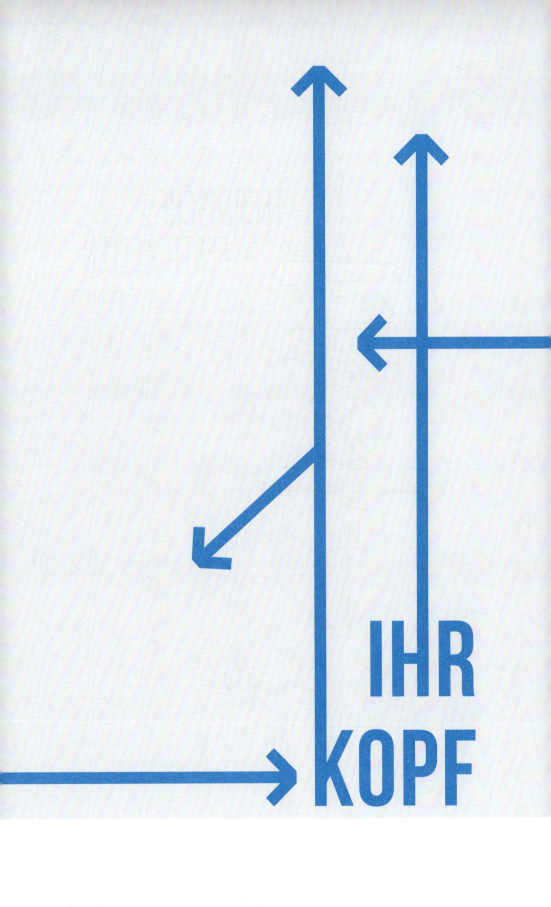

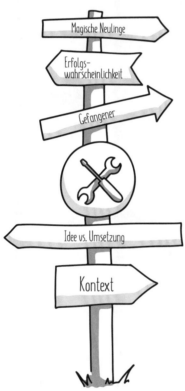

TECHNISCHE FERTIGKEITEN

7. ERFOLGSREGEL: ERFORDERLICHE TECHNISCHE FÄHIGKEITEN

»Ein Instrument hat keine künstliche Intelligenz und beginnt immer bei null. Wenn Du nicht übst, verzeiht Dir das Instrument das nicht.«
– James Brandon Lewis

Beleuchten wir nun genauer das zweite Cluster unserer Erfolgsregeln. Es geht um Ihren Kopf oder anders ausgedrückt um die Bedeutung der kognitiven Fähigkeiten für kreative Prozesse. Legen wir also zunächst die erste Erfolgsregeln hier unter das Brennglas: Die technischen Fähigkeiten.

Den meisten von uns wird dabei als Erstes folgendes durch den Kopf gehen: Sind nicht Technik und Kreativität ein Widerspruch? Verhindert nicht besonders ausgeprägte technische Expertise kreative Ideen, die gerade im freien Geiste sich entfalten. Nun, das wäre wohl etwas vorschnell. Bei Lichte betrachtet gibt es nämlich doch einige gute Gründe, sich mit der Bedeutung von technischer/handwerklicher Kompetenz bei kreativen Vorgängen näher zu beschäftigen:

Zunächst einmal ist Kreativität regelmäßig nicht nur eine Idee, sie manifestiert sich: In einem Bild, einem Buch, einem Musikstück oder einem konkreten Projekt. Für eine erfolgreiche Umsetzung brauchen Sie meist eine bestimmte technische Kompetenz oder handwerkliche Fähigkeit. Auch kann in vielen Bereichen Kreatives überhaupt erst entstehen, wenn Sie die Grundlagen der Technik beherrschen und sich auf den »eigentlichen« kreativen Prozess konzentrieren können. Technisches und handwerkliches Wissen hilft Ihnen, Probleme auf kreative Weise zu lösen. Und schließlich: Das berühmte

Handwerkszeug hebt Sie nicht selten auf eine neue Stufe, auf der Sie freier experimentieren können.

Lassen Sie uns also gemeinsam etwas tiefer in das Thema eintauchen. In welchem kreativen Kontext kommt es besonders auf technische Fähigkeiten ein? Was bringen »Profis«, anders als technisch unbedarftere »Neulinge«, an den kreativen Tisch? Wie schaffen Sie es, nicht Gefangener Ihrer eigenen technischen Fähigkeiten zu werden? Was gilt es bei Teamzusammensetzungen vor diesem Hintergrund zu beachten?

Bei diesem facettenreichen, sehr kontextabhängigen Thema haben wir gleich mehrere Kreative aus ganz unterschiedlichen Bereichen um einen (virtuellen) Tisch gebeten, uns zu diesem so wichtigen Aspekt der Kreativität besonders viele Perspektiven zu Wort kommen zu lassen. Sie alle haben sich sehr differenziert mit uns Gedanken über den Zusammenhang von Kreativität und technischen Fähigkeiten gerade in Ihrem jeweiligen Kontext gemacht.

Hierzu gehörten Unternehmensführer wie **Christian Bruch (CEO Siemens Energy AG)**, **Sebastian Dettmers (CEO Stepstone)**, **Joachim Drees (ex-Vorstandsvorsitzender MAN)** und **Matthias Hartmann (CEO Techem)**, Musiker wie die **US-Jazz-Stars Dave Douglas** und **James Brandon Lewis**, der **Baden-Württembergische Finanzminister Danyal Bayaz**, der **Bestsellerautor Christoph Keese** und der bereits mehrfach erwähnte **Alexander Geiser**. All diese Personen sind unterschiedliche Kreativitätstypen, die sich jeweils intensiv Gedanken zur Bedeutung der technischen Fähigkeiten gemacht haben. Wir fügen das Mosaik einmal zusammen.

Alles hängt vom Kontext ab – in welchem Bereich befinden Sie sich?

Es ist schon richtig: Die Bedeutung von technischen und handwerklichen Fähigkeiten hängt sehr maßgeblich vom Kontext ab. Aber: Begehen Sie nicht den Fehler, ihre Bedeutung zu unterschätzen. In zahlreichen – sehr vielschichtigen – Feldern spielen diese durchaus eine nicht unwesentliche Rolle:

Wenn Sie zum Beispiel einen CEO wie **Christian Bruch** fragen, der mit Siemens Energy ein sehr Ingenieur-lastiges Technologieunternehmen führt, ist seine Antwort mahnend klar: »*Technische Fähigkeiten ordne ich hoch ein. Wir tendieren dazu, Kreativität zu inflationieren. Wir sind in einer Welt, in der jeder über alles quatscht und das halte ich für ein Dilemma. Und am Ende muss man auch ein bisschen was können, um daraus etwas weiterentwickeln zu können. Oftmals sind wir viel zu oberflächlich, wenn wir von Kreativität sprechen*«. Gerade wenn es um technische Innovationsprozesse geht, spielen handwerkliche Grundlagen eine große Rolle. Vielfach wird umsetzungsfähige Kreativität erst möglich, wenn hinreichende technische Basis im Raum vorhanden ist.

Gleiches gilt, wenn wir uns einem ganz anderen Bereich zuwenden: Der Musik, in unserem Fall genauer gesagt, der Jazz-Musik. Der berühmte **US-Jazztrompeter Dave Douglas** würde jederzeit für das Recht eines Künstlers kämpfen, überhaupt keine technischen Fähigkeiten zu haben. Aber genauso muss er auch einräumen, dass seine Kreativität technische Fähigkeiten voraussetzt. Kontinuierliches Training ist im Jazz ausnahmslose Voraussetzung, um überhaupt kreatives Terrain betreten zu können. Einer der größten Gitarristen aller Zeiten, **Pat Metheny**, sagt so schön: »*Talent is hugely overrated*«. Und auch Dave Douglas erwähnt das bemerkenswerte Beispiel der mittlerweile über 90jährigen Jazz-Legende Sonny Rollins, der unlängst seinen Rücktritt erklärt hat. Die Begründung: Er könne in seinem hohen Alter nur noch genug Energie aufbringen, um täglich sechs oder sieben Stunden zu üben. Dies sei einfach nicht genug. Auch der andere von uns befragte Jazz-Musiker, der **Saxophonist James Brandon Lewis** bringt es auf den Punkt: »*Das Instrument ist unerbittlich und vergisst nicht, wenn du nicht übst. Und technische Fertigkeiten helfen dabei, wirklich das umsetzen zu können, was du dir in deiner Vorstellungswelt ausmalst, zum Klingen zu bringen.*«

Übung macht also – zumindest für sehr viele Bereiche – den (kreativen) Meister. So ganz unrecht hatte der Autor Malcom Gladwell in seinem berühmten Buch »Outliers: The Story of Success« eben nicht, als er die »10.000-Stunden-Regel« proklamierte. Hiernach sind in der Regel etwa 10.000 Stunden intensiver Übung erforderlich, um in vielen Lebensbereichen eine Meisterschaft zu erlangen. Außergewöhnliche Leistungen sind eben in verschiedenen – gerade auch kreativen – Feldern wie Musik oder Kunst selten allein auf angeborene Talente zurückzuführen, sondern auch auf langjährige und intensive Übung.

Wenn Sie also keine Möglichkeit haben, sich in irgendeiner Form auszudrücken, dann wird es Ihnen naturgemäß schwerfallen, Ihre kreativen Ideen zu teilen. Sie brauchen dazu meist ein Stück weit technische Fähigkeiten. Ansonsten gehören Sie zu den Menschen, die vielleicht spannende Ideen im Kopf haben, sie jedoch nicht rausbekommen. Und wieviel ist dann eine kreative Idee wert, wenn wir sie nicht umgesetzt bekommen?

Aber wo es Regeln gibt, gibt es natürlich ebenso Ausnahmen: Wer nicht perfekt Klavier spielt, kann durchaus noch gut singen. Auch in der Kunst hat nicht jeder die technischen Möglichkeiten, sich technisch perfekt auszudrücken. Aber vielfach finden Künstler trotzdem einen Weg, sich auszudrücken und ihre kreativen Vorstellungen sehr anschaulich zu vermitteln.

In die gleiche Richtung denkt auch der Finanzminister Baden-Württembergs, Danyal Bayaz, mit Blick auf eine seiner größten Leidenschaften, der er selbst schon recht publikumswirksam nachgegangen ist: »*Der Hip-Hop kommt von der Straße und hat etwas sehr Spontanes. Du musst kein geschulter Musiker sein, keine Noten lesen oder ein Instrument spielen können. Du brauchst nicht mal ein Mikrofon. Du musst nur etwas reimen und Deine Erfahrungen verbal in etwas Spannendes verwandeln können.*«

Wollen Sie in einem Bereich kreativ erfolgreich sein, in dem – wie in den meisten Fällen – technische handwerkliche Fähigkeiten eine Rolle spielen? Wenn ja, dann müssen Sie sie selbst besitzen oder sich Hilfe suchen.

Denken Sie über eine spannende Kombination nach – unterscheiden Sie zwischen Idee und Umsetzung

Womit wir ganz zwanglos zum nächsten Punkt kommen: Wenn Sie über keine oder nicht ausreichende handwerkliche Fähigkeiten verfügen, brauchen Sie Hilfe, wenn Sie eine eigene Idee umsetzen wollen. Es geht also darum, bestimmte komplementäre Fähigkeiten miteinander zu kombinieren. Dies kann dann ein wichtiger Schlüssel zu essentieller Kreativität sein.

Ein schönes Beispiel dazu liefert der **ehemalige Vorstandsvorsitzende des Nutzfahrzeugherstellers MAN, Joachim Drees**. Er unterscheidet zwischen der kreativen Idee selbst und der regelmäßig erforderlichen Umsetzung. Seine Erfahrungen und Aussagen beziehen sich auf die Automobilwirtschaft. Sie sind aber universell anwendbar. So kann derjenige, der den kreativen Anstoß gibt, durchaus fachfremd sein: »*Die anstoßgebende kreative Idee und ihre Umsetzung, also etwas tatsächlich zu erzeugen, müssen unterschieden werden. Die technischen Fähigkeiten und das Fachwissen sind für die Umsetzung wichtig, um tatsächlich etwas zu konstruieren oder zu programmieren. Aber das allein führt noch nicht zu einem kreativen Vorhaben. Jemand muss den kreativen Prozess* *auslösen. Das kann jemand aus einem anderen Fachgebiet oder mit einem anderen Hintergrund vielfach besser. Gerade auch Kunden können kreative Lösungen vorschlagen.«*

Entscheidender Erfolgsfaktor ist also eine ideale Kombination aus technischem Sachverstand und einer fachfremden kreativen Idee oder Vision: *»Besondere Kreativität entsteht im Zusammenspiel zwischen Ingenieurwesen und der Idee, eine Sache anders oder neu anzugehen. Gerade die Automobilbranche benötigt eine Mischung aus Ingenieuren, die das Kleinklein erledigen, und Personen, die über den Tellerrand schauen können, um kreative Prozesse anzustoßen.«*

Verdrängen Sie also nicht den Umstand, dass gerade die kreative Umsetzung vielfach handwerkliche Fähigkeiten erfordert. Wenn Sie nicht diejenige oder der sind, die diese besitzt, machen Sie sich auf die Suche nach komplementären Partnern. Entscheidend ist Ihr eigener Kompetenzkreis, zu dem wir später noch kommen werden, und Ihre spezifische Rolle im kreativen Vorgang. Es kann durchaus sein, dass Sie – wie z. B. der **Entrepreneur Dominic von Proeck** (auch zu ihm später mehr) – handwerklich keine besonderen Stärken besitzen, aber sehr gut übergreifende Muster erkennen, Teams zusammensetzen und der Treiber des Ganzen sind. In jedem Fall wird bei einer idealen Kombination dann aus 1+2 = 3. Auch in kreativer Hinsicht.

Die Fähigkeiten eines (technischen) Profis – steigern Sie die Wahrscheinlichkeit des kreativen Erfolgs

Woran liegt es dann eigentlich ganz genau, dass in dem jeweiligen Gebiet technisch versiertere Personen für den kreativen Erfolg entscheidend sind – allen Unkenrufen zum Trotz. Warum ist Handwerk für Kreativität wichtig? **Alexander Geiser**, bringt es auf den Punkt. Er begründet dies mit einer Wahrscheinlichkeitsrechnung: *»Wenn wir es wissenschaftlich betrachten und den Zufall aus dem System nehmen möchten, ist die Wahrscheinlichkeit neunmal höher, dass jemand, der am höheren Ende eines Systems gereift ist, in der Lage sein wird, das nächste Niveau zu erschließen, und nicht der, der am unteren Ende der Leistungsskala steht.«*

Wir ahnen, was er meint, bitten aber um ein klärendes Beispiel. Wir finden eines aus der Welt des Fußballs: »*Die Wahrscheinlichkeit, dass Ronaldo eine neue Art des Fallrückziehers entwickelt, ist ungleich höher als die, dass einer von uns dreien das tut. Du musst die dutzenden von kleinen Muskeln beherrschen, die du brauchst, um diese Top-Leistung zu bringen. Es ist eben nicht nur ein Muskel, sondern es sind viele kleine Muskeln über unglaublich viele Dimensionen hinweg. Für dich zur nächsten Ebene zu kommen, und das wirklich Neue zu erschaffen, ist unverhältnismäßig schwieriger als für Ronaldo, der ja schon viel weiter ist.*«

Wir verstehen: Deshalb ist die Wahrscheinlichkeit eines kreativen Geistesblitzes im luftleeren Raum in den meisten Lebensbereichen geringer, wenn auch nicht ausgeschlossen. Es ist eben deutlich weniger wahrscheinlich, dass Personen, die eher am Anfang ihrer Karriere – in welchem Feld auch immer – stehen, einen verwertbaren Geistesblitz haben, als kompetente Menschen, die wie Geiser bereits über mehr als 20 Jahre erfahrungsgesättigte Fähigkeiten verfügen. Es ist dann jemand klar im Vorteil, der die technischen Fähigkeiten besitzt, alles miteinander zu verbinden und damit kreative Gedanken zu entwickeln.

Einen ähnlichen Blickwinkel nimmt der **Techem CEO und Hobby-Schlagzeuger Matthias Hartmann** ein, der sehr prägnant den Zusammenhang zwischen technischen Fähigkeiten und Kreativität entlang von drei Kategorien beschreibt. Natürlich geht es um seine Passion: Das Schlagzeugspielen. Es gäbe zum einen Schlagzeuger, deren Platz er einnehmen könnte und niemand den Unterschied hören würde. Sie sind technisch ähnlich versiert wie er und entsprechend kreativ. Die zweite Kategorie an Schlagzeugern haben deutlich mehr geübt als er und sind dadurch technisch einfach besser. Sie können deshalb kreativer sein, aber immerhin versteht er noch, was sie tun, auch wenn er es nicht selbst umsetzen kann. Zu der dritten Kategorie gehören diejenigen, denen er einfach nur staunend zusieht, weil er nicht einmal versteht, was sie tun. Sie sind extrem kreativ und technisch brillant zugleich.

Diese Kombination aus Kreativität und technischem Können ist für Hartmann das »Nirvana«: »*Da gehört Technik dazu, da gehört Können dazu.*« Diese Menschen meistern beide Aspekte. Sie sind in der Lage, etwas Außergewöhnliches zu schaffen. Oder wie der US-Saxophonstar James Brandon Lewis schön ausdrückt: »*Es ist wie Fahrradfahren: Wenn man lange genug fährt, ist man irgendwann in der Lage, etwas zu tun, das ein wenig außergewöhnlich ist. Ich kann alles spielen und klingen lassen, wie es in meinem Kopf ist. Dadurch wird Kreativität ein ganz organischer Prozess, über den ich nicht weiter nachdenken muss.*«

Und schließlich wählen wir noch einen dritten Blickwinkel: **Christoph Keese**, seines Zeichens **Bestsellerautor und Axel Springer-Wirtschaftsmann,** seziert für uns seinen Schaffensvorgang: »*Das Schreiben regelmäßig zu üben,* ist der Schlüssel zum Erfolg, wie beim Erlernen eines Sports oder eines Musikinstruments. Es ist eine Fähigkeit, die man ständig trainieren muss, um sie aufrechtzuerhalten und weiter zu verbessern. Ich schreibe jeden Tag, sei es für meine Arbeit, meine Notizen oder sogar für mein persönliches Vergnügen. Dieses Training hilft mir nicht nur dabei, meine Schreibfähigkeiten zu verbessern, sondern auch meine Effizienz bei der Arbeit zu steigern.«

Sein Training besteht dabei vor allem auch im Lesen und der Analyse anderer Texte. Er analysiert, wie man Sätze und Syntax strukturiert, welche Reime sich gut lesen lassen und welche Sätze am besten den Inhalt vermitteln: »Es ist ein ständiger Dialog, in dem man Alternativen sucht und verschiedene Durchgänge ausprobiert, bis man das optimale Ergebnis erreicht hat. Durch das Wissen und die Erfahrung, die ich mir durch das Lesen und Schreiben aneigne, kann ich immer bessere Texte schreiben. Ein wichtiger Teil meines Erfolgs in der Schreibkunst ist zudem die ständige Aufnahme von Wissen und Informationen. Ich lese pro Woche etwa drei Bücher und verfolge täglich diverse Zeitungen und Nachrichtenquellen, um mein Wissen in verschiedenen Bereichen ständig zu erweitern.«

Es nützt also nichts: Je technisch versierter Sie sind, je mehr Sie Vorbilder analysieren, je mehr Zeit Sie investieren, desto eher werden Sie in der Lage sein, die kreative Extrameile zu gehen, desto wahrscheinlicher ist der kreative Erfolg.

Fähigkeiten außerhalb des (formellen) Heimathafens

Und nur um Missverständnissen vorzubeugen: Wenn wir hier von besonderen technischen oder handwerklichen Fähigkeiten sprechen, meinen wir nicht nur solche, die auf formeller (Schul-)Bildung beruhen. Christoph Keese führt uns dies in unserem Gespräch am Beispiel Leonardo da Vincis prägnant vor Augen – ohne Frage eines der größten kreativen Genies aller Zeiten:

Da Vinci beschäftigte sich intensiv mit der Dynamik von Wasser und Luft. Er war der Erste, der das Leben in Wasser und Strudeln darstellte, indem er die Bewegung von Wirbeln in Halos und die Aquadynamik studierte. Diese

Fähigkeit erlangte er nicht durch formelle Schulbildung, sondern durch jahrelange Beobachtung und Studium der Natur.

»Interessanterweise«, so Keese, »war Da Vincis Hauptleidenschaft nicht das Malen, sondern die Naturwissenschaften und Technik. Er wollte Ingenieur und Naturwissenschaftler werden und nutzte das Malen eher als Nebenbeschäftigung, um seinen Lebensunterhalt zu verdienen. Trotz fehlender formeller Bildung in den Naturwissenschaften war er ein hervorragender Astronom und hatte tiefes Verständnis von Technik und Mechanik.«

Seine Kreativität war das Ergebnis seiner Fähigkeit, komplexe Datenpunkte im Kopf zu verarbeiten und auf innovative Weise zu nutzen, unabhängig davon, woher er sie erworben hatte. Manchmal geht es also um besondere methodisch-kognitive Fähigkeiten außerhalb Ihres eigentlichen Hometurfs, die Sie aber ebenso trainieren können.

Seien Sie aber nicht Gefangener Ihrer eigenen technischen Fähigkeiten

Aber Achtung! Sie sollten natürlich nicht Gefangener Ihrer eigenen technischen Fähigkeiten werden. Verharren Sie nicht in erfahrungsgesättigten Denkmustern oder Gedanken. Technisch versierte »Experten« operieren oftmals innerhalb ihres antrainierten Denkkreises, ihre Intuition wird gewissermaßen technisch. Gerade wenn Sie technisch sehr versiert sind, müssen Sie umso mehr der Versuchung widerstehen, immer das Gleiche zu tun: Eine gewiss nicht zu unterschätzende Gefahr, die James Brandon Lewis sehr pointiert umschreibt: »*Eine solche Denkweise würde beispielsweise ja auch niemals bei einem Date oder in einer Ehe funktionieren. Auch dort muss man ja kreativ werden und improvisieren. Wenn du beim fünften Mal immer noch dasselbe tust wie beim ersten Daten, wird die Person sagen: ›Ok – see you later‹.*« Das leuchtet uns ein.

Wie schafft es also Lewis, der Versuchung zu widerstehen, sich auf seinen technischen Fähigkeiten auszuruhen und dadurch im kreativen Stillstand zu verharren? Wir merken, dass ihn dieses Thema sehr beschäftigt und er sich damit sehr methodisch auseinandersetzt: »*Ich versuche regelmäßig bestimmte Dinge aufzugreifen, an die ich mich erinnere, wie ich sie als Kind gespielt habe, als ich technisch noch nicht so fortgeschritten war. In der Tat gibt es nämlich bestimmte Ebenen der Kreativität, die (nur) Kinder haben. Kinder sind in ihrer Herangehensweise roher und kreativer. Und das nutze ich dann bewusst in meinem Spiel. Letztlich ist das aber eine andere Kreativität als diejenige, die ich als Kind hatte. Damals führte mich eine schöne Naivität zu den Dingen.«*

Wichtig ist in der Tat, zumindest ein wenig das kindlich Naive zu bewahren, um in der eigenen Kreativität nicht eingegrenzt zu werden. Und natürlich kann man nicht ohne weiteres Neues in die Welt bringen, wenn man sich nur auf seine technischen Fähigkeiten verlässt. Es geht da oftmals um ein optimales Verhältnis von Ratio und Emotion. Lewis schildert prägnant diesen – oftmals nicht ganz einfachen – Spagat: »*Ich muss – wie viele andere Künstler – die richtige Balance finden zwischen Technik und der Vermittlung von Seele und Gefühl. Ich muss ein Gleichgewicht finden zwischen kontrolliertem und unkontrolliertem Tun, im Grunde wie in einem Labor bei Experimenten.*«

Kreativität heißt also auch ein Stück weit loslassen können, freier zu denken, zu experimentieren und in jedem Fall technische Fähigkeiten als Absprungbalken für den kreativen Sprung zu sehen. Nicht mehr, aber auch nicht weniger: »*Kreativität ist für mich der höchste Wert: Ich denke da an eine bestimmte Ebene der Freude, nicht an Technik. Ich denke an etwas Menschliches. Ich will etwas tun, das zu Entdeckungen, Innovationen oder Dingen führt, die ein wenig abseits der Norm sind. Meine technischen Fähigkeiten stelle ich dabei in den Dienst dieser Suche nach etwas Neuem. Ich muss mein Instrument sehr gut beherrschen, um das zu erreichen, was ich mir vorstelle.*«

Das Dilemma wird damit offensichtlich: Je technisch versierter Sie sind, desto größer ist grundsätzlich Ihr potentielles kreatives Vokabular. Zugleich wird aber auch die Gefahr für Sie immer größer, sich nur noch auf bereits bewährten Pfaden zu bewegen: »*Ich lerne in allen ungeraden Taktarten spielen und kann auf meinem Instrument alle möglichen Tricks und Feuerwerke abfeuern. Doch das, was dabei oft fehlt, ist die Kreativität.*«, so Lewis.

Welchen Ratschlag kann uns der Musiker also geben? Es ist einer, dem wir an vielen Stellen des Buches beggnen, der aber gerade mit Blick auf das Verhältnis von Technik und Kreativität besonders wichtig ist: »*Ich glaube, dass Du kontinuierlich versuchen musst, deinen Horizont wirklich zu erweitern. Du musst Dich ständig neuen ganz anderen Erfahrungen und Denkmustern aussetzen und Dich durch ganz verschiedene Dinge inspirieren lassen. Wir kennen doch alle diese Wissenschaftler, die wir bewundern. Sie haben oftmals ihre größten Entdeckungen nicht im Labor gemacht, sondern sind spazieren gegangen, die Sterne standen richtig und sie sahen plötzlich etwas, was sie vorher nicht sahen.*«

Sie müssen also diese Offenheit für anderes immer wieder aufs Neue erzwingen, gerade wenn Sie in einem Gebiet über ausgezeichnete technische oder handwerkliche Fähigkeiten verfügen. Sie müssen sich bewusst anderen Eindrücken aussetzen und das Bewährte ständig hinterfragen. Sie müssen sich dazu öffnen, eigentlich Bekanntes mit ganz neuen Augen sehen zu wollen. Sie müssen sich ganz bewusst in diesen Modus versetzen, um technisch kreative Sackgassen zu vermeiden.

Lewis hat hierfür ein wunderbares Beispiel, das noch lange nachhallt: »*Ich habe für mich festgestellt, dass es meine eigene Kreativität beflügelt, wenn ich über ›meine‹ Sache – die Musik – im Kontext eines ganz anderen Blickwinkels nachdenke. Ich lese viele ganz technische Bücher, denke mich wirklich tief rein und versuche Parallelen zu sehen. Und ich muss an den berühmten Maler Paul Klee denken, der übrigens zuerst wie seine Eltern Musiker war. Er hat den schönen Satz gesagt: ›Eine Linie ist ein Punkt, der spazieren geht‹. Und dieser Gedanke bringt mich dazu, über das Konzept des Lesens von Notenblättern auf eine völlig andere Weise nachzudenken. Ich sehe dann gar nicht mehr 16tel Noten, die sich aneinanderreihen, sondern Punkte, die spazieren gehen.*«

Eine wunderbare Perspektive, die auch Sie einnehmen können und sollten: Was sind Ihre Linien, die auch als spazierende Punkte gesehen werden können? Gehen Sie dem einmal nach.

Die Magie des frischen Neulings – stellen Sie den richtigen Mix zusammen

Sie merken schon: Jetzt haben wir also das Hohelied der technischen Fähigkeiten gesungen. Heißt das im Gegenschluss, dass regelmäßig Personen, die neu in ihrem Metier sind, keinen kreativen Beitrag leisten können? Kehren wir zu Alexander Geiser zurück, der hier eine sehr differenzierte Perspektive einnimmt. Er möchte nämlich keineswegs ausschließen, dass jemand, der neu ist und im Grunde nur wenig Ahnung hat, auf eine bahnbrechende Idee kommt. Das passiert durchaus, wenn auch selten. Eine Person hat dann tatsächlich einen Geistesblitz, ohne zu wissen, wie es funktioniert.

Deshalb ist es – so Geiser – wichtig, in Teams zusammen zu arbeiten, die auf besondere Weise zusammengestellt sind: »*In meinen Teams brauche ich regelmäßig keinen Partner, der Ähnliches tut wie ich. Stattdessen benötige ich junge Leute, die aus einer anderen Perspektive auf die Dinge schauen. Ich bekomme punktuelle Einwürfe und ungewöhnliche Impulse, zufällige, nicht unbedingt mit technischen Fähigkeiten oder Voraussetzungen zusammenhängende Kommentare und Beobachtungen, die aus meiner Sicht unvorhergesehen kommen. Neun von zehn dieser Ideen mögen vielleicht nicht relevant sein. Aber es gibt immer diese eine Idee oder Beobachtung, bei der ich sage: ›You know what? Das ist eine interessante Beobachtung.‹ Diese hatte ich bisher noch nicht, weil ich ja anders auf das System blicke.«*

Das überzeugt uns. Achten Sie also bei der Zusammensetzung Ihrer kreativen Teams stets auf die richtige Mischung zwischen erfahrenen Protagonisten und neuen, unbedarfteren Kräften. Der neue Blick auf das System kann helfen. Sie werden diesen aber auch nur wahrnehmen, wenn Sie offenbleiben, für den neuen – oftmals ungewohnten – Blick, der nicht ganz in Ihr eigenes Raster passt. Seien Sie da großzügig. Lassen Sie sich darauf ein.

Was Sie für sich mitnehmen können

Fazit: Sie haben es gemerkt. Anders als die Mehrheit der in unserer Umfrage Befragten, messen wir technischen und handwerklichen Fähigkeiten durchaus bei kreativen Prozessen eine hohe Bedeutung zu. Folgendes ist aus unserer Sicht wichtig zu verstehen:

- Die Bedeutung von technischen Fähigkeiten hängt vom jeweiligen Kontext ab. Häufig ist auch zwischen der kreativen Idee und ihrer Umsetzung zu unterscheiden.

- Es nützt aber nichts: In den meisten Bereichen erhöhen handwerkliche Fähigkeiten erheblich die Wahrscheinlichkeit, dass der kreative Sprung in ein neues Terrain gelingt.

- Sie können dabei auch Fähigkeiten außerhalb Ihres Hometurfs entwickeln.

- Werden Sie aber nicht Gefangener Ihrer Technik. Bewahren Sie sich Ihre kindlich naive Kreativität. Erweitern Sie kontinuierlich Ihren Horizont. Stellen Sie Bewährtes in Frage.

- Und: Unterschätzen Sie nicht die technisch unbedarften »Neulinge«. Ungewöhnliche und unvorhergesehene Impulse kommen oftmals aus dieser Ecke. Integrieren Sie sie.

8. ERFOLGSREGEL: SEGEN UND FLUCH VON FACH- UND EXPERTENWISSEN

> *»Wenn man ein richtiger Experte ist, hat man eigentlich keine Chance mehr, kreativ zu sein.«*
> – Sebastian Thrun

Lassen Sie uns im nächsten Schritt gemeinsam über den Zusammenhang von Fachwissen und Kreativität nachdenken. Ein schwieriges Feld, gerade was den Einsatz von Experten bei kreativen Vorgängen angeht. Hier erleben wir in unseren Interviews eine ganze Bandbreite von sehr pointierten Meinungen und gemachten Erfahrungen. Aber eins nach dem anderen: Zunächst sollten wir die (definitorische) Frage beantworten, was genau der Unterschied zwischen den eben verhandelten technischen Fähigkeiten zu dem jetzt im Mittelpunkt stehenden Fachwissen ist.

Beiden gemein ist, dass es sich um kognitive Kompetenzen handelt. Sie beziehen sich allerdings auf unterschiedliche Dinge. In unserer Lesart lässt sich vereinfacht sagen, dass das – zumeist theoretische – Fachwissen das »Wissen, was zu tun ist« ist und technische/ handwerkliche – praktische – Fähigkeiten das »Wissen, wie man es tut« darstellen. Das Fachwissen wird dabei häufig durch praktische Fähigkeiten ergänzt und umgekehrt.

Ein so verstandenes Fachwissen kann aus mehreren Gründen eine wichtige Rolle für die Kreativität spielen: Wenn Sie ein tiefes Verständnis eines bestimmten Themas oder eines Bereichs besitzen, können Sie regelmäßig auf dieser Grundlage innovative Ideen und kreative Lösungen aufbauen. Je mehr Fachwissen Sie haben, desto mehr »Bausteine« haben Sie zur Verfügung, um neue und einzigartige Verbindungen herzustellen. Fachwissen hilft auch, die Grenzen des Machbaren zu verstehen und kreative – aber nicht realisierbare – Wege zu vermeiden. Wenn Sie über Fachwissen verfügen, können Sie Ihre kreativen Bemühungen effizienter und fokussierter gestalten. Und schließlich ist Fachwissen wichtig, um zu verstehen, was es bereits gibt, weshalb eine vermeintliche kreative Neuerung vielleicht gar keine wäre und Sie deshalb keinen Aufwand betreiben sollten.

Aber eines ist natürlich auch klar: Zu viel Fachwissen kann auch eine Barriere für die Kreativität sein. Aber dazu gleich.

Um auf Nummer sicher zu gehen, dass uns nichts durch das berühmte Raster fällt, lassen wir – neben anderen – vor allem einen Experten-Skeptiker zu Wort kommen: Herzlich willkommen **Professor Sebastian Thrun**.

Thrun ist einer der wenigen wirklich deutschen sog. *»household-names«* im Silicon Valley. Er ist **Professor** und **KI-Forscher** in Stanford und der Georgia Tech. Er ist Pionier des autonomen Fahrens und hat u. a. die Moonshot-Abteilung bei Google aufgebaut und geleitet (GoogleX Lab). Er ist **Co-Founder** und **jetziger Präsident** des Tech-Online-education Anbieters Udacity und war bis 2020 CEO des Flugtaxi-Dienstes Kitty Hawk. Er hat – wie es sich für einen brillanten Kopf der Wissenschaft gehört – zahllose Awards gewonnen. Genauso wichtig war ihm ebenfalls, dass seine Ideen umgesetzt wurden.

Sebastian Thrun hält sich dann für am kreativsten, wenn er bereit war, angstfrei die wirklich großen Fragen der Menschheit anzugehen. Eine der großen Faktoren, welche die meisten Menschen zurückhalte, sei Angst. Angst sei ein schlechter Motivator. Angst halte die Leute in den Strukturen, die sie bereits kennen, wo sie sich auskennen, wo sie Sicherheit vermuten.

An einer dieser ganz großen Frage arbeitet Thrun gerade wieder: Wie kann es uns gelingen, allen Menschen der Welt – gerade auch in strukturschwachen Gegenden – eine gute Ausbildung zu gewähren? Er hat viel erreicht, ist klar und meinungsstark, verliert keine Zeit mit übertriebenen Höflichkeitsfloskeln und hat seine Lehren aus seiner Zeit in den USA gezogen. Wir müssen uns ein wenig in das Gespräch hineinkämpfen. Unsere Anfrage nach einem einstündigen Interview beantwortet er knapp: 30 Minuten seien ausreichend – damit sei auch die Gefahr gebannt, dass er sich wiederhole. Während des Gesprächs bleibt ebenfalls unklar, ob er wirklich Gefallen daran findet (wir haben Zweifel), ob er alle Fragen fürchterlich intelligent findet (sicher nicht) und ob er unserem Anliegen generell etwas abgewinnen kann (vielleicht).

Aus unserer Sicht ist Sebastian Thrun als ein typisches Beispiel für herausragende Innovatoren amerikanischer Sillicon Valley-Prägung dem Typus des »autarken Freigeistes« zuzuordnen. Besonders inspirierende Räume, psychologische Sicherheit oder besonders diverse Teams spielen für ihn keine Rolle. Entscheidend ist vielmehr klares logisches Denken, Intelligenz, sehr viel positive Energie und ein besonders ausgeprägter Mut zum Regelbruch und zum Infragestellen von tradierten Normen. Ein iterativer Prozess mit kleinen visionären Teams ist wichtig.

Ein Domain-Superstar müssen Sie nicht sein

Thrun bringt es dabei gleich auf den Punkt: Fachwissen oder gar technische Fähigkeiten haben nach seiner Meinung bei kreativen Vorgängen nur eine untergeordnete Bedeutung. Sog. Experten schätzt er nicht.

Zu diesem Thema kommt ihm gleich der ChatGPT-Erfinder Sam Altman in den Sinn, der mit seiner Open AI die ganze Welt revolutioniert. Keineswegs ist dieser vorher als einer der führenden KI-Forscher besonders in Erscheinung getreten. Zwar lernte er bereits mit 8 Jahren das Coden und baute schon in diesem zarten Alter seinen ersten Macintosh-Computer auseinander. Ebenso studierte er – immerhin – an der renommierten KI-Kaderschmiede Stanford Computer Science. Nachdem er sein erstes Startup – die Mobile App Loopt – verkauft hat, macht er sich aber vor allem als Investor einen Namen – zunächst mit seinem eigenen Fund (Hydrazine Capital) und dann im Alter von 28 Jahren als Präsident des legendären Startup Accelerators Y Combinator. 2019 wird Altman schließlich CEO von OpenAI und startet diese Revolution, ohne eine Koryphäe im Forschungsfeld der künstlichen Intelligenz gewesen zu sein. Er hatte einfach eine Vision, wollte etwas Tolles machen, so Thrun. Ein herausragender Experte in Sachen künstlicher Intelligenz war (und ist) Altman nicht.

Schützenhilfe bekommt Thrun auch von anderer Seite: Auch **Simone Menne**, die ja schon an anderer Stelle unser Gehör gefunden hat, schließt sich seiner Meinung an: Tiefes Fachwissen ist nicht immer notwendig, um kreativ zu sein. Sie selbst hat als ehemalige CFO von Lufthansa und Boehringer Ingelheim keine fachliche Tiefe in der Finanzwelt besessen.

Die Liste der Beispiele ließe sich endlos fortführen: Ein Superstar mit ganz herausragendem Fachwissen müssen Sie also nicht sein, um in einem besonderen Bereich erfolgreich zu sein. Das ist doch schon mal ganz beruhigend.

Lernen Sie aber Standards, um kreative – manchmal magische – Momente möglich zu machen

Das bedeutet aber nicht, dass Sie ganz ohne Fachwissen auskommen. Sie müssen ein Mindestmaß entweder selbst haben oder es in Ihrem Team vereinen. Der **Bestseller-Autor Frank Dopheide**, dem wir später noch ausführlicher begegnen werden, stellt klar: »*Kompetenz ist wichtig, um kreativ zu sein. Ohne ein gewisses Wissen und Verständnis auf einem Gebiet wird es schwierig sein, innovative Ideen zu entwickeln.*« Sie brauchen ein grundlegendes Verständnis davon, was möglich ist und welche Grenzen es gibt. Allerdings ist die Balance zwischen Kompetenz und Kreativität entscheidend, um wirklich innovative Ideen zu entwickeln. Wenn Sie sich nur auf ihr Fachwissen konzentrieren, werden Sie nur in begrenzten Bahnen denken und nicht in der Lage sein, neue Wege zu finden.

In die gleiche Kerbe schlägt der **ehemalige CEO des Stahlriesen Klöckner, Gisbert Rühl**: Ihm war schnell bewusst, dass er für die Transformation seines über 10.000 Mitarbeiter starken Unternehmens einen Innovationskern außerhalb des klassischen Stahlhandels brauchte. Zu Beginn dachte er, dass dazu keinerlei Fachwissen oder Domainexpertise notwendig sei. Im Laufe der Transformation hat er seine Meinung dazu aber grundlegend geändert. Die Mitarbeiter erkannten selbst, dass sie mehr Fachwissen über ihre Arbeit benötigen, um voranzukommen: »*Es war ein gewisses Maß an Fachwissen erforderlich, aber es mussten keine Experten sein. Ein Grundwissen reichte aus.*«

Gleiches gilt auch für den Bereich der Wissenschaft, wie uns der **Nobelpreisträger Thomas Südhof** bestätigt: Man muss schon Experte sein, um Dinge wirklich voranzubringen. Kreativität erfordert ein gewisses Maß an Expertise. Das gilt für die Wissenschaft genauso wie auch für Teile der Industrie, wie z. B. die pharmazeutische Industrie: »*Wenn man da nur wenig weiß und die Details nicht kennt, weiß man auch nicht, wie es wirklich läuft. Wirkliche Kreativität ist dann ausgeschlossen.*«

Und auch wenn wir uns der Musik zuwenden, ergibt sich ein gleiches Muster: Der **US-Jazzmusiker Dave Douglas** muss als Komponist natürlich über ein gewisses Fachwissen verfügen: Er schreibt für Menschen, seine Mitmusiker. Da muss er die gleiche Sprache sprechen und auch wissen, wer seine Werke am besten umsetzen kann. Wenn er also einen bestimmten Tenor-Saxophon-Part schreibt, sucht er genau denjenigen, der seine Musik mit dem entsprechenden Wissen und Erfahrungsschatz am besten kreativ umsetzen kann. Das Domainwissen der Beteiligten ist sehr eingespielt.

Und dann gibt es Momente, wo er sich entsprechendes Domainwissen als Komponist erst aneignen muss, um seinen kreativen Prozess in Gang setzen zu können. Er erhält mitunter nämlich Aufträge für Kompositionen, bei denen ein bestimmtes Instrument im Zentrum steht, für das er noch nie geschrieben hat. So musste Douglas beispielsweise für ein sehr spezielles Percussion-Instrument, den Steel Drums, eine Komposition entwickeln.

Um überhaupt kreativ werden zu können, musste Douglas dafür erst einmal sein eigenes Fachwissen über dieses Instrument erlangen. Er musste mit Leuten sprechen, die das Instrument spielen und mit dem Interpreten selbst. Er hörte sich Aufnahmen an. Er ging in die Bibliothek und besorgte sich Bücher, wie die Instrumente hergestellt werden und wie der Klang erzeugt wird. Erst dann konnte er konkrete Ideen für seine Komposition entwickeln. Erst dann war er in der Lage, Erfahrungen und Kenntnisse aus anderen musikalischen Kontexten zu nutzen, um neue und innovative Ideen für das Instrument zu entwickeln, für das er gerade komponierte.

Und Douglas erwähnt noch ein weiteres inspirierendes Beispiel, warum es wichtig ist, die Fachsprache zu sprechen, die Standards der Domain zu kennen. In seiner Domain, der Jazz-Musik, gibt es dabei die Besonderheit, dass Hunderte der wichtigsten Songs, den sog. »Standards«, in einem Buch zusammengefasst sind, dem »*Real Book*«. Auch wenn es immer Douglas' Ziel gewesen ist, seine eigene Musik zu machen, ist ihm im Laufe der Zeit immer klarer geworden, dass es essentiell ist, diese Standards zu kennen und spielen zu können:

»*Als Jazz-Musiker hast Du immer Gelegenheiten, mit Menschen zu spielen und kreativ zu sein, die Du noch nie getroffen hast. Je mehr dieser Lieder Du kennst, desto besser sind Deine Chancen, die Sprache zu sprechen, die diese anderen Musiker sprechen. Ich selbst habe Situationen in meinem Leben in irgendeinem Teil der Welt erlebt, wo ich von Musikern, die ich bewundere, gebeten wurde, einen dieser Standards zu spielen. Und ich danke meinen Glückssternen, dass ich diese Standards kannte und mit wirklichen Berühmtheiten zum Beispiel ›My funny valentine« spielen konnte. Es war magisch.*«

Überprüfen Sie sich: Sie müssen ja kein Superstar sein, aber die Grundlagen müssen Sie verstehen können oder zumindest in Ihrem Team über solche Kenntnisse verfügen. Sprechen Sie die Sprache der Domain, um gemeinsam effektiv und kreativ vorankommen zu können? Oder haben Sie im Gegenteil das Gefühl, dass es Ihren kreativen Prozess hemmt, wenn sie nicht ausreichend Expertise bei Ihnen selbst oder bei Ihren Mitstreitern vorhanden ist? Wenn dies der Fall ist, werden Sie aktiv. Denn: Fachwissen kann vielfach den kreativen Prozess beschleunigen. Und mit ein bisschen Zeit wird es in der

Kombination sogar manchmal »magisch«. Aber meiden Sie »Sandstreuer«, die Experten-Sand ins Getriebe bringen, wie wir im Folgenden sehen werden.

Vermeiden Sie Sandstreuer im Getriebe – oder die Geschichte vom Doktor im Kartieren der Welt

Kehren wir jetzt zu Sebastian Thrun zurück: Die Erfahrungen, die er mit Experten gemacht hat, sind nämlich – vorsichtig ausgedrückt – durchwachsen: Diese Experten liegen nach seiner Auffassung meistens daneben mit ihren Einschätzungen. Sie haben vielleicht zu viele Erfahrungen gemacht, die sie und ihre Ansichten prägen. Sie müssen stets eine Meinung haben und können sich nur wenig zurücknehmen. Sie haben für sich Normen gebildet, über die sie sich nur sehr schwer hinwegsetzen können. Kurzum: »*Sie sind damit zu den Experten der Vergangenheit geworden. Sie sind nicht die Experten der Zukunft. Wenn man ein richtiger Experte ist, hat man eigentlich keine Chance mehr, richtig kreativ zu sein.*«

Vor diesem Hintergrund sind, so Thrun, bei den großen Entwicklungen, die er zum Beispiel bei Google vorangetrieben hat, nie solche Experten dabei gewesen. Und auch bei seinem jetzigen Online-Education Unternehmen Udacity hat er keine Pädagogen dabei, keine Personen, die sich wirklich mit traditioneller Ausbildung auskennen.

Wie kommt Thrun also zu dieser Einschätzung? Welche negativen Erfahrungen hat er in der Vergangenheit gemacht? Er berichtet von einem Projekt mit dem schönen Namen »Ground Truth«, welches er einmal bei Google aufgesetzt hat. Das Ziel war, auf der Grundlage der Google Maps-Daten die gesamte Welt zu kartieren.

Ein Mitglied dieses Teams war ursprünglich ein promovierter Absolvent eines Studiengangs namens »geo-informationsystems«, bei dem man Menschen ausbildet, wie man kartiert: »*Wir hatten also eine Person, die hatte quasi einen Doktor im Kartieren der Welt. Und die Person wurde unser größtes Hindernis, das wir am Ende rausgeschmissen haben.*«

Was war also der Grund des Scheiterns? Dieser Experte hatte – so Thrun – halt in seinem (Doktor-)Studium so viele Dinge gelernt, die in der modernen Welt einfach keinen Sinn ergaben: »*Dies waren Dinge der Vergangenheit und diese Person versuchte uns immer zu überzeugen, dass wir alles falsch machen. Und nachdem diese Person nicht mehr da war, führten wir das Projekt in doppelter Geschwindigkeit zum Erfolg.«*

Dies sei ein Beispiel für ein größeres Muster. Thrun führt hierzu auch Frederick Jelinek, den berühmten Forscher der Informationstheorie, automatischen Spracherkennung und der Verarbeitung natürlicher Sprache ins Feld, der den berühmten Satz prägte: »*Jedes Mal, wenn ich einen Linguisten feuere, steigt die Leistung des Spracherkenners um 5 %.*«

Auf was kommt es dann also vor allem an, fragen wir Thrun: Er braucht Menschen, die eine Vision haben und die klar denken können. Sie müssen bereit sein, sich selbst und generell den Status Quo zu hinterfragen. Dabei kommt es vor allem auf logisches Denken - gerade »out of the box« – an: Diese Menschen müssen also anders denken als die anderen.

Finden Sie also Experten mit offenem Mindset (oder seien Sie selbst ein solcher)

Sollten wir also nun daraus schließen, dass Experten bei kreativen Vorgängen gänzlich nutzlos sind? Das wäre wohl zu kurz gesprungen. Wir glauben schon – wie zum Beispiel **Thomas Südhof** – auch daran, dass es Experten gibt, die sich einen solchen offenen Geist bewahrt haben. Das bedeutet – so Südhof – natürlich nicht, dass Fachwissen nicht auch zum Ballast werden kann, von dem man sich befreien muss. Ein klassischer Komponist kann zwar nicht wirklich komponieren, wenn er nicht genau die Regeln kennt. Aber wenn dieser Komponist sich nicht auch schrittweise von den Regeln befreien kann, kann er auch keine neue Musik machen: »*Deswegen braucht man vielfach auch etwas Zeit und Abstand. Ansonsten besteht durchaus die Gefahr, dass man den berühmten Wald vor lauter Bäumen nicht sieht.*«

Auch **Simone Menne** hat im Lufthansa-Vorstand ähnliche Erfahrungen gemacht. So war zum Beispiel der ehemalige Vorstandsvorsitzende Jürgen Weber selbst Ingenieur und glaubte wahrscheinlich auch zum Ende immer noch, dass er Motoren reparieren kann. Er sah sich – ähnlich wie andere Vorstandskollegen – als Spezialisten in der Luftfahrtindustrie. Wenn dann jemand sagte, dass das Luftfahrtgeschäft jetzt anders funktioniert, hörten sie nicht immer wirklich zu. Es fiel ihnen schwer, einfach zu sagen: ›Interessant, schauen wir uns an, wie künstliche Intelligenz, 3D-Druck oder Plattformtechnologie unser Geschäft beeinflussen können.‹

Mennes Anforderung an Experten ist klar: »*Als Experte glaubt man oft, dass die Welt festgelegt ist, und das ist in der heutigen Welt nicht unbedingt wahr. Man muss offen für neue Ideen und Perspektiven sein. Sie können aber auch nicht völlig ohne Sachverstand agieren. Sie müssen schon analytisch gut ableiten können und auch die richtigen Fragen stellen.*« Suchen und finden Sie also Experten mit einem offenen Mindset (oder seien Sie selbst einer).

Schaffen Sie die richtige Umgebung für Expertentum und Fachwissen

Wenn Sie nun genug Expertise an Board haben, sollten Sie sich abschließend mit dem Gedanken beschäftigen, wie Sie dieses Fachwissen am besten einbinden. Wenn Sie unter so großem Druck stehen oder ihn sich selbst bereiten, dass der Experte keine Zeit hat, Fragen zu stellen oder Bedenken zu äußern, werden Sie scheitern. Wenn man kreativ sein will, muss man den Experten Raum geben, um ihre Gedanken und Ideen zu teilen. Sie sind die Experten und sollten die Freiheit haben, ihre Meinung zu äußern.

Gerade dies ist auch Simone Menne besonders wichtig: »*Gute Gruppen oder Expertenteams ermöglichen Diversität und Zusammenarbeit und schaffen eine Atmosphäre, in der Experten einander zuhören können.*« Eine solche Atmosphäre des Vertrauens und Respekts muss man schaffen und so die Zusammenarbeit förden.

Insofern kommt es häufig auf die richtige Mischung, die richtige Kombination an und wie Sie den Rahmen der Zusammenarbeit und Ihre eigene Einstellung definieren. Auch bei unserem **Kreativitäts-Guru Frank Dopheide** sitzt an seinem Tisch, tatsächlich und im übertragenen Sinne, eine Vielzahl von Experten. Auch er hält Experten für wichtig, für geradezu unerlässlich. Aber es braucht auch Menschen, die den Blick erweitern. Die Gesellschaft ändert sich. Sie ist im Fluss. Gar im Umbruch. Es geht darum, die Blickfelder zu erweitern. Zu sehen, was nicht offensichtlich ist. Deshalb müssen nach Dopheide immer alle Antennen auf Empfang sein. Experten dürfen nicht dafür sorgen, dass Scheuklappen bestehen und diese immer enger werden. Dopheide warnt deshalb: »*Experten dürfen keine Kreativitätskiller werden. Die Gefahr besteht, weil Sie vielfach Besserwisser sind. Sie dürfen nicht dafür sorgen, dass Menschen blind werden. Kreativität bedeutet, dass Dinge auffallen, die man noch gar nicht gesehen hat.*«

Die richtige Balance zu finden, ist nicht immer einfach. **Gisbert Rühl** weiß davon mit Blick auf sein großes Transformationsprojekt bei Klöckner ein Lied zu singen. Er hat sein Erfolgsrezept für den richtigen Einsatz von Experten in kreativen Prozessen erst nach mehreren Anpassungen und Feinjustierungen gefunden. Zunächst war man zu weit von den Experten entfernt, dann wiederum waren sie zu sehr involviert. Das erhöhte zwar die Akzeptanz des Prozesses bei den Mitarbeitern, blockierte sie dann aber auch: »*Das Erfolgsrezept besteht darin, ein Gefühl dafür zu entwickeln, was funktionieren kann, und dann entsprechend anzupassen und gegebenenfalls einzugreifen, um sicherzustellen, dass alles reibungslos läuft.*«

Wenn Sie einen kreativen Vorgang gerade in einem Team vorantreiben wollen, überlegen Sie vorher ganz genau und kommunizieren Sie klar, welche Rolle die Experten oder Expertise generell einnehmen sollen. Kreativität kann durch mehr Wissen und Erfahrung durchaus elaborierter werden, aber zu viel Wissen kann auch blockieren.

Schaffen Sie eine Atmosphäre der Offenheit. Seien Sie sich der Gefahr bewusst, dass gerade Experten dazu neigen, wieder in vertraute Gewässer abzutauchen und damit Neues zu blockieren. Dieser Gefahr müssen Sie begegnen. Sonst werden Experten Ballast und kein unterstützender Kreativitätsbeschleuniger. Sonst werden Sie nicht etwas tatsächlich Neues in die Welt bringen.

Was Sie für sich mitnehmen können

Der Zusammenhang von Fachwissen und Kreativität ist ein schwieriger. Allgemeingültige Grundregeln zu formulieren, ist schwierig. Sie sollten vielleicht folgende Leitplanken mitnehmen:

- Seien Sie beruhigt: Für die meisten kreativen Vorgänge brauchen Sie regelmäßig keine fachlichen Superstars oder müssen Sie selbst einer sein.

- Lernen Sie aber Standards, ohne die kreative Momente nicht immer möglich sein werden.

- Vermeiden Sie Experten der Vergangenheit, die sich als Sandstreuer im Getriebe des kreativen Prozesses herausstellen werden.

- Finden Sie stattdessen Experten mit einem offenen Mindset oder seien Sie selbst einer. Tauchen Sie tief ein, um dann die Flughöhe wieder zu erhöhen.

- Schaffen Sie die richtige offene Atmosphäre und definieren Sie klar die Rolle von Experten oder Expertise im kreativen Prozess. Gerade in einer solchen Atmosphäre gelingt die Kombination zwischen Fachwissen und einem möglicherweise gebotenen Bruch von Regeln.

RICHTIGE & FALSCHE ERFAHRUNGSSCHÄTZE

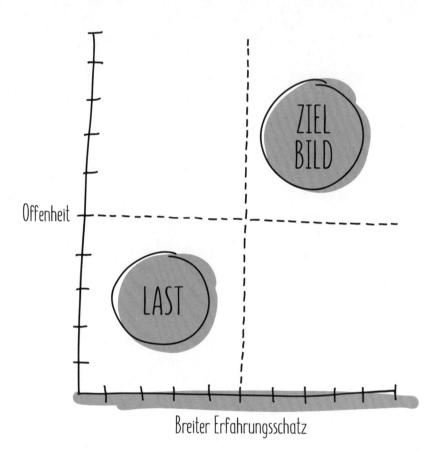

9. ERFOLGSREGEL: WICHTIGE UND FALSCHE ERFAHRUNGSSCHÄTZE

»Je homogener Dein Erfahrungsfundus ist, desto mehr wird dieser eine Last für Dich.«
– Eva van Pelt

Wir geben es unumwunden zu: Besonders kreative, unbeschwerte Menschen sind häufig Kinder, die sich kognitiv gerade erst entwickeln und noch keinen Erfahrungsschatz besitzen. Haben deshalb bereits gemachte Erfahrungen für Ihr kreatives Schaffen keine Bedeutung? Wohl kaum. Aber richtig ist auch: Erfahrungsschätze sind ein zweischneidiges Schwert für Ihre Kreativität: Sie können Fluch und Segen zugleich sein.

Die Vorteile von reichhaltigen Erfahrungen für das eigene kreative Schaffen liegen auf der Hand: Sie sind nicht selten die Grundlage für kreative Prozesse. Sie erlauben uns zugleich, unerwartete Verbindungen zwischen verschiedenen Disziplinen, Phänomenen und Ideen herzustellen. Sie helfen uns, kreative neue Lösungen für Probleme zu finden, wenn wir bereits unterschiedliche Situationen erlebt und verschiedene Lösungen für Probleme gefunden haben. Erfahrungen in einem bestimmten Bereich können uns dazu inspirieren, innovative Ideen zu entwickeln. Zu guter Letzt lassen uns diverse Erfahrungen nicht selten empathischer werden. Wir entwickeln ein tieferes Verständnis für andere Menschen und ihre Perspektiven. Dieses Verständnis kann uns dazu inspirieren, kreative Werke zu schaffen, die auf diesen menschlichen Einsichten basieren. Kurzum geben wir **Sebastian Dettmers** recht: »*Ganz ohne Erfahrung entsteht keine Kreativität.*«

Die Kehrseite der Medaille bringt **Christian Bruch, der CEO von Siemens Energy**, auf den Punkt: »*Je größer der Erfahrungsschatz wird, desto größer wird die Last, frei zu denken.*« Sie sind vielleicht in festgefahrenen Denkmustern gefangen – Erfahrungen können dabei zu Bestätigungsfehlern führen. Menschen neigen dazu, Informationen zu suchen, zu interpretieren und zu erinnern, die ihre vorhandenen Überzeugungen oder Hypothesen bestätigen. Ein großer Erfahrungsschatz macht unter Umständen risikoaverser, Sie sehen vor lauter Erfahrungen den Wald vor lauter Bäumen nicht oder verharren in Ihrer erfahrungsgesättigten Komfortzone.

Wir müssen also zwischen diesen beiden Polen einen guten Kompass entwickeln. Hierbei haben wir uns differenzierten Rat gleich von mehreren Role Models geholt. Sie eint, dass sie die kreative Erfolgsregel »Erfahrungen« sehr differenziert seziert haben – zum Teil mit ganz diversen Blickwinkeln: **Frank Dopheide, Yasmin Weiß, Sebastian Dettmers, Matthias Hartmann, Eva van Pelt, Philipp Westermeyer, Dominic von Proeck und Alexander Geiser** kommen an anderer Stelle ausführlicher zu Wort. Hier setzen sie Schlaglichter.

Seien Sie wie ein Schwamm – vergrößern Sie mit einem guten Erfahrungsfundus Ihre Vorstellungskraft

Ein klares Plädoyer für einen umfassenden Erfahrungsschatz hält zunächst der Purpose- und Kreativitäts-Hohepriester **Frank Dopheide**, der uns an anderer Stelle dieses Buchs schon ausführlich begegnet ist: »*Das Ziel Deines kreativen Schaffens ist, etwas Neues von Wert in die Welt zu bringen. Je größer dann Dein Erfahrungsreichtum ist, desto größer ist der Fundus, aus dem Du schöpfen kannst. Dein Blick auf die Welt ist dann größer und damit auch Dein Vorstellungsvermögen und damit verbunden Dein Ideenreichtum.*«

Dopheide zeigt damit eine klare und nachvollziehbare Kausalkette. Erfahrungen führen zu einem breiteren – sich der Welt öffnenden – Blick. Die Phantasie wird angeregt, Ideen können daraus resultieren: »*Ideenreichtum kommt nicht aus dem Nichts.*« In anderen Zusammenhängen gemachte Erfahrungen können auf neue Situationen übertragen werden. Im Kern sind Erfahrungen also keine Hürden bei kreativen Vorgängen, sondern vielfach ihre Quelle.

Als Kronzeugen für seine These führt Dopheide einen ganz besonderen

Kreativen an: »*Guck dir Karl Lagerfeld an: Er war 85 und (dennoch) verantwortlich für den Zeitgeist. Warum? Weil er wie ein Schwamm war, der 300.000 Bücher besessen hat. Er wusste alles. Er hat alle deutschen Klassiker gelesen und vieles mehr. Er war gewandt, sprach viele Sprachen. Aus diesem Reservoir konnte er schöpfen.*«

Seien also auch Sie wie ein Schwamm. Machen Sie so viel unterschiedliche Erfahrungen wie möglich. Übertragen Sie Ihre Erfahrungen in einen ganz neuen, anderen Kontext. Schon allein daraus können neue Ideen kreiert werden. Diese Erfahrungen können und sollten ganz unterschiedlicher Natur sein. Gerade ein solcher großer Erfahrungsschatz kann offen machen.

Yasmin Weiß führt uns dies prägnant vor Augen: »*Wir alle haben einen offeneren Blick auf die Welt, wenn es uns gelingt, im Leben diverse Erfahrungen zu sammeln: Erfahrungen des Scheiterns, des Erfolgreich-Seins. In kleineren Organisationen, im Mittelstand oder in Großkonzernen zu arbeiten. Im Inland oder auch im Ausland zu leben. Verschiedene soziale Schichten kennenlernen. Das öffnet den Blick sehr und ermöglicht es, sehr unterschiedliche Ressourcen anzuzapfen. Ein solcher Erfahrungsschatz ist Gold wert für die Kreativität.*«

Solche Erfahrungen können dann eine ganz besondere Wirkkraft entwickeln: **Sebastian Dettmers** bringt es für uns auf den Punkt: »*Erfahrungen sind die Grundlage dafür, dass dann Kreativität entsteht. Wir sammeln unser Leben lang unterschiedlichste Erfahrungen- entweder ganz breit oder ganz schmal. Und dann brauchst Du irgendeinen energetischen Impuls. Vielleicht ein emotionaler Reiz, vielleicht ein Gespräch.*« Nutzen Sie also Ihre Erfahrungen als Katalysator. Und finden Sie dann die Zeit, die hieraus entstehenden Ideen zu vergegenständlichen.

Wie sammeln Sie breite Erfahrungen? Einfach wie eine kleine Diplomatentochter, die »Hallo« brüllt

Wie schaffen Sie sich nun am besten einen breiten Erfahrungsschatz? Ist dies in erster Linie den Großen, Reichen und Mächtigen vorbehalten, die über ein großes Netzwerk verfügen? Wir glauben das nicht.

Inspiriert werden wir von **Yasmin Weiß**, die gerade in ihrer Kindheit prägende Erfahrungen gemacht hat. Erzogen wurde Weiß und ihr Zwillingsbruder von einer berufstätigen Mutter im diplomatischen Dienst. Diese nimmt ihre Kleinkinder immer auf – oftmals auch sehr förmliche – Veranstaltungen mit. Deshalb war Weiß mit Ihrem Bruder ständig in einer neuen Umgebung, in irgendeiner Botschaft.

Und dabei hat sie eine besondere frühkindliche Erfahrung gemacht: »*Egal wo ich hingerannt bin, waren die Leute offen. Ich bin in jeden Raum gestolpert, habe ›hallo‹ gebrüllt und die Leute waren nett zu mir. Die fanden mich irgendwie als Kleinkind ziemlich süß. Und das hat mich bis heute geprägt. Immer wenn ich heute eine Frage habe, habe ich überhaupt keine Hemmungen auf irgendjemanden zuzugehen mit einer Frage oder der Bitte, mir hier weiterzuhelfen.*«

Haben Sie also keine Scheu. Die Welt ist heute so komplex geworden, dass Sie regelmäßig ein breites Netzwerk und einen tiefen Erfahrungsschatz brauchen, um schwierige Probleme kreativ zu lösen. Nun sollten Sie vielleicht doch nicht in jeden Raum stolpern und ›hallo‹ rufen. Dieses Privileg sollten wir kleinen Kindern vorbehalten. Aber seien Sie ohne übertriebene Angst aktiv, breite Erfahrungen zu sammeln. Sie werden sie brauchen.

Bestücken Sie Ihre (Erfahrungs-)Bibliothek mit Mustern – Klauen Sie »legal«

Wie sortiere ich nun am besten meine Erfahrungen? Wie gehe ich am besten methodisch vor? Der **Entrepreneur Dominic von Proeck** bringt hierzu einen spannenden, wenn nicht sogar kontroversen Gedanken ins Spiel: Er hat für sich selbst das Prinzip des »Legalen Klauens« zum Leitmotiv erhoben, das er in Anlehnung an das berühmte Zitat von Picasso (»*gute Künstler kopieren, großartige Künstler klauen*«) für sich selbst entwickelt hat: legales Klauen.

Was er damit meint? Er ist offen, will sich überall inspirieren lassen und dabei Muster erkennen. Durch Beobachten und mit Antennen, die auf Empfang sind, will er Neues erkunden. Er bestückt mit diesen Mustern, die er überall erkennt, seine mentale Bibliothek. Er klaut, was *dort* funktioniert und setzt es *hier* ein.

Beispiele dafür hat er viele: Hütchenspieler am Berliner Ku'damm gehören dazu. Er ist fasziniert davon, dass diese so alte Trickkunst noch immer funktioniert. Stundenlang hat er beobachtet, wie die Choreografie der Kreativität dort funktioniert. Alle, auch Passanten, haben eine Rolle. Alles ist perfekt inszeniert. Die klügsten Menschen scheitern und verlieren ihr Geld. Er erkennt Muster und stellt sie in seine Bibliothek der Erfahrungen. Genauso geht er in Museen und oder bei Sterneköchen vor, deren Kunstwerke der kreativen Kochkunst er sehr schätzt. Eigentlich lässt er sich überall inspirieren - in allen Lebensbereichen. Er klaut Muster, wo er nur kann, und dann trainiert er sie. Immer und immer wieder.

Von Proeck gibt ein schönes Beispiel aus einem ganz ungewöhnlichen Lebensbereich, mit dem die wenigsten von uns sehr vertraut sein dürften: Es geht um das Cheerleading. Seine Mitarbeiterin bereitete sich auf die Weltmeisterschaft mit einer ganz besonderen Trainingsroutine vor: *»Wenn wir wissen, es geht auf die Weltmeisterschaft zu, dann kommt die Trainerin und sagt uns, welche Performance jetzt trainiert wird. Die Choreografie. Wir schauen uns an, wie es geht. Und im ersten Training machen wir das mal so ein bisschen, aber die Sprünge nicht so hoch. Wir üben. Langsam. Wir üben den ersten Sprung, wie die Irren. Wie Verrückte. Nur diesen Sprung. Im nächsten Training die zweite Etappe und dann kommt wieder ein Part, bis wir irgendwann die komplette Performance machen. Und das, was wir schon trainiert haben, machen wir richtig gut.«*

Von Proeck erkennt spannende Muster. Es geht darum komplexe Vorgänge in viele Einzelteile zu zerlegen. Diese Einzelteile werden nun nacheinander trainiert, erst einfach, dann immer schwieriger. Erst wenn dieser erste Schritt perfekt beherrscht wird, wagt man sich an den nächsten. Schritt für Schritt, bis man das ganze Mosaik zusammensetzen kann. Ein Muster, das man auf ganz andere Bereiche übertragen kann. Wichtig ist ihm dabei, dass er immer themenfremde Muster anwendet. Er liest nie Fachbücher zu Themen, in denen er sich kreativ oder unternehmerisch engagiert. Ihm ist es wichtig, so wenig wie möglich über ein Thema zu wissen. Er möchte naiv, kindlich, unwissend und neugierig sein und die Muster, die er über die Jahrzehnte in seiner Bibliothek aufgebaut hat, rausziehen, wenn er denkt, dass sie passen.

Wenn Sie also das nächste Mal einen Hütchenspieler sehen, eine talentierte Köchin bewundern oder ein musikalisches Wunderwerk genießen, denken Sie an uns. Versuchen Sie die dahinter liegenden Vorgänge zu dechiffrieren. Bestücken Sie Ihre eigene Bibliothek mit einer umfassenden Variation von Mustern. Es lohnt sich.

Nutzen Sie Ihre Erfahrungen als Lackmusstest der Machbarkeit und Realitätscheck

Setzen Sie nun Ihren breiten Erfahrungsschatz auch ganz gezielt ein, wenn Sie Ihre Ideen auf Ihre Machbarkeit hin überprüfen müssen. Genauso wie **Matthias Hartmann, dem CEO von Techem**, bewundern wir gerade auch diejenigen, die Kreativität mit handwerklicher Kunst und einem entsprechenden Erfahrungsschatz verbinden. Gerade diese Kreativität, die aus Erfahrung und Machbarkeit entsteht, findet seiner Meinung nach zu wenig Beachtung.

Er führt als treffendes Beispiel die – gerade auch in Berlin ansässige – deutsche Gründerszene an. Er schätzt an ihr zwar das neue Denken und die oftmals impulsive Energie. Zugleich aber habe sich diese in der Vergangenheit häufig auf B2C- und eCommerce-Geschäftsmodelle ausgerichtet – Bereiche, die auch ohne tiefen Erfahrungsschatz beherrschbar seien.

Die wesentlichen und komplexen Themen der Zukunft, die gerade auch technisch kreativ bewältigt werden müssen, könnten so nicht mehr gelöst werden. Gerade bei den großen Problemen des Klimawandels und der Nachhaltigkeit müsse man in industrielle Bereiche vordringen, die einen tiefen Erfahrungsschatz voraussetzen, auch um früh die Machbarkeit bestimmter Ideen einschätzen zu können. Diese Kombination ist die wohl derzeit notwendigste Mischung. Setzen Sie also Ihren Erfahrungsschatz gezielt, aber auch mit Bedacht, ein.

Aber Achtung vor Scheuklappen: Je homogener der Erfahrungsschatz, desto mehr wird er zur Last

Wir sagen bewusst »mit Bedacht«, da Sie keineswegs in eine kreative Erfahrungsfalle laufen dürfen. **Yasmin Weiß** weist zurecht auf folgendes Dilemma hin: »Wenn man sich ganz, ganz tief mit etwas befasst und da ganz viel Erfahrung hat, entwickelt man nicht selten sogar Scheuklappen. Diese beruhen *auf dem, was man seit Jahren schon macht. Sie können einer Kreativität, also neuen Herangehensweisen mit Blick auf das Ganze, im Weg stehen.*

Eine ähnliche Warnung spricht der **OMR-Gründer Philipp Westermeyer** aus: »Immer schon so gemacht« sei der Feind der kreativen Neuerfindung. So könne Erfahrung in einer gewissen Domäne nicht nur nicht hilfreich, sondern manchmal sogar störend sein. Selten erfinde sich ein System von innen selbst.

Achten Sie also darauf, dass Sie – geprägt durch Ihre Erfahrungen – nicht immer wieder in alte Denkmuster verfallen. Dann nämlich wird Ihr Erfahrungsfundus nicht Ihr kreativer Freund, sondern Feind. Die Gefahr besteht umso mehr, je mehr Ihre Erfahrungen wenig vielfältig sind. Die **ehemalige Co-CEO der Eppendorf AG Eva van Pelt** bringt es auf den Punkt: »*Je homogener Dein Erfahrungsfundus ist, desto mehr wird dieser eine Last für Dich.*« Umso wichtiger ist, lateral zu denken und unterschiedliche Erfahrungen in die Generierung und Bewertung von Ideen einfließen zu lassen. Deshalb ist essentiell, dass Sie über entsprechend vielfältige Erfahrungen verfügen. Ansonsten können Sie weder die erforderliche Breite an Ideen gewinnen noch sie ordentlich bewerten.

Und: Ruhen Sie sich NIE auf den gemachten Erfahrungen aus

Was schützt Sie also vor erfahrungsgesättigten Scheuklappen? Wie vermeiden Sie, in Ihrem eigenen Erfahrungsfundus gefangen zu sein? **Alexander Geiser** definiert für uns eine »Default-Position«, die erforderlich ist, um sich nicht durch den eigenen Erfahrungsschatz einschränken zu lassen: »*Der Drang nach persönlichem Wachstum und ständiger Weiterentwicklung muss der eigene konstante Dauerzustand sein, um die eigene Kreativität zu fördern.*«

Ein wichtiges Schlüsselelement ist dabei, sich auf das Wesentliche zu konzentrieren und das Unwichtige loszulassen, um das Potenzial für unerwartete Kreativität zu entfalten. Da das menschliche Gehirn – so Geiser – nur begrenzte Aufmerksamkeits-Kapazitäten hat, muss es die Erinnerungen priorisieren, die am relevantesten sind. Unwichtige Informationen hingegen werden schwieriger abrufbar: »*Die Erfahrungen, die für Dich unwichtig sind, schmeißt*

Du ganz hinten auf Deine Datenbank. Es ist für Dich nicht wichtig, was Du an einem Donnerstagabend vor 17 Jahren gemacht hast. Es ist aber demgegenüber relevant zu wissen, wie der Abend sich angefühlt hat, an dem Du Dich verlobt hast.«

Eine bewusste Haltung zur persönlichen Weiterentwicklung ist entscheidend, um kreativ zu sein und zu bleiben. »*Das Argument ist ja relativ einfach*«, erklärt Geiser, »*was dahintersteht, ist die bewusste Qualität der sich konstant Weiterentwickelnden. Menschen, die an bestimmten Dingen festhalten, die sie als definierend für ihre Rolle betrachten, verfangen sich in Routinen und schaffen ein Korsett des Seins. Diese Menschen haben es schwerer, wirklich kreativ zu sein. Man schaut dann nur in den Rückspiegel. Diejenigen, die sich nicht an solchen Dingen festhalten und sich stattdessen darauf konzentrieren, über sich hinauszuwachsen und ständig das Beste aus sich herauszuholen, sind offener für Kreativität. Sie sind nicht an Erfahrungen, Informationen oder Qualifikationen gebunden. Sie wissen, dass sie auf diese zurückgreifen können, wenn sie sie brauchen, aber sie lassen sich nicht davon definieren oder einschränken.*«

Halten Sie sich also nicht an bestimmten Erfahrungen der Vergangenheit fest. Seien Sie im Hier und Jetzt präsent. Streben Sie danach, stetig besser zu werden, es anders als bisher zu machen. Stellen Sie immer auch Ihre bisher gemachten Erfahrungen in Frage. Es ist ein wenig wie der kreative Regelbruch, zu dem wir in einem späteren Kapitel noch kommen werden: Sie sollten schon mit den Regeln vertraut sein, bevor Sie sie kreativ brechen. Genauso ist es mit Erfahrungen: Sie sollten idealiter einen breiten, diversen Erfahrungsschatz besitzen, um in einem nächsten Schritt diese Erfahrungssätze zu brechen.

Geiser beschreibt sein Mantra eindringlich: »*Ich bin ein Junkie für das konstante Fragen: Wie kann ich besser werden? Wo ist das nächste Neue? Wie kann ich konstant über mich selbst hinauswachsen?*« Dann können Sie – so Geiser – eine wirkliche »Kreativitätsmaschine« werden. Das müssen Sie erst einmal auf persönlicher Ebene erkennen und umsetzen. Im nächsten Schritt können Sie das in verschiedenen Systemen anwenden. In jedem Fall geht es immer darum, einen möglichst großen Erfahrungsschatz mit dem unnachgiebigen Streben nach dem Neuen, dem Anderen zu verbinden – übrigens auch mit der Konsequenz, dadurch immer neue spannende Erfahrungen zu machen.

Was Sie für sich mitnehmen können

Fazit: Das Verhältnis von Erfahrungen und Kreativität ist ein nicht eben triviales. Es kann sich gegenseitig bestärken und auf ein neues Niveau hieven. Erfahrungen können aber genauso eine Bremse für kreative Vorgänge sein. Wenn Sie folgende Grundregeln beherzigen, dürften Sie behutsam auf dem richtigen Weg sein:

- Kreativität entsteht selten aus dem Nichts. Erfahrungen sind wichtig. Seien Sie wie ein Schwamm – vergrößern Sie mit einem guten Erfahrungsfundus Ihre Vorstellungskraft.

- Seien Sie ständig und unerschrocken auf der Suche nach neuen, anderen Erfahrungen.

- Bestücken Sie Ihre (Erfahrungs-)Bibliothek durch Muster aus ganz unterschiedlichen Bereichen: Klauen Sie legal.

- Nutzen Sie Ihre Erfahrungen als Lackmusstest der Machbarkeit und Realitätscheck, wenn Sie sich fragen, ob Sie bestimmte kreative Ideen weiterverfolgen wollen.

- Aber vergessen Sie eines auf keinen Fall: Je homogener der Erfahrungsschatz, desto mehr wird er zur Last: Je erfahrener Sie in einem Bereich sind, desto höher wird die Gefahr der Scheuklappen.

- Ruhen Sie sich nie auf den gemachten Erfahrungen aus. Stellen Sie das Erfahrene in Frage. Streben Sie nach dem Neuen – ständig – und erweitern Sie damit zwangsläufig Ihren Erfahrungsschatz.

KAPITEL 4

SCHMERZ

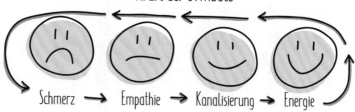
Kraft der Symbole

Schmerz → Empathie → Kanalisierung → Energie

10. ERFOLGSFAKTOR:
SCHMERZ ALS KREATIVER KATALYSATOR

*»Es gibt zwei Dinge, warum sich Sachen verändern.
Lust oder Leid – und Lust ist relativ selten«*
– Christian Bruch

Kommen wir nun zum dritten Cluster. Es geht um »Ihre Einstellung« in ganz unterschiedlichen Dimensionen: Es geht um positive Energie, Ihr (offenes) Mindset, die Bereitschaft zum Regelbruch, Hartnäckigkeit und Leidenschaft sowie um die Selbstzweifel als mögliche Superpower.

Beginnen wollen wir aber mit einer anderen Facette: Wir wollen uns der Frage widmen, ob der Schmerz ein kreativer Katalysator sein kann. Eine schwierige Diskussion, denn: Wir Menschen haben ein ambivalentes Verhältnis zum Schmerz. Wir mögen ihn nicht. Wir verbinden meistens Leidvolles damit und nur selten Schönes. Oftmals verdrängen wir den Schmerz. Aus den Augen, aus dem Sinn, denken wir uns. Wir verleugnen ihn und damit manchmal auch uns selbst. Das ist verständlich, aber dem Schmerz gegenüber ungerecht.

Zum einen hat Schmerz eine Ursache. Diese Ursache kann für den kreativen Prozess ein Nukleus an Antrieb, Veränderung und Inspiration sein. Zum anderen kann der Schmerz, wenn er gelöst wird, eine Einleitung zu etwas sehr Schönem sein. Die Kunst beweist das immer wieder aufs Neue. Die Quelle vieler Liebeslieder, die die Charts eroberten, war Schmerz. Malerische Meisterwerke fangen den Schmerz von Generationen, Menschen und Situationen mit Farbe ein und fesseln uns. Und: Der Schmerz hat als Kreativquelle prominente Befürworter auch in der Wissenschaft. Für Friedrich Nietzsche ist er ein »*Befreier des Geistes*«, für Immanuel Kant der »*Stachel aller Tätigkeiten*«.

Warum und wie können wir durch Schmerz kreativ werden? Welche Bedeutung hat der Schmerz gerade auch im unternehmerischen und nicht nur im künstlerischen Kosmos? Warum kann der Schmerz unser kreativer Partner und Impulsgeber sein? Und wir werden feststellen, dass die Dosis das Gift macht, dass Schmerz uns brechen kann, wenn er uns überrennt.

Ein Thema also, das unsere Gesprächspartner in zwei binäre Lager teilt: Es gibt diejenigen, die Schmerz als kreative Quelle absolut verneinen und negieren, dass er hilfreich für unsere Kreativität sein kann. *Frank Dopheide* zum Beispiel bringt es ziemlich direkt auf den Punkt: »*Schmerz ist scheiße*« und drückt damit klar aus, dass Schmerz nach seiner Meinung beim Kreativsein nicht hilft.

Und die anderen, die ihn offen und warmherzig empfangen, ihn gezielt und wohl dosiert einsetzen und damit ihren eigenen kreativen Wirkungsgrad erhöhen. Dieses Lager hebt unter anderem die Ausdruckskraft der intensiven schmerzhaften Emotion hervor. Sie unterstreichen die brachiale Wucht, die dahintersteckt, und erinnern daran, wie viel Kraft, Energie, Leidenschaft und Antriebskraft aus diesem Gefühl entstehen kann. Aus eigener Erfahrung können wir sagen, dass der Schmerz uns auch dabei hilft, uns mit uns selbst auseinanderzusetzen. Wenn es weh tut, sind wir selbstreflektierter und offener für neue Perspektiven. Schmerz macht uns ehrlicher, bringt mehr Authentizität in das Kreative und hilft uns dabei, widerstandsfähiger zu werden. Selbstredend ist es kein schönes Gefühl, nichts, das wir suchen. Wir wollen also die Situation, die uns Schmerzen bereitet, verändern. Dadurch werden wir kreativer, überlegen, welche Grenzen wir überwinden müssen, wie wir die aktuelle Situation ändern können, damit es uns wieder besser geht. Alles Antriebe, die, richtig dosiert, Kreativität freisetzen können.

Wer kann dieses wichtige Thema, das gleichzeitig ein heißes Eisen ist, einleiten? Wer kann, wer will für Schmerz als Quelle der Kreativität stehen? Wir haben zwei Personen gefunden, die uns helfen, das Thema besser zu verstehen, zu durchdringen und herauszuarbeiten, welch wichtige Rolle der Schmerz beim Kreativsein spielen kann.

Beginnen möchten wir mit einer im positiven Sinne ungewöhnlichen Frau: **Eva van Pelt,** die **ehemalige Co-CEO** des Hamburgischen Life Science-Unternehmens, der **Eppendorf AG**. Zunächst einmal ist sie ungewöhnlich erfolgreich. Sie war 6 Jahre für das Unternehmen verantwortlich, dessen Umsatz sich in dieser Zeit verdoppelt. Zudem ist sie mehrfache Aufsichtsrätin, u. a. bei der Paul Hartmann AG und bei dem DAX-Unternehmen Qiagen.

Ihr Energielevel ist beeindruckend. Da wundert es nur wenig, dass es ihr nicht selten zu wenig lebhaft ist. Sie ist unzweifelhaft eine sehr zielstrebige »Macherin«, so würde der Volksmund sagen.

Zugleich ist van Pelt, die wir als Kreativitätstyp #1 definieren, aber auch eine ungewöhnlich reflektierte Persönlichkeit, die stets aus ihren Erfahrungen lernen und ihr Leben aktiv gestalten will. Eine ihrer besonderen Gewohnheiten: Sie führt ein kleines Tagebuch, das sie jeden Abend am Bett griffbereit hat. Dort hält sie fest, was sie im Laufe des Tages gelernt hat, welche Dinge sie glücklich gemacht haben, aber auch welche Sorgen und Ängste sie beschäftigen. Sie schreibt ihre Probleme in ihr Tagebuch und gibt sich damit selbst eine Art »freies Intervall«, um den Kopf für die Nacht zu entlasten. Dieses Vorgehen hilft ihr, ihre Sorgen vorübergehend beiseitezulegen, ohne sie zu verdrängen oder sich selbst zu betrügen. Sie sollten das auch einmal probieren.

Ihr springt **Christian Bruch** zur Seite. Der *CEO des DAX-Unternehmens Siemens Energy*, den die FAZ treffenderweise »Mr. Energiewende« nennt, reist im Winter 2022 mit Robert Habeck um die Welt, um seinen Teil zur Lösung der Gas- und Energiekrise beizutragen. Geopolitisch relevante Themen ist er gewohnt. So engagiert er sich auch stark bei der Münchner Sicherheitskonferenz und zieht aus diesen Gesprächen viel, was er auch für seine eigene Arbeit mit seinen 90.000 Mitarbeitern anwenden kann. Bevor er das Ruder bei Siemens Energy übernahm, war er im Vorstand von Linde. Bruch ist stark in der Meinung, stets fokussiert und dennoch menschlich sehr nahbar. Er geht gerne neue Wege und ist überzeugt davon, dass das Fördern von Individuen nicht nur essenziell für Kreativität ist.

Er selbst bezeichnet sich als jemand, der sehr penetrant bestehende Systeme infrage stellt, der versucht, Organisationen zu entwickeln. Er möchte, dass seine Kolleginnen lernen, aus wenig viel zu machen. Wirkungsgrad scheint ihm sehr wichtig zu sein und seine Vita zeigt, dass sein Wirkungsgrad hoch ist. Er selbst tut sich schwer damit, seine größte kreative Leistung zu beschreiben. Man könnte aber durchaus die Meinung vertreten, dass das Schaffen von Organisationen, das Entwickeln von Menschen, das Stellen der richtigen Fragen und das Finden und Gehen neuer Wege genannt werden sollten. Wir sehen ihn innerhalb unseres Koordinatensystems als strukturierten Kreativen.

Lesen Sie selbst, wie unsere Role Models Schmerz für ihre eigene Kreativität einsetzen.

Nutzen Sie Ihren Schmerz als Triebfeder der Veränderung – dann kann Kreatives entstehen

Dieser Schmerz, diese Unzufriedenheit mit der aktuellen Situation, stellt sich für uns alle unterschiedlich und kontextualisiert anders da. Für Bruch manifestiert sich das Gefühl in der notwendigen Transformation seines Energie-Management-Unternehmens in Kombination mit der Verantwortung für 90.000 Mitarbeiter. Dabei hilft ihm die Erkenntnis, dass Ausweglosigkeit oftmals der Schlüssel zum Ausweg ist. Denn darin mobilisieren wir Menschen den größten Willen und die meiste Energie zur Veränderung. »never change a running system« – ein Satz, der das Gegenteil von Veränderungswillen beschreibt und dennoch in vielen Unternehmen und Organisationen als Zustandsbeschreibung herhalten kann. Wenn wir ehrlich sind, kennen wir alle das Gefühl, dass es einfacher ist, sich mit dem Status Quo zu arrangieren als ihn zu verändern. Wird der Schmerz groß genug, verschiebt sich diese Wahrnehmung.

Wie geht er also nun konkret vor? Wie möchte er die für die Energiewende so wichtigen neuen kreativen Energiemanagement-Lösungen innovieren und in den Markt bringen? In dem er seine Organisation über den Willen zur Veränderung an Kreativität heranführt. Kreativität als Ausweg. Konkret heißt das bei ihm unter anderem

- Erzeugen von künstlichem Mangel (Budget-Kürzungen, Herausnahme von Ressourcen)
- Herausnehmen von Management Ebenen, die Prozesse entschleunigen und Kreativität ersticken lassen (in seinem Fall sprechen wir von 5 Hierarchie-Ebenen, die er herausgenommen hat, mehrere 1000 Mitarbeitende)
- Offen, effizient und direkt kommunizieren, auch wenn es weh tut (u. a. Standortschließungen, Zukunftsfähigkeit bestimmter Technologien)

Um das für alle anwendbar zu machen, kann man auch sagen: Er verschlankt, simplifiziert und optimiert und kommuniziert dabei offen und direkt.

Als Führungskraft geht es Bruch dabei nicht (nur) darum, Kosten zu senken. Er möchte durch Schmerz Bewegung in die Organisation bringen und Eigenverantwortung zementieren: »*Das brauchst Du, um mehr Kreativität durch mehr Eigenverantwortung zu bekommen. Und die Bereitschaft zur Veränderung.*«

Eine andere schmerzliche Erfahrung machte **Eva van Pelt**, die sie prägte:
»*Ich war im Tsunami 2004 in Phuket und ich bin offensichtlich noch da. Und ich hatte sehr viel Glück. Es hat mich aber sehr zum Nachdenken gebracht. Ich arbeitete bei Siemens und war noch sehr jung, ich war Mitte 30. Der Schmerz, den ich gesehen habe, hat mir geholfen, mein Leben zu reflektieren. Bin ich bereit, mich permanent an Strukturen und Prozesse anzupassen? Will ich mich auch an Menschen anpassen, die ich eigentlich nicht schätze oder die mich nicht nach vorne bringen, von denen ich nichts lernen kann, die mich nicht inspirieren?*«

Ihre Antwort fiel klar aus. Aus dem Schmerz des Tsunamis zog van Pelt radikale Konsequenzen. Sie wechselte ihren Lebenspartner, ihren Beruf und ihren Wohnort. Die Triebfeder dahinter war der Schmerz, den sie erlebt hatte und der ihr die Kraft zur Veränderung gegeben hat.

Wenn Sie also in einer vermeintlich ausweglosen Situation sind, nutzen Sie den damit verbundenen Schmerz als Antrieb. Hinterfragen Sie, ob Sie den Schmerz nicht als Impuls zur Veränderung einsetzen können. Nutzen Sie ihn, wenn möglich, als Startschuss hin zum Kreativen. Vereinfachen Sie, verschlanken Sie und gehen Sie zum Kern der Ursache hinter dem Schmerz.

Seien Sie empathisch

Die Veränderungen, die Bruch einleitet, sind nicht einfach und betreffen zahlreiche Mitarbeiter. Dabei ist es ihm wichtig, respektvoll und fair mit seinen Kolleginnen umzugehen. Er schneidet dort Dinge heraus, wo sie den Mitarbeitern im Wege stehen, will Beschleunigung und Eigenverantwortung für das Individuum in der organisatorischen DNA verankern, um Kreativität zu fördern und nicht zu ersticken. Er weiß, dass er dabei behutsam vorgehen muss. Die richtige Balance und die richtige Dosierung sind für den Schmerz entscheidend. Egal, ob es sich um den eigenen intrinsischen Schmerz handelt oder um einen organisatorischen.

Auch Eva von Polt ist sich der Bedeutung empathischen Umgangs auf allen Ebenen im Klaren. Im Gespräch wird klar, wie sensibel sie ist und dass ihre Antennen menschliche Schwingungen sehr genau wahrnehmen. Sie nutzt die Kraft der Symbole, um der Empathie Gestalt zu geben. Wir erfahren später noch mehr darüber.

Wenn Sie Schmerz und die Intensität der Gefühle dahinter für Ihre Kreativität nutzen wollen, vergessen Sie nicht, empathisch zu sein. Nicht nur Ihren Mitstreitern gegenüber, auch für Sie selbst. Die Energie hinter dem Schmerz ist enorm und man sollte respektvoll, menschlich und behutsamem damit umgehen.

Der Umgang mit dem Schmerz ist entscheidend – kanalisieren Sie die Emotionen richtig

»Die Dosis macht das Gift« sagt man auch bei den besten Heilmitteln. Mit Schmerz im Kreativprozess verhält es sich ähnlich. Richtig eingesetzt, kanalisiert, angewandt und dosiert, kann er Wunder bewirken. Er kann Dinge verändern, Bewegung erzeugen und Hürden überwinden. Er macht uns stärker und resilienter. Zuviel davon kann uns jedoch brechen. Die Last und schiere Größe des Schmerzes können uns runterziehen. Tief, zu tief, um wieder hochzukommen. Zerlegt man den Schmerz in seine Einzelteile, erhält man viele Emotionen. Diese Emotionen sind es, mit denen wir gut umgehen und die wir richtig einsetzen müssen.

Startups sind hier ein wunderbares Beispiel. Viele Gründer sind unglaublich kreativ und enorm begabt, innovativ zu denken. Sie finden und gehen neue Wege, fordern den Status Quo heraus. Gründer haben keine Angst, keine Aufgabe scheint zu groß. Es sind eigentlich wunderbare Attribute. Bis die Angst vorm Scheitern kommt. Bis der Schmerz, dass das Wachstum ausbleibt, die Stimmung und Kultur ob der verfehlten Ziele kippt. Bis das Lächeln aus dem Gesicht verschwindet. Die logische Reaktion auf diesen Wachstumsschmerz und organisatorischen Skalierungsschmerz wäre es, zur Seite zu treten. Eine Rolle zu finden, die es einem ermöglicht, weiter kreativen Input zu liefern, ohne organisatorisch zu bremsen. Wäre da nicht die negative Kraft des Egos und der Emotion dahinter. Der Schmerz des Nichtvorankommens ist nicht so hoch wie die Angst vorm Verlust des Egos. Emotionen im Kampf. Gewinnt die Angst, verliert das Unternehmen.

Sind der Schmerz und die Emotion dahinter aber richtig kanalisiert, helfen wir den Betroffenen dabei, sie ruhig aus dem Schmerz zu führen und zeigen ihnen einen Weg aus der Misere, so dass sich das Blatt drehen kann. Dann transformiert sich der Schmerz von einem Bremsklotz, der uns zurückhält, zu einer Antriebsquelle. Wir wollen Ketten zerreißen, uns befreien von dem Schmerz. Der Schmerz wird zur Kraftquelle, anstatt uns Energie zu rauben.

Die Kunst besteht also darin, richtig mit dem Schmerz umzugehen. Für uns selbst, aber auch anderen dabei zu helfen, ihn als positiven Mehrwertstifter, der auf unsere Kreativität einzahlt, zu sehen.

Suchen Sie also nach kreativen Auswegen, versuchen Sie den Kern der Herausforderung, die schmerzt, herauszufinden und überlegen Sie kreativ, welche neuen Wege Sie gehen können. Nutzen Sie dabei die Kraft und Energie hinter dieser so starken Emotion richtig. Setzen Sie sie als Antrieb und Treibstoff zur kreativen Veränderung ein und verfallen Sie nicht in eine Schockstarre. Seien Sie nicht das berühmte Reh im Scheinwerferlicht des entgegenkommenden Autos.

Nutzen Sie die Kraft der Symbole

Symbole, die Art und Weise, wie wir mit unseren Mitstreitern sprechen, spielen eine enorm wichtige Rolle bei diesem Thema. Auch unser eigener Umgang und die innere Visualisierung zahlen gewinnbringend auf das Thema ein und helfen beim vorher angesprochenen Kanalisieren der Emotionen.

James Hetfield, Lead Sänger der wohl erfolgreichsten Heavy Metal Band Metallica, spricht oftmals von seinen Dämonen. Dieses Bild kann man positiv als auch negativ zeichnen. Dämonen, die uns zurückhalten, die uns jagen, die uns in dunklen Nächten davon abhalten, unser Potential zu entfalten. Oder Dämonen, die wir besiegen, von denen wir uns losreißen, die wir wie Pferde vor unsere Kreativkutsche spannen. Vom Feind zum Gefährten.

Van Pelt nutzt die Kraft Symbole ebenfalls eindrucksvoll. Sie begann bereits sehr früh damit. Das Mittel ihrer Wahl ist dabei oftmals die Zeichnung. Als Kind nutzte sie diese Ausdrucksform bereits, um Schmerz zu verarbeiten. Als ihr Hund starb, zeichnete sie ein Bild des verstorbenen Haustiers und zeigte es ihrem Vater mit den begleitenden Worten »*Der Hund ist tot*«. Wenn sie wütend ist, zeichnet sie Bilder von sich selbst. Bilder, in denen ihr Dampf aus den Ohren und der Nase kommt. »Das ist fast therapeutisch«, gibt sie zu.

Aber auch in der direkten Interaktion nutzt sie ihre künstlerische Ader, um über Kreativität schwierige Situationen aufzulösen: Um einen Konflikt zwischen ihr und einem früheren Kollegen, mit dem sie eng zusammengearbeitet hat, aufzulösen, ging sie folgendermaßen vor:

»Dem wollte ich ganz kritisches Feedback geben und habe mir dann überlegt, wie ich das tue. Wissend, wie kritisch das für die Person ist. Ich habe dann ein Bild gemalt, das die Situation symbolisiert. Und in dem Bild habe ich mich selbst gemalt. Mit Schmerz im Gesicht, grübelnd, Fragezeichnen im Gesicht. Ganz viele Falten auf der Stirn. Ich wusste nicht, wie ich zu ihm durchdringe. Ich wusste aber, dass ich irgendwie die Zusammenarbeit verbessern musste, da ich ansonsten vor die Hunde gehen würde. Deshalb gab ich ihm dann dieses Bild. Das Bild hat zu einer sechsstündigen Diskussion geführt, nach der mir der Kollege tränenreich in den Armen lag und sich für das unglaublich wertvolle Feedback bedankt hat.«

Dabei muss es nicht immer ein gemaltes Bild sein. Van Pelt kennt auch andere Wege, Ihren Schmerz zu kanalisieren und auch zu symbolisieren. Als sie merkte, dass die Zusammenarbeit in einem bestimmten Management-Team nicht funktioniert und schwierige Themen nicht angesprochen werden, hat sie einen Ofenhandschuh als Symbol genutzt, um die Herausforderung greifbar und haptisch zu machen. Niemand wollte nämlich die »*heiße Kartoffel*« in die Hand nehmen. Keiner erklärte sich bereit, den ersten schmerzhaften Schritt zu machen. Also brachte sie zur nächsten Vorstandssitzung diesen Handschuh mit.

Sie wartete ab und bemerkte die Unsicherheit in den Gesichtern der Vorstände. Konfrontation lag in der Luft. Keiner sprach, und es herrschte ohrenbetäubende Ruhe. Bis Eva den Handschuh an einen Kollegen reichte und sagte: »*Kannst Du den Schmerz und unsere Konfliktsituation vielleicht bitte jetzt einmal ausformulieren und die heiße Kartoffel in die Hand nehmen.*« – das war der Startschuss einer neuen Dynamik. Ein Symbol für die Firma, offen zu sprechen, Probleme zu adressieren, den Schmerz, der das Unternehmen lähmt, zu benennen, zu akzeptieren, zu nutzen. Die Emotion, die dahintersteckt, nicht in Negativität umzumünzen. Sondern in Fortschritt, Bewegung und Kreativität. Nicht nur die Dynamik im Vorstandszimmer hat sich geändert. Das Unternehmen wurde agiler, hatte einen gemeinsamen Antrieb, den klar und transparent ausgesprochenen Schmerz. Der Schmerz, der früher entzweit hat, war nun der verbindende Kleber der Organisation, der für neue kreative Schübe gesorgt hat.

Das war nicht das letzte Mal, dass sich Eva van Pelt visueller Helfer zum Auflösen schmerzhafter Situationen bedient hat. Ein Stilmittel, das für sie wunderbar funktioniert. Im organisatorischen Großen, genauso wie im zwischenmenschlichen Kleinen.

Seien Sie also kreativ im Umgang mit Symbolik. Kombiniert mit einem empathischen Umgang, kann die Kraft der Bilder enorm sein. Nutzen Sie es so, wie es für Sie passt, setzen Sie die Symbolik auch ein, um schwierige schmerzhafte Themen kreativ zu adressieren. Van Pelt nennt das Arbeiten mit Bildern und Symbolen treffenderweise: »*über Bande spielen*«. Eine aus unserer Sicht passende Beschreibung.

Was Sie für sich mitnehmen können

Fassen wir im Folgenden nun zusammen, warum und wie wir Schmerz nutzen können, um kreativer zu sein:

- Nutzen Sie den Schmerz als kreative Antriebsfeder – als Initialimpuls zur Veränderung.

- Seien Sie empathisch – Schmerz ist hochemotional, daher müssen wir behutsam mit der Energie hinter der Emotion umgehen.

- Kanalisieren Sie Emotionen richtig – so dass der Schmerz nicht blockiert, sondern als Antrieb dient.

- Nutzen Sie die Kraft der Symbole.

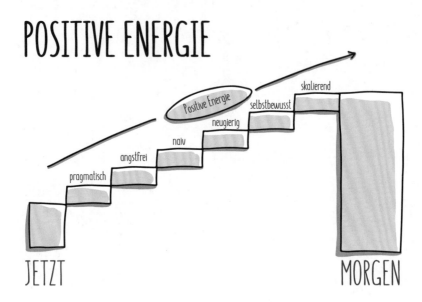

11. ERFOLGSREGEL: POSITIVE ENERGIE ALS KREATIVER BESCHLEUNIGER

»Angstfrei und positiv naiv zu sein, hat mir enorm geholfen«
– Philipp Westermeyer

Nun zur zweiten Facette Ihrer kreativen Einstellung. Lassen Sie uns über die Bedeutung von positiver Energie als kreativer Beschleuniger reden:

Positivität kann die Welt verändern! Der Glaube daran, dass Dinge möglich sind, macht Dinge möglich. Wenn wir positiv sind und positiv denken, fühlen wir uns stark, wir wollen Hürden überwinden, Wände einreißen, die Welt verändern und etwas bewegen. Bewegung in die richtige Richtung – einer der Gründe, warum wir kreativ sind. Positives passiert den positiv Denkenden!

Der Glaube daran, dass wir etwas Positives bewirken können, kann die Welt verändern. »Yes we can«, der Wahlslogan von Barack Obama, war auch aufgrund der positiv nach vorne gerichteten Botschaft der Veränderung so erfolgreich und so inspirierend. Inspiration ist ein gutes Stichwort, denn durch positive Energie erzeugen wir Leidenschaft, Begeisterung und Freude. Alles Attribute, die uns helfen, Dinge anzuschieben und unsere gesamte Energie einem Projekt zu widmen. Wir werden dadurch optimistisch und mental stark, da wir fest daran glauben, Berge versetzen zu können und wirkliche Veränderung zu erzeugen. Durch Positivität stecken wir auch andere an und fördern dadurch die Zusammenarbeit und den Zusammenhalt im Team. Alles Gründe, einmal genauer zu dekonstruieren, welche Bedeutung positive Energie in kreativen Prozessen hat.

Einer der vielen Lichtblicke und schönen Momente beim Schreiben dieses Buchs war die positive Energie, die wir als Autoren durch die Gespräche mit allen Interviewpartnern geschenkt bekamen. Egal, welche Gründe wir als Treiber zur Kreativität diskutiert haben, wir hatten es ausschließlich mit Menschen zu tun, die positiv dachten. All diese Gespräche haben uns also wertvolle Inspiration zu diesem Abschnitt geliefert. Daher wollten wir für die nächsten Seiten ein Role Model finden, dessen Leben und Vita ein Ausdruck positiver Energie ist und von dem wir beispielhaft lernen können, wie wir Positivität mit dem größtmöglichen kreativen Wirkungsgrad einsetzen können. Es freut uns daher enorm, dass wir mit **Philipp Westermeyer** einen Gesprächspartner kennenlernen durften, dessen unternehmerische und kreative Leistung ein Beispiel für dieses Thema liefert.

Wer ist dieser Unternehmer, der, wie die FAZ schreibt, »Massen mobilisiert«, wer ist der Mensch, der zu den erfolgreichsten Podcastern der Republik gehört, der voller Wissbegier, Neugier und Fleiß ist? Wie hat er sein Unternehmen zu einem Vorzeigeunternehmen für Digitales und Marketing entwickelt? Ein Mensch, der getrieben durch seine Neugier und Positivität seine Branche auf den Kopf stellt, gemeinsam mit seinem Team Dokumentationen dreht, neue Medienformate erschafft und der es schafft, 70.000 Menschen für das OMR Festival nach Hamburg zu locken. Hier stehen einmal im Jahr international bekannte Persönlichkeiten aus Marketing und Digital Business auf der Bühne in Hamburg. Eigentlich müsste Westermeyers Konterfei bei Wikipedia unter Bescheidenheit auftauchen. Als jemand, der sein Licht konstant unter den Scheffel stellt, seine eigene unternehmerische Leistung stets und sehr geübt kleiner macht, als sie eigentlich ist. Er fasziniert durch vieles – unter anderem durch seine Positivität. Seine Vita zeichnet sich dadurch aus, dass er Dinge stets anders macht, als *man* sie eigentlich macht. Er bricht nicht nur Normen und Konventionen, meistens kennt er sie nicht mal. Sein Antrieb, befeuert durch seine positive Einstellung, ist wahrscheinlich der Nukleus des Erfolgs, dessen Früchte er heute genießen darf!

Begonnen hat der Ruhrpottler sowie leidenschaftliche Tennis- und Fußballfan dabei seine Karriere traditionell. BWL-Studium, Master und Konzernkarriere. So weit, so normal. Aufgewachsen in der traditionellen Print-Medienwelt bei Gruner + Jahr merkte er schnell, welche disruptive Kraft im Digitalen steckte. Er wollte raus, die Welt verändern, anpacken, selbst Gründer werden. Der Start einer sehr erfolgreichen Unternehmerkarriere. Getrieben durch positive Energie und viel Kreativität. Erfahren Sie nun, was Westermeyer, den wir als Kreativitätstyp #4 einordnen, antreibt, ausmacht, und lernen wir von ihm.

Einfach mal machen – seien Sie pragmatisch

Ein Muster, das man bei Westermeyer sofort erkennt, ist sein Pragmatismus. Er macht einfach Dinge. Er probiert aus. Er fragt sich nicht, warum etwas nicht gehen sollte. Diese Frage stellt sich für ihn nicht. Denn es wird schon gehen. Seine Vita beweist diese Hypothese dabei eindrucksvoll. Begonnen hat das bereits früh. Mit 19 machte er sich alleine auf nach New York. Kein Geld, kein Job, keine Idee, was er machen sollte. Aber Antrieb und Hunger, die Welt zu sehen. 3 Jahre sollte er in der pulsierenden US-Metropole verbringen. Prägende Jahre. Dieser Pragmatismus, diese Einstellung, Dinge einfach zu machen, wird ein Schlüssel zu seinem Erfolg.

Die heutige Digitalplattform OMR ist das Ergebnis von Nachfragen in den frühen Tagen des Deutschen Internets, ob Philipp sein Wissen über E-Commerce nicht mit Freunden und Bekannten teilen könnte. Mit wachsender Nachfrage entstand daraus ein Seminar, später das OMR Festival. Er und sein junges Unternehmen waren stets innovativ und in den Anfangstagen klamm. Mangel führte zu Kreativität und Pragmatismus. Sein OMR-Podcast, einer der erfolgreichsten des Landes, war ein günstiges Marketinginstrument seiner frühen unternehmerischen Tage. Dass die »Marketing-Experten« von damals ihm abgeraten haben, sich über einen Podcast einen Namen zu machen, Reichweite, Relevanz und dadurch Kunden zu gewinnen, hat ihn eher angespornt. Warum nicht einfach mal machen und ausprobieren, dachte er sich. Das Ergebnis: Er wurde im Marketing- und Digitalbereich zur Personenmarke – bevor es diesen Begriff gab. War es geplant? Nein. Funktioniert es? Definitiv! Seine ganze berufliche Vita ist vom Machen geprägt, von der pragmatischen Umsetzung. Status Quo interessiert ihn nicht, seine Neugier und seine Positivität treiben ihn an, anders zu sein und neue Dinge auszuprobieren.

Er selbst überverkompliziert das nicht. Auch heute, wo seine »*finanziellen Spielräume größer werden*«, behält er sich seinen Pragmatismus bei. Er probiert aus, testet, lernt und strebt weiter nach vorne. Positivität als Antrieb zur Bewegung, die Veränderung und Fortschritt bringt.

Stecken Sie also nicht zu viel Zeit in die Überanalyse, ob Sie etwas Kreatives ausprobieren sollten. Tun Sie es einfach und schauen Sie, was passiert. Wenn Sie mit positiver Energie und Leidenschaft an ein Thema gehen, erhöht sich die Erfolgswahrscheinlichkeit signifikant.

Seien Sie angstfrei und neugierig – auch ohne Plan

Welche Magie, welches Erfolgsrezept steckt also hinter diesem Pragmatismus? Dieser Triebfeder seines Erfolgs. »*Darüber habe ich noch nicht nachgedacht*« ist seine bezeichnende Antwort darauf.

Wir haben dennoch versucht, zu verstehen, welche Zutaten sein Erfolgsrezept so besonders machen. Unsere Hypothese? Sein Erfolgsrezept ist es, kein Rezept zu haben!

Seine olympische Disziplin wäre der Freestyle, eine seiner wichtigsten Charaktereigenschaften ist die Neugier. Angstfrei zu sein, hilft ihm, pragmatisch mit positiver Einstellung nach vorne zu marschieren.

»*Eine gewisse Naivität und Angstfreiheit, mittlerweile Sachen einfach auszuprobieren und ohne viele Konventionen groß geworden zu sein, hat mir sehr geholfen. Daraus habe ich auch ein gewisses Bauchgefühl entwickelt und eine Neugier, sehr starke Neugier. Neugier und Kreativität, das hängt auch sehr eng zusammen. Das ist kein Rezept, eher so eine Art Liste an Zutaten, die vielleicht in mir drin sind*« – so fasst Westermeyer diese Erfolgsregel zusammen.

Haben Sie also keine Angst davor, Neues auszuprobieren. Glauben Sie daran, dass Sie es schaffen können. Meistens überschätzen wir die negativen Folgen, etwas zu probieren, enorm, während wir das Potential unseres kreativen Pragmatismus' unterschätzen. Legen Sie also ruhig einfach mal los. Gerne angstfrei.

Negative Irritation

Im Laufe des Gesprächs prägt Westermeyer einen sehr spannenden Ausdruck: »*Negative Irritation*«. Diese so spannende Überschrift kann als Sammelbecken verschiedener Einstellungen, Charakteristika und Stilmittel dienen, die Philipp dabei helfen, aus positiver Energie Kreativität zu erzeugen.

Er merkte das gleich zu Beginn seiner Konzernkarriere. Er fühlte sich wie ein »*Fremdkörper*«. Er wollte Dinge anders machen. Eine Gegenbewegung zum Rhythmus im Großkonzern. Bestimmte Dinge einfach mal auszutesten und neue Wege zu gehen, war für ihn logisch, für den Konzern jedoch schwierig. Seine Neugier und der Wille loszulegen, waren der Startschuss seiner Unternehmerkarriere. In dieser Karriere hat er stets Normen gebrochen. Er will Bewegung, Verbesserung und Veränderung. Sein ganzer unternehmerischer Lebensentwurf, sein »Geheimnis« fußt auf dem Konzept der negativen Irritation. Übersetzt könnte man sagen, im positiven Sinne naiv zu sein. Dabei hinterfragt er den Status Quo nicht. Er hebt das Konzept der Veränderung auf ein neues Level, in dem er den Status Quo nicht hinterfragt. Es spielt einfach keine große Rolle für ihn. Er ist so unglaublich konsequent in seinem Ansatz, Dinge positiv zu verändern und Fortschritt zu machen, dass er keine Zeit hat, Dinge lange zu hinterfragen. Er geht gleich in die Veränderung. Philipp lebt den normierten Regelbruch. Mit einer Leichtigkeit, die man nur selten so findet.

Sein OMR-Festival ist hierfür ein wunderbares Beispiel. Mehr als 70.000 Menschen lockte es 2023 nach Hamburg. Wieder, wie schon seit Beginn, arbeiteten hier in der Akkreditierung oder der Versorgung der Besuchenden nur Menschen, die über OMR selbst angestellt werden. Da er zu Beginn des ersten Festivals nicht wusste, dass andere Messen oftmals Hosts und Hostessen buchen und vor Ort einsetzten, hat er es mit Mitstreitern, Freiwilligen und Freiberuflern umgesetzt. Das Festival könnte nun an seine Grenzen kommen. Die Hotelzimmer, privaten Unterkünfte und AirBnBs in Hamburg sind schnell ausgebucht. 70.000 Menschen sind für die Hansestadt eine Hausnummer. Philipp und seine Kolleginnen und Kollegen empfehlen den Besuchenden, auch in der Hamburger Umgebung nach bezahlbaren Unterkünften zu suchen. Städte wie Pinneberg, Lübeck oder Lüneburg sind mit dem Regionalzug schnell und einfach zu erreichen. Als mit nur kurzem Abstand zum OMR Festival der Hamburger Hafengeburtstag stattfand, wurde auch mal über ein Kreuzfahrtschiff, das dann bereits vor Ort gewesen wäre, als zusätzliche Übernachtungsmöglichkeit für die Besuchenden nachgedacht. Wie verhindert man allerdings, dass den Menschenmengen Müllberge folgen? Indem OMR etwas tut, das man so eigentlich nicht macht: Das Unternehmen setzte in einem Pilotprojekt beim OMR Festival 2023 erstmals nur Mehrweggeschirr in der Food-Halle ein. Im Jahr 2024 wird das Projekt weitergeführt und die Skalierung auf weitere Festivalbereiche überprüft. Er lebt das Anderstun, angetrieben durch seine Neugier und positive Energie. Allerdings nicht mehr allein. Er hat es geschafft, diese Kreativität zu skalieren. Gemeinsam mit seinen 400 Kolleginnen und Kollegen.

Wenn Sie also das nächste Mal den Kopf über eine Reaktion schütteln, sich fragen, warum etwas denn so gemacht werden müsse, wie es immer gemacht wurde, freuen Sie sich über den Impuls der negativen Irritation und springen Sie direkt in Ihren Kreativprozess.

Team – Skalieren Sie Positivität

Die ersten erfolgreichen Schritte im Unternehmertum sind gemacht. OMR wächst und gedeiht. Neue Geschäftsmodelle entstehen, neue Umsatzströme kommen hinzu und die Zahlen entwickeln sich prächtig, während gleichzeitig Abhängigkeiten schwinden. Wir schreiben das Jahr 2023. OMR zählt mittlerweile 400 Kollegen. Wie hat er das geschafft? Was liegt zwischen den pragmatischen Umsetzen der ersten Tage und dem skalierenden, facettenreichen und breit aufgestellten Unternehmen mit 400 Leuten? Was zwischen der Idee, ein Festival zu machen, und den Strömen von 70.000 Pilgern nach Hamburg? Was zwischen dem Impuls, auf Marketingausgaben verzichten zu können, indem man einen Podcast macht, der sich zu einem der relevantesten der Republik entwickelt? Die Skalierung der positiven Energie – und zwar über das Team hinweg! Philipp, von außen oftmals wahrgenommen als »One-Man-Show«, treibt bei OMR diese Skalierung voran. Er skaliert dabei nicht nur das Geschäftsmodell von OMR sondern vor allem seine positive Energie und die daraus resultierenden Ergebnisse. Der Podcast? In Zusammenarbeit mit seinem Team hat sich daraus eine Plattform für Produktion und Vermarktung der erfolgreichsten Podcast-Formate in ganz Deutschland entwickelt. »Produziert von podstars« – man hört es oft dieser Tage. Wie schafft er eine Umgebung, in der diese Kreativität und die ihr zugrundeliegende Positivität so stark skalieren kann?

Westermeyer hat stets darauf geachtet, dass der positive Spirit, diese »can do« Haltung, nicht verloren geht. Im Gegenteil, er hat sie fest verankert in den DNA-Sequenzen von OMR. Er sorgt dafür, dass seine Präsenz, sein positiver Gestaltungswille und sein Glaube an sich selbst nicht die Kreativität seiner Kolleginnen und Kollegen unterdrückt. OMR soll eine Umgebung sein, in der jeder diese positive Energie nicht nur spüren, sondern sie ausleben soll. »*Starke Führungspersonen können auch dazu führen, dass Kreativität unterdrückt wird*« – mahnt er im Gespräch.

Er lobt und feiert die Ideen seiner Kolleginnen und Kollegen. Jede Idee ist willkommen. Seine große Angst ist, dass Ideen nicht ausgesprochen werden, Potenzial verloren geht, weil sich jemand nicht traut, offen zu sprechen. Er will das positive Mindset, die positive Energie und die Art und Weise, die OMR zum Wachsen verholfen hat, beschützen und skalieren.

Teams bei OMR sind auch komplementär zusammengesetzt. So arbeitet eine Person, bekannt für ihre geniale Kreativität, mit Kolleginnen und Kollegen zusammen, die diese Ideen strukturieren und umsetzen. »*Mit 11 Mario Basler kannst Du nicht Weltmeister werden. Aber ein Mario Basler kann zur Weltmeisterschaft einen enormen Beitrag leisten*«, stellt der Fußballfan fest. Sein Unternehmen ist dezentral, unternehmerisch und frei aufgestellt. OMR soll eine Umgebung sein, in der jeder angstfrei seine Meinung kundtun kann. Kundtun soll. Er will, dass jede Idee gehört wird. Er lobt die Ideengeber. Er möchte alles dafür tun, dass diese Ideen herauskommen, dass sie ausgesprochen werden, dass Leute um die Ecke denken, dass sie negative Irritationen mit offenen Armen empfangen!

Dazu schafft er Antriebssysteme, die es ihm erlauben, positive Energie zu skalieren. Lob, Beteiligungen, Freiheit sind Bestandteile davon. Aber auch seine Disziplin, »negatives Ego« aus der Organisation herauszuhalten. Er pflegt Offenheit und Rituale der Kreativität und Positivität. Ein Beispiel für eine offene, kreative Firmenkultur. Das Ergebnis? Sieht man unter anderem am Wachstum der letzten Jahre und an der Vielfältigkeit der Betätigungsfelder.

Versuchen Sie daher, ein System der kreativen Entfaltungsmöglichkeiten zu erschaffen, das Ihre Mitstreiterinnen ermutigt, selbst kreativ zu sein und stets positiv naiv. Nur wenige von uns leben ihre Kreativität in absoluter Isolation aus. Die meisten von uns haben ein Team um sich, das uns hilft, kreativ zu sein. Mitarbeiter, Kollegen, Freunde, Familie, Projektbeteiligte und viele weitere Menschen, die uns helfen können, kreativer zu sein. Daher ist es wichtig, Anreizsysteme und eine Kultur im Team zu schaffen, das Kreativität skaliert.

Glauben Sie an sich – Ihr Wille kann Berge versetzen

Westermeyer ist davon überzeugt, dass der Glaube an sich selbst und die daraus entstehende positive Energie, Berge versetzen kann. Die in Kapitel 2.5 besprochenen sicheren Räume sind ihm allerdings nicht wichtig. Sie sind ihm egal und für sein positives Mindset irrelevant. Westermeyer fallen viele Attribute für Kreativität ein. Sichere Räume gehören nicht dazu. Aber das Verlassen der eigenen Komfortzone schon. Glauben Sie also an sich und Ihre eigene Kreativität. Es gibt viele Beispiele, wie aus wenig, viel Kreatives entstanden ist. Der Glaube an uns selbst kann Enormes freisetzen. Er kann die Grundlage ihres positiven Mindsets sein. Glauben Sie also an sich selbst und legen Sie los!

Was Sie für sich mitnehmen können

Fassen wir im Folgenden nun zusammen, warum und wie wir positive Energie für unsere kreative Reise nutzen können.

- Seien Sie pragmatisch, machen Sie Dinge einfach mal. Gerne anders, aber pragmatisch machen.

- Seien Sie angstfrei und neugierig.

- Verstehen Sie positive Naivität als Einladung, direkt in den Kreativprozess einzusteigen – das Kopfschütteln über den Status Quo kann dazu der Startschuss sein.

- Schaffen Sie Anreizsysteme, um Kreativität zu skalieren.

- Glauben Sie an sich selbst.

OFFENES MINDSET

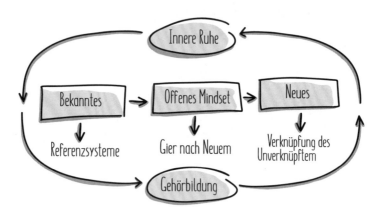

12. ERFOLGSREGEL: OHNE OFFENES MINDSET IST ALLES NICHTS

»Kreativität ist die neuartige Verknüpfung
des bereits Gekannten«
– Christoph Keese

»Und ich glaube, das Wichtige ist, dass du für dich ein
Referenzsystem aufbaust, wo du diese Anregungen
dann einsortieren kannst. Sonst führt Offenheit
auch wieder nur zu diesem gedanklichen Brei«
– Florian Heinemann

Dinge zu machen, die noch nicht gemacht wurden, Produkte zu erfinden, deren Umsetzung als unmöglich galt, Durchbrüche zu erreichen, auf die noch keiner gekommen ist, Fortschritte zu erzielen, die als Meilensteine in die Geschichte eingehen. Gesellschaftlich, wirtschaftlich, wissenschaftlich oder künstlerisch. Was braucht man für diese kreativen Leistungen? Was liegt ihnen zu grunde? Sicherlich ein offenes Mindset, das uns nicht beschränkt. Das uns Dinge sehen lässt, die im Verborgenen liegen, die nicht offensichtlich sind. Eine Geisteshaltung, die es uns erlaubt, Verbindungen zu verknüpfen, die vorher lose waren. Um das zu tun, was noch niemand vor uns getan hat, brauchen wir ein völlig offenes Mindset. Die einzige Person, die uns wirklich aufhalten kann, sind wir selbst. Wir dürfen uns selbst nicht im Wege stehen. Und um genau das geht es in diesem Kapitel. Geistige, mentale und emotionale Freiheit. Kein gedanklicher Ballast, der uns zurückhält. Keine Denkmuster, die uns den Blick vernebeln. Wahre gestalterische Freiheit beginnt immer im Kopf.

Eine wichtige Rolle spielt hierbei, wie schon des Öftern in diesem Buch erwähnt, die Gier nach Neuem. Wenn wir offen durch die Welt gehen, die Augen offenhalten, neugierig sind, sehen wir Dinge, die wir sonst nicht sehen. Neue Perspektiven durch neue Blickwinkel erlauben den Blick auf das noch Verborgene. Ein offenes Mindset erlaubt es uns auch, Vorurteile abzubauen. Sind wir frei im Kopf, vorverurteilen wir nicht, wir schließen nichts aus, sind wirklich absolut frei in der Wahl der Mittel, der Problemstellung, die wir uns aussuchen und des Ansatzes, den wir zur Lösung auserkoren haben. Ein freier Geist erlaubt es uns, scheinbar Unverknüpfbares zu verknüpfen und neurale Verbindungen zu finden, die noch nicht verbunden sind. Das kann das kreative Grundgerüst, auf dem Großes entsteht, werden. Wenn wir uneingeschränkt offen im Geiste sind, gehen wir in der Regel den Dingen nach, an denen wir Spaß haben. Da wir dort, wo wir Freude empfinden, in der Regel besser sind, als dort, wo wir Schmerz fühlen, erhöht sich die Umsetzungschance unserer kreativen Idee signifikant.

Eigentlich qualifizieren sich alle unsere Interviewpartner hervorragend für dieses Kapitel! Wir hatten die sprichwörtliche Qual der Wahl.

Beginnen möchten wir mit Philipp Rickenbacher, dem ehemaligen Vorstandsvorsitzenden der berühmten Privatbank Julius Bär. In einer (Finanz-)Welt im Umbruch, bricht Rickenbacher mit dem Status Quo, ist offen, neugierig und stets auf der Suche nach Neuem, um für Kunden Mehrwert zu schaffen und das Unternehmen erfolgreich in die Zukunft zu führen. Dabei will er auch einen positiven gesellschaftlichen Beitrag leisten. Etwas, das ihn durchaus von der Konkurrenz abhebt. Philipp probiert gerne neue Dinge aus. Nicht nur beruflich, auch musikalisch. In seiner Jugend war er leidenschaftlicher Kontrabassspieler. Nicht sein einziger Zugang zum Musischen. Seine Zeit in Frankreich hat diese Sinne noch weiter geschärft. Er liest und schreibt gerne und das nicht nur in seiner Muttersprache. Sich auszudrücken, ist ihm wichtig. Er mag Malerei, Kunst, Museen und Atelierbesuche bei Künstlern. Orte der Inspiration für ihn.

Wer springt Philipp Rickenbacher zur Seite? Wer kann seine Sicht auf den offenen Geist ergänzen? Es ist Florian Heinemann. Ein tiefes Wasser, immer lachend, stets fröhlich und jemand, der hart für seinen beeindruckenden Erfolg gearbeitet und diese Arbeitsmoral bis zum heutigen Tag beibehalten hat. Florian ist Gründer des Risikokapitalgebers Project A in Berlin und somit Geburtshelfer von erfolgreichen Unternehmern und mindestens acht Einhörnern (ein Unternehmen, das eine Bewertung von einer Milliarde Euro erreicht hat). Auch berät er als Beirat große, tradierte Unternehmen, sich erfolgreich zu transformieren. Er ist auf der kompletten Bandbreite europäischer Unternehmen verschiedenster Prägung und jeglicher Größe sattelfest unterwegs und hat sich als feste Größe etabliert. Sein Wort hat Gewicht.

Sein Handwerkszeug hat er dabei an der berühmten Startup-Kaderschmiede WHU gelernt. Nachdem er seinen BWL-Abschluss in der Tasche hatte, wurde er selbst erfolgreicher Gründer und nach dem Verkauf finanziell unabhängig. Als Geschäftsführer von Rocket Internet hat er einen wertvollen Beitrag zum Erfolg von Unternehmen wie Zalando gehabt. Florian Heinemann ist stets neugierig, immer bescheiden und hungrig. Auf vielen Spaziergängen nimmt er sich die Zeit, total für sich zu sein und Schwingungen um sich herum und aus sich heraus wirklich wahrzunehmen. Wir legen also los.

Seien Sie Neugierig

Neugier ist für Top-Manager wie Joachim Drees genauso wichtig, wie für Unternehmer vom Schlage eines Philipp Westermeyers.

Auch **Philipp Rickenbacher** unterschreibt diese Aussage: »*Und das ist meine Triebfeder, immer wieder was Neues auszuprobieren. Ich bin sehr neugierig. Das ist wahrscheinlich meine größte Antriebskraft. Ich möchte Neues lernen, Neues erfahren, Neues sehen.*«

Dieser Hunger nach Neuem vereint Rickenbacher und Heinemann. Letzterer geht noch einen Schritt weiter und glaubt, dass die Neugier uns auch widerstandsfähiger macht: »*Ich glaube, Du brauchst eine hohe Neugier, die dann auch letztendlich die Resilienz und das Durchhaltevermögen verbessert*«. Er bezieht sich mit dieser Aussage auf viele Unternehmer, die er begleitet hat oder die er kennt. Oftmals ist der Weg zum erfolgreichen Geschäft hart und ob der Fehlschläge frustrierend. Wenn man sich aber seine Neugier erhält, wissen will, wie etwas trotz der Herausforderungen funktionieren kann, dann wird man dadurch auch resilienter gegen Fehlschläge. Neugier hat also unterschiedlich positive Facetten.

Das ist auch der Grund, warum er so gerne zu YPO (Young Presidents' Organization) Veranstaltungen geht. Dort lernt er neue Menschen mit unterschiedlichen Hintergründen kennen. Jeder auf seine Art anders, neugierig, hungrig und spannend. Aus den Diskussionen dort, die kein Ziel außer dem Austausch an sich haben, zieht er sehr viel Kreativität und Inspiration. Es sind Diskussionen, die den Geist öffnen. Philipp Rickenbacher zieht seine Neugier auch aus Begegnungen außerhalb der Bank. Er mag das Musische, aber ebenso die Wissenschaft, die er als studierter Biotechnologe interessiert verfolgt. Er engagiert sich als Mitglied und Unterstützung von »World Minds« in der Geopolitik und der Welt der Innovation. Für ihn eine Begegnungsstätte, die ihn inspiriert und auf seine Gier nach Neuem einzahlt.

Seien Sie also neugierig. Das wird helfen, Ihren Geist zu öffnen, unvoreingenommen Ihre Antennen auf Empfang zu stellen und neue, spannende Impulse und Schwingungen wahrzunehmen. Diese können Sie dann für sich abspeichern, ablegen in Ihrem inneren Vorratsraum. Allerdings brauchen wir eine gewisse Ordnung, um relevante und gewinnbringende Verbindungen zu schaffen, die uns helfen, kreativ zu sein. Und genau das schauen wir uns nun an!

Nutzen Sie Referenzsysteme, um richtig zu verknüpfen

Christoph *Keese* liefert uns einen wertvollen Beitrag für diese kreative Erfolgsregel: »*Kreativität ist die neuartige Verknüpfung des bereits Gekannten*«. Dazu ist ein Schlüsselwerkzeug mit Sicherheit das offene Mindset. Doch wie ordnen wir das, was uns unser offener Geist schenkt, richtig ein? Wie schaffen wir Kreatives aus den Impulsen und Schwingungen, die wir wahrnehmen? Wer sich selbst öffnet, erhält diese Impulse auch in Zeiten, in denen wir beschäftigt sind. Philipp Rickenbacher gibt uns hierzu ein Beispiel aus seinem Alltag: »*Und die externen Impulse, die kommen ja ständig. Ich bin unglaublich breit geflutet, habe permanent externe Impulse und die addieren sich alle irgendwie auf. Und ich spüre das manchmal auch während des Tages. Ich sitze im Meeting, jemand erzählt mir etwas und es entsteht eine Querverbindung mit irgendwas, wo ich drüber nachgedacht habe.*« Wie macht unser Gehirn das? Wie stellt es diese Verbindungen her? Eine wichtige Frage im Kontext eines offenen Mindsets.

Wenn wir etwas wahrnehmen, legen wir es mental ab. An dieser Stelle könnte man das Bild der Bibliothek der Muster, das uns Dominic von Pröck vorgestellt hat, hervorholen. Diese Bibliothek lässt sich nicht nur mit Mustern füllen, sondern auch mit Erkenntnissen. Aber wir müssen sicherstellen, dass die Verbindungen richtig gelegt werden. Dazu hilft uns ein Referenzsystem.

Diese Systeme ermöglichen es, wertvolle und werthaltige Verbindungen zu sehen. Oftmals sind diese auf den ersten Blick konträr. Heinemann platziert an dieser Stelle beispielhaft Google: »*Sogar Google, die das gemacht haben. Sie nahmen einfach handelsübliche PCs und stecken die einfach hintereinander*« – dadurch entstand nicht nur einer der größten und leistungsstärksten Verbunde von Rechenzentren – sondern auch einer der günstigsten.

Heinemann glaubt sehr daran, dass Menschen, die erfolgreich Kreatives geleistet haben, Referenzsysteme haben, die es Ihnen erlauben, das Richtige mit dem Richtigen zu verbinden: »*Ich glaube, ich sage immer dazu irgendeine Art von Referenzsystem. Du kriegst sehr viel Anregung und bist offen für Themen. Aber was machst du dann damit? Und ich glaube, das Wichtige ist ja, dass du für dich ein Referenzsystem aufbaust, wo du diese Anregungen dann einsortieren kannst. Sonst führt Offenheit auch wieder nur zu diesem gedanklichen Brei. Erfolgreiche Menschen schaffen es, immer wieder an ihr Referenzsystem anzudocken und auch ihr Referenzsystem weiterzuentwickeln.*«

Beim Fokus, beim Fachwissen und bei den technischen Fähigkeiten helfen uns diese Referenzsysteme. Auch Investoren, wie Florian, suchen nach bekannten Erfolgskriterien, die sie verstehen. Hoffnungsvoll schließt Florian für uns diesen Teil mit aufbauenden Worten ab: »*Menschen, die so agieren, sind häufig erfolgreich.*«

Schaffen Sie sich also ein Referenzsystem. Etwas, das Ihnen dabei hilft, die in Ihrer Bibliothek abgelegten Erkenntnisse richtig zu verbinden. Vermeiden Sie gedanklichen Brei und erschaffen Sie Neues, indem Sie das Richtige mit dem Richtigen verbinden. Ansonsten kann das offene Mindset auch verwirrend oder ablenkend sein. Ein Referenzsystem hilft uns bei der Einordnung der Dinge, die wir durch das offene Mindset wahrnehmen.

In der Ruhe liegt die Kraft

Zeit ist in der modernen Welt eine knappe Ressource. Wir nehmen Sie uns nicht mehr. Sie wird uns genommen. Aber nur, weil wir es zulassen. Die moderne Welt macht uns teilweise zu Sklaven unseres Kalenders, zu Untergebenen unserer Verpflichtungen. Wir hetzen und hasten, anstatt ruhig zu rasten. Um wirklich frei denken zu können, brauchen wir allerdings Ruhe.

Wir müssen uns die Zeit nehmen, unsere Systeme runterzufahren, damit unsere Antennen ausfahren können. Ein offener Geist muss sich aufwärmen. Die Geräuschkulisse des Alltags verschwindet nur graduell. Nehmen Sie sich also bewusst die Zeit, wirklich frei zu sein. Sie müssen es nicht auf die Spitze treiben wie Warren Buffet oder Charly Munger, die konsequent so gut wie keine Termine haben. Aber finden Sie Ihre eigene Routine zum Abschalten. Wandern, spazieren gehen, liegen, gerne auch mäandern. Alles probate Mittel, um zu entschleunigen.

Heinemanns Entschleunigungsmittel ist das Spazierengehen in Brandenburg, das Trainieren mit seinem Trainer oder das schnöde stundenlange Autofahren. Er vermeidet Dauerbeschallung, um seinem Geist die Freiheit zu geben, die er braucht, um wirklich kreativ zu sein. *»Ich glaube, wir brauchen Zeit zum Denken, Reflektieren und Verknüpfen. Und das muss wahrscheinlich fast zwangsläufig mit Dir selbst sein. Egal, wie Deine »me-time« aussieht, ob du jetzt auf den Berg steigst oder ich mir den Brandenburger See angucke. Wichtig ist, dass wir uns die Zeit nehmen«*

Finden Sie also die Ruhe, die Ihr Geist braucht, um wahrhaftig frei zu sein! Das ist aber nicht das Einzige, das Sie brauchen. Die Schwester von Ruhe ist Frieden. Und über unseren eigenen Frieden, den Frieden mit uns selbst, sprechen wir jetzt.

Warum Ihr Seelenfrieden eine wichtige Rolle spielt

Wenn wir belastet oder abgelenkt sind, wenn uns Sorgen umtreiben, werden wir uns schwertun, geistig loszulassen. Wie ein starkes, sehr dunkles Gravitationszentrum werden wir immer wieder in das Schwarze, in den Abgrund gezogen. Wir können nicht abschweifen. Denken immer an das, was uns gerade bewegt. Das ist Gift für unseren Seelenfrieden, aber auch ungesund für das offene Mindset. Wir brauchen Ruhe, kombiniert mit Frieden. Heinemann unterstützt diese These eindringlich: *»Was ich merke, ist, wenn Gedanken zu stark von Problemen überlagert werden, hat man nicht die Ruhe. Das ist schon so! Also ich habe den Eindruck, du brauchst geistige Klarheit und Ruhe, damit du mal am Stück über irgendwas nachdenken kannst. Den Eindruck habe ich schon.«*

Unterschätzen Sie also die Wichtigkeit Ihrer eigenen inneren Balance nicht. Sie ist wichtig. Sie brauchen sie, um loszulassen. Seien Sie nicht Gefangener Ihres Gemütszustands.

Arbeiten Sie an Ihrer kreativen Gehörbildung

Wir schlüpfen nun in den offenen Mindset eines Ausnahmemusikers, der an anderer Stelle gebührend eingeführt wird. Wir lassen ihn sprechen. Darüber, wie wichtig es ist, ein offenes Mindset zu haben, auch als Lehrer.

Dave Douglas fördert die offene Geisteshaltung mit seinen Studenten. Er zelebriert es förmlich. Und er bekommt viel zurück. Dinge, Werke, Interpretationen, die er nie für möglich gehalten hätte. Wie schafft er das? Wie holt er diese Kreativität aus diesen noch jungen Menschen raus, die am Anfang ihrer künstlerischen Karriere stehen? Indem er sie ermutigt, nicht in Regeln, Normen und Standards zu denken: Er lehrt sie, stattdessen ihr kreatives Gehör auf ganz besondere Weise zu bilden:

»Ich versuche bei meinen Schülern ihre Offenheit für diverse Strömungen durch die eher traditionelle Gehörbildung zu erweitern. Gehörbildung oder auch Hörtraining ist das, was wir als grundlegende Fähigkeiten bezeichnen, um Intervalle, Tonhöhen und Melodien zu hören und reproduzieren zu können. Im Grunde ist es das Verstehen der Regeln durch Hören.«

Ich nutze dazu zwei Ansätze bei der gleichen Studierenden-Gruppe: Zum einen die Choräle von Bach und zum anderen die Stücke des Jazz-Musikers Thelonious Monk (70 gibt es davon). Jeder hat also das Buch mit den Bach-Chorälen und den Monk-Stücken, und wir singen und spielen beide zu Beginn des Semesters. Die klassischen Schüler fühlen sich bei den Bach-Chorälen zu Hause und im ungewohnten Terrain bei den Monk-Stücken. Dort sind natürlich die Schüler mit dem Jazz-Hintergrund selbstbewusster. Sie kennen bereits viele Monk-Stücke, glauben sie zumindest. Dann hört man sie spielen und denkt: Okay, deshalb studieren wir das, weil ihr wirklich tiefer gehen müsst. Und dann kommen wir zu den Bach-Chorälen, von denen einige sie noch nie erlebt haben.«

Das Ergebnis: Am Ende des Semesters hat Douglas immer das Gefühl, dass die Studenten aus beiden Disziplinen neuen Respekt vor der anderen Disziplin und eine neue Wissensbasis haben. Ein Semester verändert das musikalische Leben der Studenten nicht komplett. Aber Douglas hat das Gefühl, dass sie jetzt die Informationen haben, um zu wissen, was sie tun müssten, um beide Arten von Musik zu spielen und zu verstehen: Sie kennen die verschiedenen Regeln und das ist wichtig, genauso wie Wissenschaftler die Tabelle der chemischen Elemente lernen.

Dieser Ansatz erfordert ein offenes Mindset beider Seiten – mit kreativen Lehrerfolgen für Lehrer und Schüler: »*Voraussetzung für diesen Ansatz ist, dass ich selbst offen für verschiedene Denkweisen war und bin. Und jedes Mal, wenn ich diesen Kurs unterrichte, lerne ich durch die Schüler etwas Neues über die Erfahrungen und Herausforderungen, die sie haben. Und ich denke: ›Oh, das ist interessant.‹ Oder ich entdecke Fähigkeiten, die jemand haben könnte, oder eine Art, das Material zu betrachten, auf die ich nie gekommen wäre. Und jedes Semester bin ich überrascht von neuen Sichtweisen auf die beiden Komponisten, die ich nie für möglich gehalten hätte: Allerlei verrückte, vielfältige Sichtweisen.*«

Arbeiten Sie also an Ihrer eigenen kreativen Gehörbildung. Setzen Sie sich und Ihre Mitstreiter bewusst unterschiedlichen Denkweisen aus und lernen Sie.

Was Sie für sich mitnehmen können

Wie öffnen wir unseren Geist nun richtig? Und wie setzen wir das Gesammelte in Kreativität um? Der Versuch einer Zusammenfassung:

- Seien Sie kindlich naiv und neugierig – in der Gier nach Neuen liegt oftmals etwas Kreatives!

- Verknüpfen Sie das, was noch nicht verknüpft ist, richtig miteinander.

- Entschleunigen Sie! Gehetzt entsteht kein offener Mindset.

- Um Ihren Geist zu öffnen, brauchen Sie innere Ruhe und Ihren Seelenfrieden.

- Schulen Sie das eigene offene Mindset und das Ihrer Mitstreiterinnen. Nehmen Sie sich die Gehörbildung in der Musik zum Vorbild.

BEREITSCHAFT ZU REGELBRÜCHEN

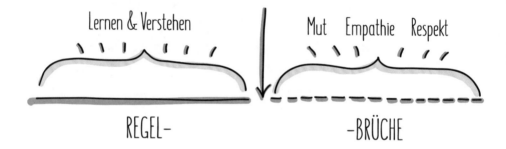

13. ERFOLGSREGEL: DIE BEREITSCHAFT ZUM BRUCH (GELERNTER) REGELN

»Was ist, wenn wir alle falsch liegen?«
– Simone Menne

»Man kann Regeln nicht brechen, wenn man sie nicht kennt«
– Dave Douglas

Wer beschützt den Status Quo, den natürlichen Feind der Kreativität, am besten? Was wirft sich in den Weg, wenn Sie Dinge anders machen wollen? Was blockiert Sie, wenn Sie gestalten und sich auf kreative Pfade begeben wollen? Es sind die Regeln und die Normen, die Sie umgeben. Sie sind oftmals wie Protektionismus gegen das Neue und gegen das Kreative. Besitzstandswahrend verteidigen sie den Status Quo mit allen Mitteln, die sie haben. Daher verwundert es nicht, dass das Brechen von Regeln und Normen ein wichtiges Element unserer kreativen Schaffensarbeit ist.

Beispiele dafür gibt es viele. In der Kunst, der Wissenschaft, der Wirtschaft, in jedem Teil unseres gesellschaftlichen Lebens verbinden wir Fortschritt, Evolution und Verbesserung oftmals mit Regelbrüchen.

In der Unternehmerwelt spricht man von Disruption. Oftmals wird dieser Nukleus einer Transformation falsch als »Veränderung« übersetzt. In Wahrheit heißt es Zerstörung. Sie könnten auch sagen: Die härteste Form eines Regelbruchs.

Regeln und Normen zu brechen ist für die Kreativität enorm wichtig. Sie wechseln dadurch zwangsweise die Perspektive und nehmen neue Blickwinkel ein. Da Sie sich auf keine Norm mehr berufen können, müssen Sie unweigerlich neue Wege gehen und neue Pfade gestalten.

Diese Erfolgsregel illustrieren wir an Beispielen von drei Role Models. Drei erfolgreiche Regelbrecher, die sich stets neu erfinden, die Dinge anders tun, die – teils unbewusst, teils sehr bewusst – Regeln brechen, um kreativen Lösungen das Leben zu schenken. Es fällt schwer, diese drei Personen einzuordnen. Unternehmer? Künstler? Kreative? Musiker? Akademiker? Grenzgänger? Wohlwissend, dass es unmöglich ist, unsere Protagonisten in eine Schublade einzusortieren, lassen wir in der Einleitung ihre Taten und Leistungen diese Aufgabe übernehmen.

Die erste in diesem regelbrechenden Trio ist eine Vollblutunternehmerin, Investorin und jemand, die sich dem Unternehmenswachstum, Coaching, Mentoring und der Kunst verschrieben hat. Eine Person, die Menschen unterstützt und gleichzeitig voller Energie strotzt. Man merkt, wie sehr sie das Unternehmertum inspiriert und auch geformt hat. Als Mit-Gründerin von ImmobilienScout24 hat **Birgit Ströbel** sich einen Namen gemacht und die Basis für ihren zukünftigen Erfolg gelegt. Sie ist nicht nur als Kreativitätstyp jemand, den wir mit dem höchsten Respekt als Rebell bezeichnen würden.

Sie hat den Regelbruch für sich normiert. Ihre Regel, ihre Norm war der Regelbruch. Sie hatte in den frühen Tagen kein Budget, keine Mitarbeiter, keinen Brand und hat dann im Brechen des Normierten ihren Schlüssel für den unternehmerischen Erfolg gefunden.

Wie beginnt die Unternehmensgeschichte von Ströbel und ImmobilienScout24? Mit der Erkenntnis, dass es keine Onlinepräsenz in dem hochfragmentierten Markt für Immobilien gibt. Man mietete per Telefon, verkaufte per Fax und las die lokalen Zeitungen, um Angebote zu finden. Etwas, das das Gründungsteam ändern wollte und geändert hat.

Einer der Grundpfeiler für den Erfolg war die Markteintrittsstrategie, für die Ströbel verantwortlich war. Als eine der ersten Online-Plattformen für Immobilienanzeigen in Deutschland konnte ImmobilienScout24 durch provokante Marketingaktivitäten schnell an Aufmerksamkeit und Bekanntheit gewinnen und seine Nutzerzahlen skalieren. Dadurch errang ImmobilienScout24 einen uneinholbaren Wettbewerbsvorteil und dominanten Marktanteil.

Als zweite Person des Trios freuen wir uns, eine sehr vielfältige Frau sprechen zu lassen: **Simone Menne**, die bereits an anderer Stelle in diesem Buch vorgestellt wird.

Was sie besonders für dieses Kapital qualifiziert, ist die Art und Weise, wie sehr sie den Regelbruch als Teil ihrer Arbeit als Top Managerin und Aufsichtsrätin implementiert. »*Immer schon so gemacht*« ist eine Aussage, die zu einer allergischen Reaktion bei Simone Menne führt. Sie will Dinge gestalten und anders machen. Nicht nur in der Wirtschaft, auch in der Kunst.

Wer könnte dieses Trio abrunden? Ein Jazz Trompeter aus New York, der die Dolomiten liebt! Wir sprechen mit einem der größten zeitgenössischen und mehrfach Grammy-nominierten *US-Jazz-Trompeter. Dave Douglas* hat die Gelassenheit eines 60jährigen, der in seinem Leben viel gesehen hat. Zum Anfang seiner Karriere hat er auf Hochzeiten, Bar Mitzvahs, auf den New Yorker Circle Line Cruises und sogar auch – wie er lachend berichtet – auf Scheidungen gespielt. Dafür muss er die Hits von Madonna oder Britney Spears erst lernen – er hörte sie zum ersten Mal.

Er hat auf den Straßen New Yorks gespielt, bevor seine Karriere richtig begann. Jetzt gibt er Konzerte in der ganzen Welt und durchaus auch an kreativ ungewöhnlichen Orten, wie z. B. auf 3.000 Metern auf den Dolomiten. Er ist ein leidenschaftlicher Trump-Gegner und geht auf viele Demonstrationen. Da er sich aber dort mit der Musik und den gemeinsamen Schlachtgesängen nicht anfreunden kann, komponiert er seine eigene Marschmusik und hört sie auf Kopfhörern, wenn er sich für die Demokratie engagiert. Darauf muss man auch erst mal kommen.

Er lehrt an der modernen New School in New York, hat mehr als 40 Platten unter seinem Namen veröffentlicht, eine eigene Musik-Company und hört sich aus Respekt alle ihm zugeschickten Aufnahmen an, solange sie nur den Namen seiner Firma richtig schreiben. Als wir zum Thema Regelbruch kommen, entgegnet er lachend: »*which rules did I not break*?!« Wir merken: Der Kreativitäts-Techniker ist unser Mann in diesem Trio für das Thema!

Wie Sie Disruption nutzen, um Großes entstehen zu lassen

Dinge anders machen und anders zu denken sind Kernzutaten erfolgreicher Disruption. Für Kreativität ist die Disruption eine wunderbare Klammer für das Thema der nächsten Seiten. Wer Regeln bricht, Dinge neu verbindet, Systeme oder Bestehendes von innen heraus zerstört, kann Großes schaffen – mit Hilfe der Kreativität. Hinter vielen großen kreativen Veränderungen stand der Regelbruch im Zeichen der Disruption. Viele unternehmerische Erfolgsgeschichten basieren darauf. Viele erfolgreiche Unternehmer, die den Status Quo nicht akzeptieren wollten, haben Regeln und Normen gebrochen, um ihre Imperien zu erschaffen.

So hat UBER mit den traditionellen Regeln des Taxi Gewerbes gebrochen. AirBnB mit den Regeln der Hotelbranche. Tesla stellte lange tradierte Autounternehmen vor große Herausforderungen. Während deutsche Autobauer lange das berühmte »Spaltmaß« als Grund anführten, warum der neue Autobauer aus dem Silicon Valley nicht erfolgreich sein könne, hat Tesla mit vielen Produktions- und Mobilitätsregeln gebrochen. Henne/Ei-Problem mit den Elektrotankstellen? Es könne keine E-Autos in der Fläche geben, wenn keine Tankstellen vorhanden seien? Tesla baut sie einfach selbst, während die Europäer noch über Standards diskutieren und nach der Politik rufen. Auch Space X hat mit der konsequenten vertikalen Integration der Produktion die Raumfahrtregeln auf den Kopf gestellt.

Noch stärker als das Unternehmertum leben die Forschung und die Wissenschaft vom Regelbruch. In der Wissenschaft ist vieles richtig, bis es widerlegt wird. Bis die Regeln des Bekannten gebrochen werden. Oftmals kämpfen Forschende dabei Jahrzehnte gegen Normen und Regeln. Beispiele dafür gibt es zuhauf. Die Evolutionstheorie ist eine davon. Sie stellt die klassische, nicht nur abendländische Lehre der biologischen Entwicklung genauso auf den Kopf wie Kopernikus, der mit der Kirche, der er auch beruflich verbunden war und der in seinem Werk »*De revolutionibus orbium coelestium*« die Sonne in den Mittelpunkt unseres planetaren Systems stellt. Ein weiterer bahnbrechender Regelbruch befindet sich im Bereich der Vererbung. Die Genetik hat diese Normen und Regeln, auch in der Kriminaltechnik, auf den Kopf gestellt. **Thomas Südhof** erinnert sich noch an seinen ersten wissenschaftlichen Regelbruch. Lachend fasst der Nobelpreisträger den Normenbruch seiner frühen Wissenschaftskarriere so zusammen:

»Als ich meine Karriere anfing war die vorherrschende Meinung, dass eine besondere Protein-Familie faktisch für alles verantwortlich sei, was eine Synapse im Gehirn mache. Dieses Protein hatte ein sehr, sehr prominenter Wissenschaftler entdeckt und seine gesamte Karriere darauf aufgebaut. Es hat viele Jahre gedauert, diese Theorie zu widerlegen. Und dies ist nur eines von tausenden Beispielen, wo die eigene wissenschaftliche Kreativität von dem Willen angetrieben wird, bestehende Regeln zu widerlegen bzw. zu brechen. Aber ich bin generell immer sehr skeptisch gewesen, wenn es Autoritätspersonen gab, die irgendwie bestimmte Meinungen vertraten. Ich wollte dann immer erst gerne wissen, ob diese Meinungen wirklich wichtig sind. Diese Skepsis gegenüber Regeln hat immer meine Kreativität maßgeblich entfacht, mir jedoch nicht geholfen, Freundschaften zu schließen oder zu erhalten«.

Sie sehen also, dass viele Bereiche unserer Gesellschaft den Fortschritt durch die Disruption, die durch den Regelbruch eingeleitet wird, erfahren. Weltbilder wurden dadurch zerstört und neue, bessere erschaffen. Scheuen Sie daher nicht vor legalen und dennoch radikalen Regelbrüchen zurück.

Wenn Sie Dinge kreativ komplett und von Grund auf neu gestalten wollen, müssen Sie Regeln und Normen brechen. Disruption wird Staub aufwirbeln und weh tun. Aber die Historie zeigt uns, dass daraus große und positive Veränderungen entstehen können.

Lernen Sie Regeln und Normen bevor Sie sie brechen

Bei aller Leidenschaft und Sympathie, gegen das Bestehende vorzugehen und bei aller Liebe für den Regelbruch, ist es dennoch wichtig, Regeln nicht nur des Regelbrechenwillens zu brechen.

Manchmal gibt es Normen und Regeln aus einem bestimmten Grund. Wichtige und richtige Regeln. Auch wenn sie vielleicht gesetzlich nicht verankert, aber dennoch etabliert sind, gibt es gute Gründe, darüber nachzudenken, warum diese Regeln existieren. Simone Menne, die gerne jeden Stein umdreht und jede Regel hinterfragt, stellt tiefgründig und richtig fest: »*Was ist, wenn er recht hat. Was ist, wenn wir alle falsch liegen?*«.

Wir dürfen daher nie die Selbstreflektion verlieren. Es ist wichtig, zu verstehen, warum es bestimmte Regeln gibt. Was ist das Rationale hinter einer Norm – das ist die entscheidende Frage. Wir müssen also tiefer eintauchen in die Geburtsstunde von Regeln. Das Etablierte verstehen lernen, um es sinnvoll hinterfragen zu können. Erst dann können wir uns ein Urteil darüber erlauben, ob es eine bestimmte Normierung braucht oder eben nicht. Bei dieser Fragestellung brauchen wir Mut, denn es ist immer leichter, das Bestehende beizubehalten als in Frage zu stellen. Wenn Sie das Rationale hinter einer Regel, etwas Bestehenden oder einer Norm verstanden haben, fällt es Ihnen leichter, sie zu brechen und über diesen Bruch zu argumentieren und ihn zu verteidigen.

Simone Menne liefert uns hierzu ein wunderbares Beispiel. Es geht um eine Regel, die vor ihr trotz der Nutzlosigkeit keiner in Frage gestellt hat. Es war die Zeit, in der sie als CFO der Lufthansa für die Zahlen verantwortlich war. Es ging um den sog. »Wochenbericht« der Lufthansa. Als die Airline sparen musste und Simone Menne die Kompetenz ihrer Mitarbeiter brauchte, waren die Controller mit genau diesem Bericht beschäftigt und hatten keine Zeit für anderes. Einen Bericht, den es seit der Gründung des Kranichs gab.

»Dort wurden alle 14 Tage die Anzahl der Passagiere und ein planerischer Ertragswert analysiert, um den Verdienst der letzten zwei Wochen zu ermitteln. Viele Mitarbeiter waren mit der Erstellung dieses Berichts beschäftigt«, erinnert sich Menne. Auf Nachfrage bei ihrem CEO und den Vorstandskollegen konnte keiner einen Grund finden, warum der Bericht noch erstellt wurde. Er war einfach schon immer da. Bis zur nächsten Vorstandssitzung, in der diese Norm gebrochen und der Status Quo geändert wurde Diese Berichte gehörten dann der Vergangenheit an.

Auch Yasmin Weiß will die Regeln verstehen, bevor Sie sie bricht. Ihren Ansatz beschreibt Sie folgendermaßen

»Ich habe einmal einen Satz gehört, den ich sehr verinnerlicht habe: Du musst wirklich lange Zeit erst einmal verstehen, wie die Regel funktioniert. Und dann musst du, sobald du in Entscheidungspositionen bist, diese Regel kontrolliert auch brechen, wenn du das Gefühl hast, dass sie nicht mehr in die Zeit passt. Und das kann man auch mit Kreativität so in Verbindung bringen. Aber ich glaube schon, dass man erst auch eine bestimmte Zeit lang nach den Regeln spielen muss, um genau zu verstehen, wo eine bestimmte Regel gar nicht mehr zielführend ist, um sie dann bewusst auch zu brechen.

So habe ich in den Aufsichtsräten, in denen ich bin, eine Du-Kultur vorgeschlagen, die umgesetzt worden ist. Da habe ich mich schon gefragt, warum die nicht in den letzten 20 Jahren darauf gekommen sind, sich zu duzen. Aber das konnte ich ja nicht von Anfang an machen. Ich musste mich erst mehr in das Regelwerk hineinfühlen. Und irgendwann habe ich festgestellt: Es gibt bestimmte Regeln, die ergeben keinen Sinn mehr und dann kann man sie auch brechen. Und jetzt ist so eine Du-Kultur nur etwas, was phänotypisch ist. Aber sie verändert auch die Kommunikation und sie verändert manchmal die Art und Weise, wie man bestimmte Dinge, die man formal gesagt bekommt, informell noch mal hinterfragen kann. Man muss dort den Willen zum Regelbruch haben, wo diese einer guten Zusammenarbeit und einer angenehmen Kultur entgegenstehen und damit auch mögliche Kreativität unterdrücken.«

Bevor Sie entscheiden, eine Regel zu brechen, sollten Sie die Grundlagen beherrschen und die Logik dahinter verstehen. Dave Douglas formuliert es sehr treffend: »Man kann Regeln nicht brechen, wenn man sie nicht versteht.« Danach prägt er noch einen Satz, dessen Schönheit und Klarheit wir nicht zerstören wollen, indem wir ihn übersetzen: »I have a willingness to break rules, but not necessarily the necessity to break rules.«. Aber lassen wir ihn ausführlicher zu Wort kommen, um ihn wirklich verstehen zu können

»Ich breche die Regeln die ganze Zeit. Aber ich benutze sie auch die ganze Zeit: Man kann die Regeln nicht brechen, wenn man sie nicht versteht. Und wenn man versteht, warum die Regeln die Regeln sind, ist es irrelevant, ob man sie bricht oder nicht, denn sie sind da. Deshalb gibt es auch den einen oder anderen, der Johann-Sebastian Bach nicht mag. Seine Musik war so stark, dass viele seine kompositorischen Ideen Regeln wurden, die jeder lernen durfte (und musste).

Zu diesen Grundsätzen der Musik, diesen grundlegenden Bausteinen, diesen Muttern und Schrauben kehre ich jeden Tag in meiner Arbeit und meiner Übung zurück. Und wenn ich dann eine Regel brechen will, muss ich einen wirklich guten Grund dafür haben. Und dann denke ich doppelt so hart über diese kreative Entscheidung nach. Und wenn es die richtige ist, dann ist es die richtige. Und das ist in gewisser Weise ein Triumph. Aber wenn ich merke, dass etwas nicht funktioniert, ist mein erster Instinkt, zu den Regeln zurückzukehren und zu sagen: Okay, wie kann ich das in Ordnung bringen? Und wenn es wirklich ›falsch‹ in diesem Sinne sein soll, dann weiß ich, was ich tun muss.«

Verstehen Sie also, warum eine Regel da ist, wie eine Norm funktioniert. Das hilft Ihnen dabei, zu verstehen, ob diese Regel eine Daseinsberechtigung hat und wenn nicht, was an ihre Stelle treten sollte.

Seien Sie mutig und bereit, anzuecken

Kein Marketing-Budget und große Ambitionen in einem hochfragmentierten Markt voller Potential. Das war die Ausgangslage für Birgit Ströbel in den frühen Tagen von ImmobilienScout24. Wie bekommt man Reichweite und wie erreicht man Bekanntheit in einer Zeit, in der es keine Google Ad Words gab, kein SEO und das Internet noch am Anfang stand?

Zum einen durch Partnerschaften mit anderen Internet-Pionieren (wie den ersten Email-Providern). Aber vor allem, indem man auffällt, aneckt und auf den großen Reichweiten und der Markenbekanntschaft etablierter Unternehmen reitet. Coca-Cola und die Deutsche Bank waren zwei der Marken, die Ströbel genutzt hat, um breite Aufmerksamkeit zu erlangen, ohne groß dafür zu bezahlen. In großen Magazinen wie dem Spiegel hat sie Werbung geschaltet, um Parallelen zu diesen Brands herzustellen. »Was haben ImmoblienScout und Deutsche Bank 24 gemeinsam?« Dem Image und der Bekanntheit ihres Unternehmens hat das enorm geholfen.

Als Roman Herzog Bundespräsident wurde, hat sie ihm öffentlich auf Großflächen angeboten, dabei zu helfen, eine Wohnung zu finden. Die Abmahnungen, die sie für solche Aktionen bekam, standen in direkter Korrelation mit der erweiterten Reichweite und der »Brand Awareness« des Unternehmens. Sie ritt auf der Bekanntheitswelle vieler großer Unternehmen, um erfolgreich ihren eigenen Brand aufzubauen. Eine regelbrechende Brand-Awareness-Surferin! In ihren Worten klingt es noch entschlossener:

»Also du brauchst schon Mut zum Regelbruch. Wenn du nur Altbewährtes machst, dann stört sich ja auch niemand dran. Wenn du es allen recht machen willst, dann fällst du nicht auf. Dann schwimmst du nur so mit. Und hier greift eine Grundregel im Marketing: Werbung muss auffallen, um zu wirken. Und das war es, was wir immer gemacht haben. Auffallen. Ich habe schon auf unseren ersten Plakaten in Berlin mit Roman Herzog geworben. Der war damals Bundespräsident. Mit dem Tenor: wenn er eine Wohnung sucht, soll er zu uns kommen – und dafür haben wir eine Abmahnung bekommen. Oder ich habe im SPIEGEL vergleichende Werbung mit Coca-Cola geschaltet und den Claim von Coca-Cola genommen. Ich habe mehrmals Abmahnungen bekommen, aber ich wollte jede Aktion ja auch immer nur einmal machen. So funktioniert es eben, wenn du Reichweite und Aufmerksamkeit haben willst, die du dir nicht teuer kaufst. Das ist in meinen Augen Kreativität.«

Aber auch gesellschaftliche Normen hat sie verletzt und ist Risiken eingegangen. So wurde sie mit ImmobilienScout zum Hauptsponsor der ersten Staffel des TV-Trash Formats »Big Brother« mit dem Wink, dass sie auch attraktivere Immobilien als Container im Portfolio hätten. Das wurde zum Dauerbrenner in der Presse, über den man sich herrlich echauffieren konnte. Und bei jedem Aufreger stieg die Reichweite und die Bekanntheit des Unternehmens. Diese Strategie war sehr erfolgreich, aber nicht immer einfach. Das Anecken bedeutet auch, dass man eine dicke Haut haben sollte. »*Ich hasse Mittelmaß*«, sagt die Unternehmerin als Mantra ihres Schaffens. Das hat ihr den Antrieb, den Mut, die Resilienz und das Durchhaltevermögen gegeben, ihr Unternehmen mit gezielten Regelbrüchen zum Marktführer zu machen.

»Ich bin da von Endemol angefragt worden und Big Brother gab es schon in Holland. Und dann habe ich mir das angeschaut und dachte mir, dort ist es ein Riesenerfolg und die Deutschen sind jetzt auch nicht dümmer als die Holländer. Sogar meine Mitgründer waren sehr skeptisch und haben mir vertraut und dann haben wir diesen mutigen Schritt gewagt, sind Hauptsponsor geworden neben AOL und haben das dann provokant genutzt. Unser Glück war, dass in der Presselandschaft gerade nichts los war. Und deshalb haben sich die Medien darauf gestürzt und permanent polarisierend darüber berichtet. Ich durfte viele Interviews geben. Wie können wir so was unterstützen? Das Medienecho, das wir bekommen haben, war enorm – ein riesen Medienwert. Das hat uns bundesweit eine hohe Bekanntheit gebracht. Die hätten wir regulär nie bezahlen können.« – erinnert sich Ströbel an diesen wichtigen Meilenstein ihrer Karriere als Unternehmerin.

Was können wir also mitnehmen? Um Regeln zu brechen, müssen wir mutig sein. Wir müssen uns darüber im Klaren sein, dass wir anecken, dass wir nicht gefallen und dass kontrovers über uns gesprochen wird. Das gilt nicht nur für Unternehmerinnen wie Ströbel. Wahrscheinlich gilt es in anderen Segmenten und Branchen noch viel mehr. Dort, wo Tradition noch viel wichtiger ist. Dort, wo Ego und der Klassenstand noch etablierter und kulturell mehr verankert sind.

Seinen Sie respektvoll und halten Sie sich an Grenzen, wenn Sie Regeln brechen

Wenn Sie Regeln brechen, sollten Sie mutig, aber auch empathisch und menschlich agieren. Sie sollten bedenken, dass viele Menschen lange mit diesen Regeln und teilweise sogar dafür gelebt haben.

Als Simone Menne den »Wochenbericht« der Lufthansa abgeschafft hat, war es ihr wichtig, die vielen Controller, die daran gearbeitet haben, mitzunehmen. Die sinnlose Prozedur respektvoll zu beenden. Wie würden Sie sich fühlen, wenn man Ihnen sagen würde, dass das, was Sie so viele Jahre gemacht haben, sinnlos war? Lassen Sie uns also daher die Empathie als wichtiges Werkzeug in die Gleichung des Regelbruchs aufnehmen. Auch für Birgit Ströbel ist die Empathie wichtig. Das sieht man auch daran, wo und wie sie sich heute engagiert. Unter anderem hilft sie als BusinessCoach und Mentorin Menschen, blinde Flecke zu erkennen, Konflikte zu lösen und gestärkt Krisen zu bewältigen. Beim Regelbruch eine wichtige Gabe! Es war ihr aber auch stets wichtig, dabei bestimmte Grenzen einzuhalten: »*Ich denke, man sollte nicht zwangsläufig Regeln brechen, um kreativ zu sein. Es gibt bestimmte Grenzen, die man nicht überschreiten sollte. Aber innerhalb dieser Grenzen kann man versuchen, die Regeln zu verschieben, um kreative Lösungen zu finden. Wenn ich kreativ bin und sehe, dass ich den Rahmen verschieben kann, ohne dass ich kriminell werde oder Naturgesetze in Frage stelle, dann kann ich das natürlich tun und das habe ich immer gerne gemacht.*«

Wenn Sie also kreativ sein wollen, wenn Sie das Neue finden wollen, seien Sie bereit, anzuecken. Haben Sie den Mut zur Veränderung. Aber respektvoll. Im Ton angemessen, in der Handlung verständnisvoll und inklusiv.

Was Sie für sich mitnehmen können

Wie sollten wir nun also die Regeln und Normen brechen? Was gilt es, zu beachten? Was sollten wir uns merken?

- Seien Sie disruptiv und lassen Sie Großes entstehen.

- Man muss die Regeln und Normen kennen, um sie so zu brechen, dass etwas Neues, etwas Kreatives entsteht.

- Überlegen Sie, wie weit sie gehen können und wie weit sie wirklich gehen wollen. Es gibt bestimmte Grenzen, die man nicht überschreiten sollte – rechtlich, moralisch, ethisch.

- Seien Sie mutig und bereiten Sie sich auf Gegenwind vor.

- Vergessen Sie bei aller Radikalität beim Regelbrechen nicht, menschlich und empathisch zu sein.

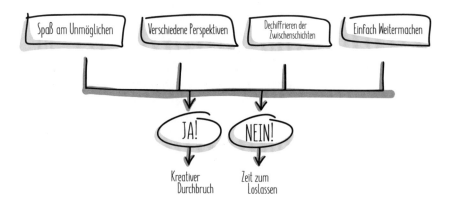

14. ERFOLGSREGEL: HARTNÄCKIGKEIT ALS (KREATIVE) BEDINGUNG

> *»Frust muss man aushalten. Da muss man durch. Das ist ein gutes Rezept, dann etwas wirklich Neues zu finden.«*
> – Katharina Zweig
> (Informatikerin, Professorin, Autorin)

Kommen wir zur nächsten Erfolgsregel: Hartnäckigkeit als kreative Bedingung? Passen die Wörter Kreativität und Hartnäckigkeit überhaupt zusammen? Wir glauben ja. Wir treffen nur wenige Kreative, die nicht auch die harte Arbeit erwähnen, wenn es um ihre kreativen Werke geht: Ausdauer und Entschlossenheit sind notwendig, um kontinuierlich neue Ideen zu entwickeln, Probleme zu lösen und kreative (Umsetzungs-)Prozesse zu einem guten, erfolgreichen Ende zu bringen.

Interessanterweise schätzen zunächst auch unsere Gesprächspartner die Bedeutung der Hartnäckigkeit für kreative Vorgänge eher als gering ein. Wenn wir sie dann aber nach ihren größten kreativen Leistungen fragen, erwähnen sie regelmäßig solche, die mit erheblichem persönlichem, oftmals langwierigem Aufwand verbunden waren. Es scheint fast so, als wenn Hartnäckigkeit so etwas wie die stille, aber unverzichtbare Schwester der Kreativität ist.

Und in der Tat sollte man den Anteil der Hartnäckigkeit bei den kreativen Arbeiten nicht geringschätzen: Es gehört eine gehörige Portion an Frustrationstoleranz dazu, um trotz aller Rückschläge und Hindernisse an kreativen Projekten oder Ideen festzuhalten. Kreative Prozesse bedeuten Unsicherheit, Zweifel und Frustration. Nur durch Hartnäckigkeit erzielen Sie kreative

Durchbrüche. Und: Hartnäckige Menschen sind offener für Kritik und Feedback. Ihr einziges Ziel ist, ihre (kreative) Arbeit zu verbessern.

Wenn wir gemeinsam über das Thema Hartnäckigkeit nachdenken wollen, brauchen wir eine Person, die wirklich dicke Bretter bohrt, die den Themen tiefenscharf auf den Grund geht und die es wirklich wissen will. Da liegt es mehr als nahe, einmal bei **Katharina »Nina« Zweig** nachzuhorchen. Zweig ist Biochemikerin, Informatikerin, Professorin, Buchautorin und so etwas wie Deutschlands Cheferklärerin der Künstlichen Intelligenz. Sie kennt sich aus – und das gleich mit vielen Perspektiven.

Und sie ist kompetitiv. Sie geht mit ihrem Vater, immerhin gelernter Journalist, 2014 die Wette ein, wer als erster sein jeweiliges Buch fertig stellt – er seine Autobiographie oder sie ihre Monographie? Während er bis heute seine Autobiographie nicht beendet hat, hat Zweig gerade ihr viertes Buch veröffentlicht. Es sind nicht irgendwelche Bücher. Unter ihnen ist u. a. der Spiegel-Bestseller mit dem wunderbaren Titel »Ein Algorithmus hat kein Taktgefühl« und ihr neues Werk »Die KI war's!«.

Vielleicht ist sie in allem so schnell und gut, weil sie nach eigenen Aussagen eine besondere Gabe hat: Sie geht abends ins Bett und gibt ihrem Gehirn eine Aufgabe mit. Und während sie schläft, denkt ihr Gehirn weiter. Was für eine schöne Idee! Das sollten Sie vielleicht auch einmal versuchen. Uns gelingt das bisher nicht. Wir bleiben aber hartnäckig dran.

Kreativ zu sein, heißt für Zweig vor allem Dingen, die man eigentlich schon zu kennen meint, eine neue Perspektive zu verleihen, etwas Neues zusammen zu bringen, was andere Leute noch nicht gelungen ist. Sie will unerkannte Muster sehen, diese genau unter die Lupe nehmen und andere Menschen auf dieser Reise mitnehmen und sie in die Lage versetzen, Zusammenhänge zu erkennen, die sie bislang nicht gesehen hat: »*Ich möchte immer wieder einen neuen Blickwinkel auf die Dinge bekommen. Das ist tatsächlich etwas, was ich intensiv trainiere,*« so die Professorin.

Zweig ist ein autarker Freigeist. Das Setting ist nicht wichtig. Teams, Diversität oder auch psychologische Sicherheit spielen keine wirkliche Rolle. Deutlich entscheidender sind Fragen der richtigen Einstellung – und gerade Leidenschaft und Hartnäckigkeit bewertet sie sehr hoch. Überhaupt stellt sie sich ausgesprochen ungewöhnliche Aufgaben, die sie dann hartnäckig zu lösen versucht. Dies kann man manchmal ziemlich lange dauern. Sie ist häufig, aber nicht immer erfolgreich.

Welche verschiedenen Facetten der Hartnäckigkeit gibt es, die bei der kreativen Lösung von Forschungsfragen oder Herausforderungen ganz allgemein zu berücksichtigen sind? Was zeichnet hartnäckige Menschen aus? Kann man Hartnäckigkeit gar trainieren? Und: Muss man irgendwann auch loslassen können?

Haben Sie durchaus Spaß an scheinbar unmöglichen kreativen Aufgaben

Zunächst einmal setzt ein erfolgreiches hartnäckiges Streben nach der kreativen Lösung eines Problems voraus, dass man etwas unbedingt verstehen oder erschaffen will, obwohl der Beginn des Unterfangens zunächst ausgesprochen ungewiss ist. Zweig formuliert dies so: »*Ich möchte dann etwas unbedingt verstehen oder machen können. Wenn ich etwas verstehen will, dann gehe ich so tief runter, wie ich muss, um das Gefühl zu haben: jetzt weiß ich Bescheid.*«

Dies schränkt sie manchmal tatsächlich bei kreativen Lösungen auch ein. So verwendet sie zum Beispiel nie mathematische Formeln, von denen sie nicht sicher ist, wie sie funktionieren. Auf der anderen Seite versetzt tiefes Verständnis sie in die Lage, Zusammenhänge zu erkennen, die die meisten Menschen nicht sehen.

So macht uns Zweig allen Mut: »*Man muss es aushalten können und sich trauen, dass man auf den ersten Blick etwas nicht versteht. Wenn man dann aber weiter macht, löst sich mit jedem Blickwinkel etwas und es kommt ein neues Puzzleteil dazu. Und irgendwann erreichen Sie den Punkt und können wirklich sagen: Jetzt passt alles zusammen. Ich habe ein vertieftes Verständnis davon erlangt, was ich wirklich verstehen wollte.*«

Bleiben Sie also dran. Viele kreative Herausforderungen werden Sie nicht sofort und schnell bewältigen können. Nehmen Sie sich vielleicht sogar etwas vor, was fast unmöglich ist oder jedenfalls so erscheint. Wenn Sie dann den kreativen Durchbruch erlangen, ist die Befriedigung umso größer.

Raus aus der Komfortzone – gehen Sie bewusst hartnäckig in unbequeme Situationen rein

Zweig macht uns darüber hinaus noch auf eine weitere wichtige Facette der Hartnäckigkeit aufmerksam, die sie selbst intensiv beschäftigt hat. Worum ging es? Zweig schaut im Fernsehen gerne »*Germany's Next Topmodels*« oder auch »*Das große Backen*?«. Das hätten wir bei der hochintelligenten Professorin nun nicht erwartet.

Zweig wäre nicht Zweig, wenn sie nicht ihren eigenen Vorlieben auf den Grund gehen würde: »Warum schaue ich das eigentlich gerne? Was fasziniert mich daran? Was eint diese verschiedenen Formate und Wettbewerbe?« Ihre Antwort ist frappierend klar: Die Teilnehmer sind regelmäßig ausgesprochen hartnäckig und lieben den Wettbewerb: Sie wollen gewinnen.

Was zeichnet sie aus, was eint sie? Zum einen gehen alle aus ihrer Komfortzone heraus. Sie setzen sich unbequemen Situationen aus. Zum anderen haben sie ein gewisses Selbstbewusstsein, gehen Risiken ein und kommen mit ihren Fehlern gut klar. Zweig formuliert ihre Erkenntnis wie folgt: »*Das ist ja nicht einfach, sich dahinzustellen und zu sagen: Meine Gedanken sind so wichtig, dass sie in einem Buch veröffentlicht werden. Oder sich auf eine Bühne zu stellen und zu sagen: Hört mir zu.*« Hartnäckige Kreative lassen sich schließlich auch nicht von den äußeren Umständen verunsichern. Sie haben eine Mission, der sie unbeirrt folgen.

Zweig gibt ein weiteres schönes Beispiel, bei dem sie sich in unbequeme Wasser bewegt, ihre eigene Hartnäckigkeit erfolgreich getestet und ihren kreativen Horizont geweitet hat: In der Pandemie startete sie mit einem Mathematik- und Philosophieprofessor an ihrer Universität einen »Reading«-Kurs: Er suchte sechs philosophische Artikel heraus, sie sechs Informatik-Artikel. Und dann mussten sich ihre Studierenden mit diesen sehr unterschiedlichen Texten auseinandersetzen, ihnen auf den Grund gehen und gerade auch nach Parallelen forschen.

Das Experiment gelingt und wird wiederholt. Zweig und ihr professoraler Mitstreiter nehmen zwei weitere Professoren dazu und diskutieren nun, welche Themen sie behandeln wollen – es soll sich um die Themenkomplexe Philosophie und künstliche Intelligenz drehen. Und nun muss sich Zweig selbst durch philosophisch dicke Bretter wie Schopenhauer durcharbeiten – »*beileibe kein Vergnügen*«, wie sie unmissverständlich feststellt, »*und zum Teil wirklich frustrierend.*« Sie braucht für 13 Seiten sechs Stunden. Sie ist frustriert.

Aber: Zweig hält hartnäckig durch, lernt durch diese unterschiedlichen – allerdings durchaus komplexen – Materien vieles über die Parallelen von Philosophie und künstlicher Intelligenz dazu und geht kreativ ganz neue Wege:

»*Wir hatten die Idee, dass es grobe Analogien zwischen Philosophie und künstlicher Intelligenz gibt. Aber wir hatten die Zusammenhänge noch nicht im Detail durchdrungen. Und dann muss man sich eben kreativ eine unbequeme Umgebung aussuchen, die einen dazu zwingt, etwas Neues zu denken: Diesen Frust muss man auszuhalten. Da muss man durch. Das ist ein gutes Rezept, dann etwas wirklich Neues zu finden.*«

Testen Sie also Ihre Hartnäckigkeit, indem Sie sich bewusst aus der eigenen Komfortzone bewegen. Akzeptieren Sie, dass Rückschläge zum kreativen Prozess dazugehören. Seien Sie sich im Klaren über Ihre Mission, mag sie noch so klein sein, die Sie mit Ihrem kreativen Prozess verfolgen. Dann werden Sie hartnäckiger, kreativer und Ihre Ergebnisse besser.

Nehmen Sie mehrere Perspektiven ein: Sehen Sie (bisher) Unsichtbares

Ist diese Form der Hartnäckigkeit einfach nur eine emotionale Einstellung »*dran zu bleiben*« oder ist es etwas anderes? Reicht es, einen gewissen Vorgang einfach nur mit der vagen Hoffnung zu wiederholen, dass dies zum Erfolg wird?

So ist es nicht, wie Zweig mit einer Geste in Richtung ihres Bücherregals unterstreicht. Dort stehen nämlich Werke aus Psychologie, Philosophie, Operations, komplexe Systeme, Kunstbücher, Technik: »*Mein Handwerkszeug ist das Lesen von möglichst vielen, regelmäßig sehr diversen Dingen. Das ist meine Technik. Und dass ich dann wirklich intensiv nachdenke. Dann sieht man plötzlich Parallelen oder erkennt, dass etwas hier nicht funktioniert und dass das bei einer anders gelagerten Problemstellung auch nicht klappen wird. Ebenso setze ich mich stimulierenden Umgebungen aus. Ich trainiere also, immer wieder einen Perspektivwechsel einzunehmen und auch wahrzunehmen, wenn es andere machen.*«

Kreativität bedeutet, sich dauerhaft unterschiedlichen Perspektiven auszusetzen. Und ja, es hört sich nicht nur nach harter Arbeit an, sie ist es auch.

Dechiffrieren Sie die Zwischenschichten

Lassen Sie uns jetzt einen Schritt weiter gehen: Wenn wir uns Kreativprozessen zuwenden, die eine analytische Komponente aufweisen, macht uns Zweig noch auf ein anderes sehr spannendes Phänomen aufmerksam, das sich einem nur bei hartnäckigem Dranbleiben erschließt: Sie formuliert:

»*Das Dechiffrieren der Zwischenschichten. Das ist das, was mich bei den kreativen Prozessen fasziniert. Meine Erfahrungsbibliothek macht 60 % der Arbeit aus, das ›Connecting the dots‹ 5 % und das Erkennen dieser Zwischenschichten im Sinne von »Common Themes oder Patterns (= übergreifenden Mustern) sind die restlichen 35 % des Nachdenkens. Dem nachzuspüren, was mich genau an der Sache fasziniert, das ist spannend. Was ist die gemeinsame Geschichte hinter all den Dingen, die man aufnimmt? Warum ist das so spannend, dass ich beim nächsten Small Talk davon erzählen will? Dem gehe ich regelmäßig auf dem Grund. Wenn man aber diese Zwischenschicht nicht baut, kann man so viel lesen, wie man will. Das reicht dann nie aus, dann bleibt es bei einer Aneinanderreihung von Fakten. Wir müssen also diese Zwischenschicht aufbauen. Nur dann können wir Analogien sehen.*«

Kreativität bedeutet also gerade auch, diese besonderen Zwischenschichten zu erkennen. Zweig erläutert dies an einem konkreten Beispiel:

»*Es gibt 60 verschiedene Art und Weisen, also Methoden, die zentralste Person in einem sozialen Netzwerk zu berechnen. Forscher haben nun festgestellt, dass es ein gemeinsames Element dieser Maße gibt, es mit anderen Worten eine Zwischenschicht gibt. Es gebe immer etwas, was dieses Netzwerk wie einen Fluss benutzt. Dieser Fluss ist ein prägendes Muster, was man analog auf andere Fragestellungen anwenden kann. Das ist die Zwischenschicht. Dieses Konzept, das der Forscher eigentlich nur für Zentralität entwickelt hat, kann man nun auf ganz viele verschiedene Data Science Methoden anwenden.*

Wir haben zum Beispiel 50 verschiedene Methoden, um die Ähnlichkeit von Zahlen-Sequenzen zu messen. Wir haben 25 verschiedene Qualitäts- und Fairness-Maße in der KI. Und meine Idee für die nächsten zehn Jahre ist jetzt, dass ich bei all diesen die Zwischenschicht finde und dann eine Theorie aufbaue, was das Gemeinsame ist, wenn unterschiedliche Menschen auf ganz unterschiedliche Weise Dinge messen. Das würde uns helfen, herauszufinden, in welcher Situation welche der verschiedenen Messmethoden die beste ist. Im Ergebnis geht es also um eine abstrakte zusammenfassende Sicht, die schon die Muster der darunter liegenden Schichten dekuvriert.«

Was lernen wir daraus, auch wenn wir uns nicht immer so komplexen Sachverhalten wie Zweig stellen wollen? Wir können hartnäckig nach übergreifenden Mustern aus verschiedenen Erkenntnisquellen forschen, auf dieser Basis etwas kreatives Neues schaffen und gerade diese Zwischenschichten auf ganz neue Sachverhalte anwenden. Ein nicht einfacher, aber ausgesprochen spannender und reizvoller Gedanke.

Versuchen Sie einfach, weiter zu machen und zu graben

Zu der hartnäckigen Form der Kreativität gehört zudem vielfach, immer einfach am Ball zu bleiben. Es ist dabei oftmals am dunkelsten, bevor es wieder hell wird; die Qual am größten vor dem unmittelbaren Durchbruch. Managen Sie Ihre eigenen Erwartungen. Kreatives Arbeiten ist mühseliger als man zu Beginn glaubt, dauert länger, als man anfangs annimmt.

Der erfolgreiche Musical-Komponist **Martin Lingnau**, der später noch ausführlicher zu Wort kommt, bringt es auf den Punkt: »*Ich erlaube mir keinen Writer's Block. Einfach weitermachen. Weitermachen. Weitermachen. Immer graben, graben, graben. Es kommt nicht sofort Gold. Das ist auch bei den ganz Großen so. Jemand hat mir einmal gesagt: Große Werke werden nicht geschrieben, sie werden umgeschrieben. Dazu musst du immer bereit sein. So war es zum Beispiel bei meinem ersten richtig großen Musical, dem Schuh des Manitu. Der Produzent wechselte dreimal den Regisseur – es war aufreibend und naheliegend aufzugeben. Dann aber haben wir die Zähne zusammengebissen und es sind wunderbare Sachen entstanden, die ich heute noch toll finde.*«

Sie müssen dabei eine gewisse Hartnäckigkeit entwickeln, immer etwas Neues schaffen und besser werden zu wollen: »*Ich muss dabei immer meine Arroganz überwinden*«, so Lingnau: »*Ich darf nichts auf den anderen schieben, sondern mich stattdessen fragen: Was kann ich noch besser machen? Wo kann ich noch lernen? Wie kann ich mich selbst überraschen?*« Wenn beim Klavierspielen dann meine Finger immer die gleichen Wege gehen und ich das gleiche Lied zum fünfzigsten Mal spiele, dann muss ich mich selbst austricksen. Genau dann muss ich mich selbst erfinden. Das erfordert große Hartnäckigkeit und Opferbereitschaft.«

Aber lassen Sie auch irgendwann los

Die Kehrseite der Medaille der Hartnäckigkeit ist verzweifelte, langläufige Zeitverschwendung ohne realistische Aussicht auf ein Ergebnis. Auch Zweig kennt solche Situationen. Sie fühlte sich manchmal wie eine Bergsteigerin, die irgendwo in der Wand hing, nach oben wollte, immer wieder Routen sah, die sie versuchen wollte, dann aber immer wieder in eine Sackgasse geriet. Zweig hat diese Erfahrungen gemacht, als sie mehr als vier Jahre versucht hat, für eine ganz bestimmte Situation einen Algorithmus zu entwickeln: »*Es wäre so cool gewesen, wenn ich diesen Algorithmus hätte finden können. Aber nach viereinhalb Jahren habe ich aufgegeben. Ich bin nicht mehr weitergekommen. Diese Leidenschaft kann einen durchaus verführen, sehr lange – wohl auch zu lange – an einer Sache dranzubleiben. Und dann muss man vielleicht den Mut haben, an genau dieser Stelle kreativ zu sein, aber dann trotzdem aufgeben zu müssen. Es war einfach eine Tortur.*«

Gibt es einen allgemein gültigen Kipp-Punkt zum Loslassen? Wohl eher nicht. Das müssen Sie individuell für sich herausfinden. Dies dürfte maßgeblich davon abhängig sein, wie fundamental wichtig für Sie persönlich die Entwicklung oder Umsetzung einer bestimmten kreativen Idee ist. Zu schnell sollten Sie dann die Flinte nicht ins Korn werfen, irgendwann aber vielleicht schon. Ein paar Routen sollten Sie als (imaginärer) Bergsteiger schon ausprobieren, auch wenn es zunächst nur Sackgassen sind.

Was Sie für sich mitnehmen können

Fazit: Manchmal ist die kreative Idee ein genialer Geistesblitz. Aber eben nur manchmal. Häufiger ist es aber harte Arbeit und das kreative Werk (auch) Resultat der Hartnäckigkeit des Erschaffenden. Hier zusammengefasst einige Grundregeln, die Sie bei Ihrem hartnäckigen Schaffen beherzigen sollten:

- Haben Sie durchaus Spaß an scheinbar unmöglichen kreativen Aufgaben.

- Hartnäckigkeit bedeutet auch, sich selbst aus der Komfortzone zu bewegen und sich eher unbequemen Situationen auszusetzen.

- Setzen Sie sich hartnäckig unterschiedlichen Perspektiven aus – es lohnt sich.

- Suchen Sie dann nach den verbindenden Mustern in verschiedenen Quellen. Dieses Dechiffrieren der Zwischenschichten kann zu Quantensprüngen Ihrer Kreativität führen.

- Manchmal müssen Sie einfach weitermachen: Es ist dabei oftmals am dunkelsten, bevor es wieder hell will; die Qual am größten vor dem unmittelbaren Durchbruch.

- Finden Sie aber auch den Mut, einen langwährenden Schaffensprozess zu beenden, wenn er nur noch Tortur ist und die Zahl der Sackgassen zu groß wird.

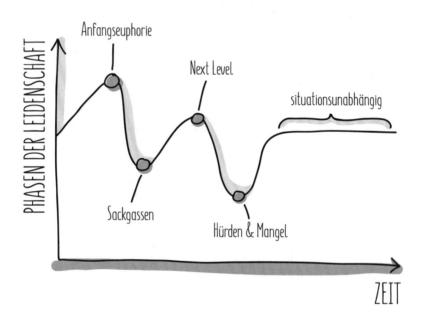

15. ERFOLGSREGEL: DIE VERSCHIEDENEN FORMEN DER LEIDENSCHAFT

»Seien Sie wie eine Herdplatte: Die darf nicht das ganze Haus in Brand setzen, aber sie muss heiß genug sein, um das Ganze zum Köcheln zu bringen.«
– James Brandon Lewis
(Jazz-Saxophonist, Komponist)

Sie kennen sie sicherlich aus der Ferne oder sogar ganz aus der Nähe: Die Künstler voller Leidenschaft. Die Kreativen, die wirklich Feuer gefangen haben. Die Musiker in Ekstase. Sie werden uns sicherlich zustimmen: Leidenschaft kann eine maßgebliche Triebfeder für Kreativität sein. Aber was verbirgt sich genau hinter dieser Erfolgsregel? Lassen Sie uns zunächst runterbrechen, warum Leidenschaft gerade für kreative Vorgänge so wichtig sein kann:

Leidenschaft motiviert Sie, sich tief in ein Thema einzugraben, um Probleme zu lösen, neue Konzepte zu entwickeln oder Kunst zu schaffen. Durch Leidenschaft können Sie – mit kreativen Prozessen verbundene – Misserfolge, Rückschläge und Schwierigkeiten überwinden. Sie sind eher bereit, ausgetretene Pfade zu verlassen und neue, unbekannte Wege zu beschreiten. Leidenschaft hilft Ihnen, einen scharfen Fokus zu behalten und sich intensiv auf Ihre kreative Aufgabe zu konzentrieren. Sie denken leidenschaftlich tiefer und emotionaler über ein Thema nach, was zu kreativen Lösungen führen kann.

Lassen Sie uns also etwas genauer verstehen, welche Facetten die Leidenschaft im Kontext mit kreativen Arbeiten haben kann und wie Lebensphasen verschiedene Formen von Leidenschaft hervorbringen können, die in ganz unterschiedlicher Weise Einfluss auf die Kreativität haben können.

Wir verhandeln dieses Thema mit einem besonders leidenschaftlichen Musiker, der zugleich sehr analytisch und selbstreflektiert in der Lage ist, seine eigene Leidenschaft zu sezieren. So ganz viele gibt es davon nicht. Lassen wir **James Brandon Lewis** ausführlich zu Wort kommen: Der ganz breiten Öffentlichkeit ist er wahrscheinlich nicht bekannt, aber er ist ein Jahrhundert-Talent.

Seinen Durchbruch feierte der *hochdekorierte US-Saxophon-Shooting Star* und Komponist im Jahr 2021 mit seinem zehnten Album »The Jesup Wagon«. Kritiker schwärmen von seinem traumhaften Mosaik aus Gospel, Folk-Blues und aufheulenden Brass-Bands. Die renommiertesten US- und internationalen Jazzmagazine wählten den Songzyklus zum Album des Jahres.

Lewis etablierte sich als eine *der* provokativen musikalischen Stimmen seiner Generation: Die über 90jährige Jazz-Ikone Sonny Rollins ruft ihm zu: »*Wenn ich dich höre, höre ich Buddha, ich höre Konfuzius ... Ich höre die tiefere Bedeutung des Lebens. Du hältst die Welt im Gleichgewicht.*« Sein langjähriger Bewunderer und Förderer, der US-Gitarrist Marc Ribot, beschreibt ihn als Bewahrer des Erbes von John Coltrane und stellt fest: »*Die Soli von James Brandon Lewis sind wie ein Jumbo-Jet – man muss ihnen viel Start- und Landebahn geben, um abzuheben und zu landen.*«

Und damit nicht genug: Im letzten Jahr hat Lewis ein Ph.D-Scholarship gewonnen und promoviert seitdem in Sachen Kreativität zu dem nicht eben einfach zugänglichen Thema der Schnittstellen von Musik und Molekularbiologie.

Zeit also, sich genauer mit diesem besonders kreativen Menschen auseinanderzusetzen. Wir treffen auf einen sehr selbst reflektierten, bedingungslos neugierigen und extrem bewanderten Künstler, der sich schlafwandlerisch zwischen dem österreichischen Anthroposophen Rudolf Steiner, dem deutschen Quantenphysiker Werner Heisenberg, den französischen Philosophen Henri Bergson und Roland Barthes bewegt.

Wir treffen auf einen vor Kreativität übersprudelnden Denker, der sich sehr wohl in seiner Rolle als »mad professor« fühlt. Er ist nach unserer Typologie ein Kreativitätstechniker. Ihm sind – wie unseren Kreativen der Mitte – eine inspirierende Umgebung, Diversität, ausreichend Me-Time wichtig. Ebenso hat die richtige Einstellung eine herausragende Bedeutung – positive Energie, ein offenes Mindset, hartnäckige Leidenschaft und Selbstvertrauen sind essenziell für ihn. Was ihn allerdings vom Mainstream abhebt, sind zweierlei: Zum einen betont er die Wichtigkeit kognitiver Fähigkeiten – Technik, Erfahrungsschatz und Fachwissen: Er ist halt der verrückte Professor. Und zum anderen ist er einer der wenigen Gesprächspartner, die vermeintlich negative Einflussfaktoren als kreativitätsfördernd empfinden: Mangelsituationen, Schmerz und Selbstzweifel. Wir behandeln in einem sehr intensiven

Gespräch viele Themen. Lewis hinterlässt uns beeindruckt – wir hören einmal genauer beim Thema Leidenschaft und Kreativität hin. Wir laufen mit ihm seine verschiedenen Lebensphasen ab und destillieren die Geheimnisse seiner Leidenschaft

Ihr Aggregatzustand: Welcher Leidenschaftstyp sind Sie?

Zunächst einmal fragen wir uns, was generell die Quellen der Leidenschaft sind, die für das Entstehen von kreativen Vorhaben von maßgeblicher Bedeutung sind. Was treibt besonders leidenschaftliche Menschen zu kreativen Höchstleistungen und welcher Mensch sind Sie selbst?

Lewis hat zunächst vielen anderen Menschen etwas voraus. Er scheint auf Kopfdruck energetisch zu sein. Ein großer Vorteil für das kraftvolle kreative Vorgehen, auch wenn er damit seine Familienmitglieder in den Wahnsinn treibt: »*Ich bin nicht der Typ Mensch, der morgens aufwacht und erst langsam in Schwung kommt. Ich bin einfach von Natur aus energiegeladen, was ein bisschen verrückt sein kann. Es gibt keinen schrittweisen Anstieg meines Energielevels beim Aufwachen. Während andere gähnen und sich strecken, bin ich einfach schon wach und bereit, loszulegen.*«

Die Quelle seiner kreativen Leidenschaft ist der Drang etwas Neues zu erfahren, zu entwickeln und dann auch umzusetzen. Seine Motivation ist der Zweifel anderer, es sind aber ebenso seine eigenen Zweifel: »*Ich hatte immer den Drang, kreativ zu sein, etwas zu erschaffen – 24 Stunden am Tag. Das treibt mich mehr an als alles andere. Musik ist das Medium, aber ich hatte immer den Drang, kreativ zu sein, etwas aufzubauen und etwas auf eine andere Weise zu sehen. Es gibt ein Sprichwort, wonach es nichts Neues unter der Sonne gibt. Ich versuche dagegen immer, über diesen Horizont hinauszugehen. Ich habe da einen besonderen Selbstantrieb. Und es motiviert mich, wenn die Leute an mir zweifeln. Oder wenn ich selbst denke, dass eigentlich etwas unmöglich ist. Wenn ich zum Beispiel meinen Saxophonkoffer öffne und denke: »Eigentlich ist damit doch alles schon gemacht worden, warum gehe ich das an?« Ich tue das, weil ich etwas Neues schaffen will, was andere Menschen noch nicht getan haben.*«

Fragen Sie sich also genau: Wie groß ist meine Leidenschaft? Wie nachhaltig muss Ihre Leidenschaft sein, wenn Sie das kreative Vorhaben tatsächlich auch zu Ende bringen wollen. Wenn Sie zum Beispiel ein Buch schreiben wollen, so können wir Ihnen aus eigener Erfahrung sagen, darf Ihre Leidenschaft und Ihr Durchhaltevermögen nicht zu klein sein. Und schließlich horchen Sie auch in sich herein, was genau Ihre leidenschaftliche Triebfeder ist. Diese müssen Sie nämlich kontinuierlich befeuern, damit Ihre persönliche Leidenschaft nicht erlischt.

Seien Sie sich also im Klaren darüber, welcher leidenschaftlicher Typ Sie sind. Dabei ist eines ebenso wichtig zu verstehen: Leidenschaft, gerade für kreative Ideen und Vorhaben, ist nicht statisch. Sie ist phasenweise verschieden stark ausgeprägt, hat unterschiedliche Quellen und muss in unterschiedlicher Art und Weise am Leben erhalten werden. Dies ist uns noch einmal in faszinierender Weise vor Augen geführt worden, als wir mit Lewis seinen bisherigen Lebensweg ablaufen, der gerade durch diese sehr unterschiedlichen emotionalen Phasen geprägt ist.

Die Anfangsphase: Seien Sie zu Beginn naiv leidenschaftlich wie ein Kind

Wir beginnen bei Lewis mit seiner Kindheit. Seine Leidenschaft ist vor allem durch Neugierde geprägt. Vieles ist neu und spannend. Die Herausforderungen erscheinen immens groß, aber der vielfach naive Wille, etwas zu erschaffen, treibt ihn an: »*Ich erinnere mich daran, dass einer meiner privaten Musiklehrer mir geraten hat, eine Platte des berühmten Saxophonisten Charlie Parker zu kaufen. Ich war damals zwölf und ich hatte mein neues Saxophon auf dem Bett liegen. Dann habe ich Charlie Parker eingelegt. Nach dem Hören war ich nicht gerade inspiriert, sondern eher eingeschüchtert und erschrocken. Ich schaute auf mein Saxophon, war extrem neugierig und dachte vor allem: ›Wow, ich glaube, ich habe noch viel Arbeit vor mir‹.*«

Selbst wenn wir nicht mehr das Glück haben, ein Kind zu sein, können wir daraus einiges ableiten. Gerade zu Beginn eines aufwändigen kreativen Vorhabens lassen Sie uns ruhig ein wenig naiv leidenschaftlich sein. Die Herausforderungen sind oftmals groß, erscheinen fast nicht überwindlich. Sie dürfen allerdings den damit verbundenen Aufwand ein wenig unterschätzen, solange Sie sich sicher sind, dass Ihre Leidenschaft für das Projekt, Ihre Neugierde auf das Neue keine Laune ist, die schnell vorübergehen wird. Sie müssen da schon wissen, auf was Sie sich grundsätzlich einlassen. Suchen Sie sich inspirierende Vorbilder für Ihre kreative Leidenschaft, ohne sie kopieren zu wollen. Sie brauchen diese besondere Form der Anfangsleidenschaft. Sonst fangen Sie gar nicht erst an. Das wäre schade.

Die nächste Phase: Leidenschaften können sich wandeln – gerade in Sackgassen

Wenn die erste kreative Anfangseuphorie verflogen ist, wird das Unterfangen mühseliger, mitunter auch etwas zäher. Was hält Sie nun am Laufen? Welche Form der Leidenschaft brauchen Sie jetzt?

Lewis reflektiert seinen eigenen kreativen Lebensweg und analysiert die zweite Phase seiner Entwicklung. Wir können viel daraus lernen:

»*Als ich mich weiterentwickelte, hatte ich immer die Energie zum Üben. Ich wusste, dass es notwendig war, um besser zu werden. Meine Energie und Leidenschaft kamen vor allem von meinem Interesse am Lernen. Ich liebe es zu lernen und es fällt mir leicht, neue Informationen aufzunehmen, selbst wenn ich nicht alles verstehe. Aber ich bin entschlossen, es zu verstehen. Und während ich weiterhin lernte und Fortschritte in meiner Musikkarriere machte, wurden meine Leidenschaft und mein Antrieb von meiner Liebe zum Instrument und dem Wunsch, als Musiker zu wachsen, maßgeblich befördert.*«

Dieser Phase werden Sie nicht selten ebenfalls in eigenen kreativen Vorhaben begegnen. Gerade wenn wir an längeren, aufwändigeren Projekten arbeiten, werden Sie lernen: Sie müssen möglicherweise handwerkliche Dinge lernen, um voranzukommen. Sie müssen lernen, mit Misserfolgen, Sackgassen und Hürden umzugehen. Sie müssen auch lernen, mit sich selbst und ihren eigenen Unzulänglichkeiten umzugehen. Sie werden in den seltensten Fällen mit der Geschwindigkeit ihres kreativen Fortschritts zufrieden sein. Auch das werden Sie lernen. Denn es ist leider wahr: Alles dauert eben doch länger als man denkt.

In diesen Situationen mag es hilfreich sein, die eigene Leidenschaft ein wenig neu zu justieren. Während sich zu Beginn möglicherweise ihre

Leidenschaft auf das spannende Resultat Ihres kreativen Vorhabens gerichtet hat, kommt jetzt eine neue Dimension ins Spiel: Der kreative Prozess selbst. Sie werden sich leichter tun, wenn Sie Ihre Leidenschaft gerade auch für diesen kreativen Weg selbst entwickeln. Sie sollten wie Lewis leidenschaftlich lernen wollen, leidenschaftlich nach dem Neuen suchen wollen, ganz unabhängig von dem eigenen Ziel ihres Vorhabens. Entwickeln Sie Leidenschaft für ihr eigenes (kreatives) Wachstum. Oder mit anderen einfachen und knappen Worten: Der Weg ist das Ziel.

Gerade wenn Sie dann in eine Sackgasse geraten, fragen Sie sich, ob es nicht Seitenwege gibt, die erforderliche Leidenschaft aufrecht zu erhalten. Lewis selbst erlebte dies, als er auf das College ging und seine Liebe zur Musik etwas ins Stocken geriet:

»*Es fühlte sich ein wenig anders an, Musik zum Bestehen von Tests zu spielen, anstatt einfach kreativ zu sein. Man musste diese Stücke und Akkordfolgen auswendig lernen. Die musikalische Weiterentwicklung wurde immer mehr auf Tests und Leistungen ausgerichtet. Dieser Weg führte mich in eine kreative Sackgasse. Meine Liebe zur Musik wurde herausgefordert. Meine Leidenschaft zur Musik wurde dann auf andere Weise gerade durch meine Freunde aufrechterhalten – außerhalb des Unterrichts. Wir besuchten Shows, gingen zu Plattenläden und waren Stammgast in einem bestimmten Jazz-Club. Unsere Energie wurde durch ständiges Zuhören und unsere Liebe zur Musik genährt. Es war wie eine geheime Liebesaffäre mit der Musik.*«

Sie werden das sicher ebenso von Ihren eigenen kreativen Vorhaben kennen. Bürokratie kommt Ihnen in die Quere – gerade im Wirtschafts- und Wissenschaftskontext. Sie sind gezwungen, sich mit Dingen zu beschäftigen, die Sie kreativ nicht voranbringen, ja mitunter sogar Ihre ganze Leidenschaft für Ihr Projekt in Mitleidenschaft ziehen. Oftmals haben Sie auf diese Themen keinen Einfluss und können Sie erst recht nicht ändern. Versuchen Sie gerade in diesen Zeiten, Ihre Leidenschaft auf andere Weise aufzuladen. Ihr hervorgerufenes Leidenschafts-Defizit sollte auf andere Weise ausgeglichen werden. Horchen Sie also in sich hinein und fragen Sie sich, was ursprünglich Ihre Leidenschaft für das Projekt entfacht hat, und suchen Sie sich andere Inspirationsquellen, um das Feuer am Köcheln zu halten. Gehen Sie eine »*geheime Liebesaffäre*« mit Ihrem kreativen Vorhaben ein.

Das Ziel: Die eigene Stimme – ein leidenschaftlicher Weg

Lewis entdeckte auf diese Weise seine Liebe zur Musik und zu seinem Instrument wieder. Er nahm sein Saxophon wieder in die Hand und begann zu üben. Er wurde spiritueller und ging drei- bis viermal pro Woche in die Kirche. Die Musik bekam einen Purpose. Er las und spielte jeden Tag Hymnen, um sich selbst besser kennenzulernen. Er spielte Gospel-Musikstücke, die im Einklang mit der Essenz seiner Seele und in Beziehung zu seiner Spiritualität und dem Schöpfer standen. Das war zu diesem Zeitpunkt eine Liebe, die er kreativ ausdrücken musste.

Es kam zu einem Ereignis, das ihn dauerhaft prägen sollte: »*Ich war in Colorado, wo mein Vater lebte. Ich hatte zwei große Ordner mit Platten meiner großen Jazz-Heroen: Sonny Rollins, John Coltrane, Stanley Turrentine, Joe Henderson, Dexter Gordon, Ben Webster und so weiter. Und ich denke, zu der Zeit habe ich viel über diese Musiker geredet. Mein Vater sah mich einfach an und sagte: ›Ich will nichts mehr über sie hören. Ich will wissen, ob mein Sohn musikalisch ist‹.*«

Was passiert da also genau? Nun, wir nähern uns also der nächsten Evolutionsstufe der Kreativität. Wenn Kreativität vor allem bedeutet, etwas Neues von Wert in die Welt zu bringen, ist ganz entscheidend, dass Sie selbst Ihr kreatives Werk prägen und ein Stück weit eine eigene Stimme entwickeln. Alles andere wäre eine Kopie. Das sollte nicht Ihr und unser Anspruchsniveau sein. Denken Sie darüber nach, möge Ihr kreatives Vorhaben noch so klein oder groß sein. Auch Lewis' Perspektive veränderte sich hierdurch komplett. Er hatte vorher noch nie darüber nachgedacht, ob und was er zum Gesamtbild beitragen könnte. Er ging also an das berühmte California Institute of the Arts (CalArts) und studierte dort mit wunderbaren Lehrern. Hier wurde er zum Künstler: »*Dort habe ich mir zum ersten Mal schwierige Fragen gestellt: Wer bin ich? Was versuche ich zu sein? Welche Klänge versuche ich zu erzeugen? Was ist die Neugierde, der ich nachgehe? Ich denke, das ist die treibende Kraft der Kreativität: Neugierde und Vorstellungskraft. Meine Leidenschaft war damals für meine Kreativität sehr emotional.*«

Die nächste Stufe der kreativen Leidenschaft ist also der Weg zur eigenen Stimme. Machen Sie sich auf diesen leidenschaftlichen Weg.

Die Prüfungen: Leidenschaft zur Überwindung von Hürden und Mangelsituationen

Wir sind nun also in der Spur. Sie haben Ihre eigene Stimme gefunden. Lewis hat sich gefunden. Alles gut? Nun ja, das Leben hält ja immer wieder die eine oder andere Überraschung für uns bereit. Dies können andere Begleitumstände sein, neue Umgebungen, andere Mitspielerinnen oder gerade auch widrige neue Umstände, die Ihr kreatives Schaffen auf eine neue Bewährungsprobe stellen. In Lewis' Fall war es sein Umzug nach New York, der ihn vor ganz neue Herausforderungen stellte:

»New York fragte mich: Wie sehr liebst du die Musik wirklich? Ich werde dir eine Menge Herausforderungen in den Weg legen. Wie sehr liebst du sie also wirklich? Und dann erreichte meine Kreativität eine andere Ebene. Herausforderungen brachten mich dazu, kreativer zu sein. Früher hatte ich z. B. immer einen Platz zum Üben, sei es in der Schule oder bei meinem Vater. Doch in New York gab es keinen Übungsraum für mich. Ich musste in den Park gehen und dort üben. Das führte dazu, dass ich mehr schätzte, wie sehr ich die Musik liebte und wie sehr ich ein Bedürfnis hatte, kreativ zu sein und etwas zu erschaffen.«

Sie werden also feststellen: Ihre Leidenschaft wird während Ihrer kreativen Reise ständig getestet werden. Sie werden Hürden überwinden müssen. Mangelsituationen werden Sie kreativer machen können, wie wir in einem anderen Abschnitt in diesem Buch bereits behandelt haben. Begreifen Sie dies als eine positive Irritation für Ihre Leidenschaft. Nehmen Sie dies als einen willkommenen Test. Gehen Sie gestärkt daraus hervor.

Die Königsdisziplin: Bedingungslose, situationsunabhängige Leidenschaft im Gleichgewicht

Kommen wir abschließend zur Königsdisziplin: Es ist eine ganz neue Dimension der kreativen Leidenschaft. Wiederum hilft uns Lewis weiter. Auf unsere Frage, wie er den Zustand seiner Leidenschaft heute beschreiben würde, hat er eine verblüffende Antwort für uns: »*Heute benötige ich anders als früher keine besondere, situative emotionale Grundlage mehr, um etwas zu erschaffen. Ich habe erkannt, dass ich mich in meiner kreativen Leidenschaft nicht mehr von sehr starken – zumeist schmerzlichen – Emotionen abhängig machen darf. Diese reichten irgendwann nicht mehr aus. Ich musste lernen, ohne diese kreativ zu sein und meine Liebe zur Musik aufrechtzuerhalten.*«

Wir brauchen dauerhafte Leidenschaft für unsere kreativen Ideen und Vorhaben. Gerade Lewis, den wir als einen sehr emotionalen, expressiven Musiker erleben, hält ein Plädoyer für eine balancierte Form der kreativen Leidenschaft, für eine gewisse Form des Gleichgewichts. Das ist überraschend und sehr spannend zugleich: »*Ich denke immer an die Kochplatte eines Herdes. Die darf nicht das ganze Haus in Brand setzen, aber gleichzeitig muss sie heiß genug sein und das Ganze zum Köcheln bringen. Das ist ein perfektes Bild für das wichtige Gleichgewicht: Ein Köcheln ist anders als eine Flamme, die ganz oben oder quer ausschlägt. Ein Köcheln ist genau an der Grenze von etwas Schönem. Und dieses Köcheln muss ich immer wieder auf das Neue bei mir entfachen, da in meinem Saxophon keine künstliche Intelligenz ist. Es erinnert nicht mein letztes Solo. Es steht immer wieder auf Null. Und ich bin dabei so etwas wie der verrückte Professor geworden. Ich beschäftige mich mit den großen Denkern unserer Zeit, von denen ich alle meine Ideen bekomme. Und dann gehe ich raus und spiele und es fällt mir leichter.*«

Und damit enden wir mit einem Schlussappell an Sie: Suchen Sie wie Lewis nach diesem balancierten Gleichgewicht der Leidenschaft. Für uns »Normal-Kreative« ist eine dauerhaft grenzenlos brennende Leidenschaft ein wenig realistischer Dauerzustand. Versuchen Sie aber Ihre Leidenschaft am Köcheln zu halten. Gerade vielleicht durch diverse Eindrücke, Vorgehensweisen, Mitspielerinnen und Studien.

Was Sie für sich mitnehmen können

Also: Leidenschaft ist wichtig – für nahezu jeden kreativen Vorgang. Aber sie durchläuft verschiedene Phasen. Sie wird Prüfungen unterzogen und Sie müssen versuchen, sie auch ein wenig zu steuern und zu balancieren:

- Machen Sie eine Bestandsaufnahme und horchen Sie in sich rein: Welcher Leidenschaftstyp sind Sie? Wie können Sie bestehende Leidenschaften befeuern?

- Seien Sie zum Start Ihres kreativen Vorhabens naiv und unbeschwert leidenschaftlich. Gönnen Sie sich diese Zeit. Hinterfragen Sie nicht alles. Schwierig wird es noch ganz von allein.

- Machen Sie sich eines bewusst: Leidenschaften sind nichts Statisches, sie unterliegen dem Wandel und müssen kontinuierlich befeuert werden.

- Nutzen Sie Ihre Leidenschaft gerade auch für die Entwicklung der eigenen kreativen Stimme.

- Ihre Leidenschaft für Ihr kreatives Vorhaben wird nicht selten auf harte Proben gestellt werden. Nehmen Sie es positiv.

- Suchen Sie in einem letzten Schritt nach Ihrem persönlich ausbalancierten Leidenschaftsgleichgewicht, das ein dauerhaftes Köcheln sicherstellt.

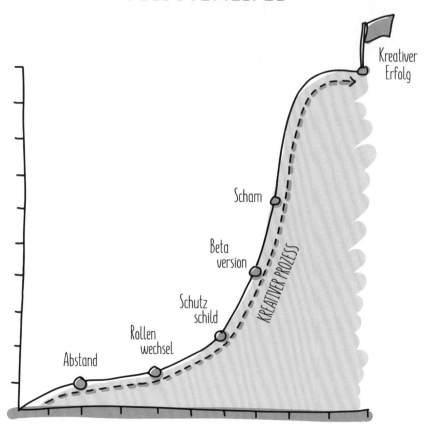

16. ERFOLGSREGEL:
SELBSTZWEIFEL ALS (ÜBERRASCHENDE) SUPERPOWER

»Je stabiler du bist, desto schlechter ist deine Kreativität. Die großen Kreativen waren alle keine Meister der stabilen Egos«
– Christoph Keese

Können Zweifel Treiber Ihrer Kreativität sein? Sogar Zweifel an sich selbst? Können dieser nervöse Zustand, diese inhärente Unsicherheit oder der Gedanke an unsere eigene Unvollkommenheit wirklich eine Quelle der Kreativität sein? Wir denken: ja! Sehr erfolgreiche Personen belegen diese These.

Wie kann das sein? Wie kann Unsicherheit zu kreativer Gestaltung führen? Sind es unsere ständigen Versuche, uns zu verbessern? Das ständige Reflektieren? Die Bewegung, die entsteht, wenn wir das graue Land der Selbstzweifel verlassen wollen?

Wenn wir an uns zweifeln, ist es oftmals so, dass wir uns sehr hohe Ziele und Standards setzen. Wir wollen etwas erreichen oder manchmal sogar übererreichen. Wir wollen die Besten sein – und das nicht nur uns selbst gegenüber, sondern auch gegenüber anderen. Das kann ungesunde Erwartungshaltungen erzeugen oder eben Kräfte mobilisieren, die berühmte »Extrameile« zu gehen, eine weitere Schleife zu drehen und noch eine Iteration zu durchlaufen. Das ist grundsätzlich gut. Wir müssen jedoch aufpassen, dass wir nicht unfair gegenüber uns selbst werden oder zu unserem Projekt. Wir sind oftmals getrieben, etwas Besonderes, etwas Einmaliges zu schaffen. Etwas, das neu ist. Geschaffen, um zu bleiben. Das ist ein wunderbarer Antrieb, solange wir uns nicht selbst in diesem Prozess aufreiben und zerbrechen.

Bin ich der Richtige? Warum hat noch kein anderer eine Lösung für dieses doch so offensichtliche Problem gefunden? Was qualifiziert mich, der ich doch nichts Besonderes bin, sondern nur einer von Milliarden? Diese Fragen, diese Zweifel plagen viele Kreative. Ideen sind einfach, die Umsetzung schwer. Eine Erkenntnis, die wir dabei oftmals vergessen: Wenn es einfach wäre, könnte es jeder. Unsere Selbstzweifel dürfen nicht im Widerspruch zu unserer Vision stehen. Sie sollten uns antreiben, noch härter, besser, fokussierter und kreativer zu arbeiten. Uns beschleunigen, befähigen und nicht zurückhalten.

Letztendlich sind Selbstzweifel also ein normaler Teil des kreativen Prozesses. Wichtig ist jedoch, dass wir durch diese Zweifel nicht gelähmt werden und stillstehen. Wir sollten sie als Ansporn verstehen und dankbar dafür sein. Selbstzweifel sind das Gegenteil von Arroganz, Selbstgefälligkeit und Überheblichkeit.

Wen lässt man ein Kapital über Selbstzweifel einleiten? Wer spricht schon gerne über seine eigenen Unzulänglichkeiten? Wir haben dafür einen passenden Menschen gefunden. Menschen, die uns mit ihrer Offenheit zu diesem Thema positiv überrascht haben: **Christoph Keese**. Es ist nicht einfach, ihn zu beschreiben. Als Kosmopolit und jemand, der sich erfolgreich auf so vielen Parketten bewegt, kommt die folgende Kurzvorstellung wahrscheinlich tatsächlich zu kurz. Versuchen wir es dennoch. Keese ist erfolgreicher Autor, Journalist, Investor und Unternehmer, der sich intensiv mit den Themen Innovation, Unternehmertum, Geopolitik und Kreativität auseinandersetzt. Als ehemaliger Chefredakteur der Welt-Gruppe und der Financial Times Deutschland hat er einen tiefen Einblick in die Medienbranche und ihre Herausforderungen gewonnen und die Branche selbst stark mitgeprägt. Nach seinem Wechsel in die Unternehmerwelt gründete er mehrere Start-ups, darunter die Unternehmensberatung hy! – diverse Male aufgrund ihrer Kreativität ausgezeichnet. Der Bestseller-Autor und Podcast Host gilt als Experte auf dem Gebiet der digitalen Transformation und Disruption. Keese möchte aufrütteln und etwas bewegen. Er findet dabei Gehör in der Politik und seiner großen Leser- und Hörerschaft.

Christoph Keese liebt Bündner-Fleisch und den intellektuellen Austausch. Viele seiner Gespräche drehen sich um das Thema Kreativität und was daraus entstehen kann. Er macht vieles, ist im Herzen aber immer Journalist und Schriftsteller geblieben. Er hat die ganz besondere Gabe, Komplexes einfach, verständlich und richtig auf den Punkt zu bringen. Ein Grund, warum er sich erfolgreich in so vielen verschiedenen Welten bewegt.

Es könnte verwundern, dass Keese das Thema Selbstzweifel miteinleitet. Dabei muss eine erfolgreiche Karriere, die durch kreative Arbeit geprägt ist, nicht im Kontrast zu Selbstzweifeln stehen. Ganz im Gegenteil.

Gewinnen Sie Abstand zu Ihrem Werk

Selbstzweifel sind regelmäßig subjektiv, können aber dabei helfen, dass wir uns objektiv mit unserem Werk auseinandersetzen. Damit Ihr Blick nicht getrübt ist und Sie Ihre Leistung nicht durch eine rosarote Brille sehen, ist es wichtig, dass Sie Abstand zu Ihrem Werk finden. Haben Sie nicht die nötige Distanz, die Sie brauchen, um ohne negatives Ego Ihre Arbeit zu verbessern, können Sie nicht wirklich objektiv sein. Änderungen sind schwierig, wenn etwas gezeichnet, dokumentiert oder in der Welt ist. Daher ist es wichtig, durch Abstand zu Ihrem Werk die kreative Arbeit zu verbessern, bevor Sie es in die reale Welt entlassen. Keese unterstreicht das mit einem Beispiel:

»Die Trennung zwischen dem Ich und dem Werk ist jedoch oft schwierig, da man so stark mit seinem eigenen Schaffen verbunden ist. Wir können dies bei der Genese von kleinen Kindern beobachten. Es gibt einen berühmten Test mit einem roten Punkt, bei dem Babys im Alter von neun Monaten den Unterschied zwischen sich und der Welt erkennen. Vorher sehen sie keinen Unterschied und sind von ihren eigenen Armen überrascht, da sie nicht wissen, dass sie zu ihnen gehören. Ähnlich ist es mit einem Kunstwerk. Man wird erst zum Künstler, wenn man eine Trennung zwischen dem eigenen Werk und der eigenen Persönlichkeit schaffen kann. Wer dazu nicht in der Lage ist, wird niemals kreativ sein.«

Versuchen Sie sich also von dem, was Sie geschaffen haben, zu trennen. Sie müssen erkennen, dass es nicht mehr nur Ihres ist. Dass es ein Eigenleben führen wird. »Das Werk entsteht in dir und wird geboren, wenn die Nabelschnur durchtrennt wird und die Mutter erkennt, dass es ein eigenständiges Wesen ist. Es braucht Zeit, um zu reifen und zu akzeptieren, dass es nicht mehr nur dein Werk ist, sondern ein eigenes Leben führt« – so beschreibt Keese diesen Prozess für sich selbst.

Selbstzweifel können also ein wunderbares Hilfsmittel sein, das Ihnen dabei hilft, sich von Ihrem eigenen Werk zu trennen, die nötige Distanz zu gewinnen, die Ihnen erlaubt, objektiv auf Ihr Werk und Handeln zu schauen. Daher sollten Sie Selbstzweifel als probates Mittel zur Verbesserung Ihrer kreativen Arbeit einsetzen, indem Sie sie nutzen, um den nötigen Abstand zu erhalten. Sonst sehen Sie Ihre Arbeit eventuell durch eine rosarote Brille.

Überführen Sie Ihre Selbstzweifel in einen konstruktiven Prozess, in dem Sie unterschiedliche Rollen einnehmen

Wer an sich zweifelt, arbeitet mehr, will sich ständig verbessern, ist unzufrieden mit dem, was er kreiert hat. Ständige Iteration und ständiges Verbessern sind die Folge. Unzufriedenheit, Zweifel, ob das Erschaffene gut genug ist, helfen uns dabei, unsere kreative Arbeit zu verbessern. Christoph Keese findet mit Friedrich Schiller ein wunderbares Beispiel, um diese These zu validieren:

»Schiller war nicht nur als Schriftsteller, sondern auch als Herausgeber von Literaturzeitschriften tätig. Er hatte eine einzigartige Technik entwickelt, um seine eigenen Werke zu verbessern. Nachdem er ein Gedicht oder ein Stück für sein Theaterstück geschrieben hatte, legte er es über Nacht in eine Schublade. Am nächsten Morgen nahm er es als Kritiker wieder heraus und kritisierte es sehr hart – genauso wie er es für seine Zeitschrift tun würde. Dann legte er die Kritik wieder weg und schlief erneut darüber. Am nächsten Tag nahm er seine Arbeit als Autor wieder auf und las die Kritik durch. Diesen Prozess wiederholte er in vielen Schleifen, bis er mit dem Ergebnis zufrieden war. Durch diese Methode konnte Schiller seine eigenen Werke objektiver betrachten und durch harte Selbstkritik seine Schreibfähigkeiten verbessern.«

Auch er wendet die Schillersche Logik für seine kreative Arbeit bei seinen Büchern und Artikeln an. Früher, so gesteht er, habe es Wochen gedauert, bis der Autor in ihm den nötigen Abstand zu seinem Werk hatte, um es wirklich neutral beurteilen zu können. Heute ist er darin besser und schneller und somit auch effizienter und produktiver in seiner Kreativarbeit. Effizient stellt er fest: »Bei mir dauert dieser Prozess mittlerweile nur noch eine halbe Stunde, während ich früher drei Wochen benötigte, um diesen Abstand zu erreichen.«

Wechseln Sie daher im Kreativprozess die Rollen. Wandeln Sie sich zum Beispiel vom Gestalter zum Konsumenten, vom Koch zum Gast, vom Autor zum Leser und seien Sie brutal ehrlich zu sich selbst. Nutzen Sie Selbstzweifel als Motivation für diese iterativen Rollenwechsel. Und kanalisieren Sie Ihre Selbstzweifel. Überführen Sie Ihre regelmäßig vorhandenen, sehr emotionalen Selbstzweifel in einen konstruktiven Prozess, der Sie voranbringt.

Nutzen Sie Selbstzweifel als Schutz vor Geistesblitzen des nur scheinbar Neuen

Selbstzweifel sind auch deswegen hilfreich, weil die daraus entstehende Iteration hin zur Verbesserung Sie befähigt, der scheinbaren Attraktivität von Geistesblitzen zu widerstehen. Geistesblitze sind nämlich oftmals Replikationen und haben wenig Neues in sich. Das bestätigt auch Keese:

»*Geistesblitze können gefährlich sein, da sie oft auf automatisches Denken zurückzuführen sind, das tief im Reptiliengehirn verankert ist und uns dazu verleitet, schnell zu handeln, ohne gründlich zu reflektieren. Dieser Teil des Gehirns ist für das Replizieren zuständig und tendiert dazu, uns zu schnellen, unüberlegten Entscheidungen zu verleiten. Es ist wichtig, sich bewusst zu sein, dass der erste Impuls fast immer ein Replikat ist, während wirkliche Kreativität und Originalität Zeit und Mühe erfordern, um zu entstehen.*«

Hinterfragen Sie Geistesblitze, die Ihnen spontan kommen und nutzen Sie die Zweifel, ob eine geniale Lösung, ein spannender Impuls oder eine neuartige Kreatividee auch noch so einmalig ist, wenn Sie einen objektiven Blick darauf geworfen, die Rollen gewechselt und den nötigen Abstand gewonnen haben.

Begreife Sie sich selbst als eine besondere Betaversion von sich selbst

Kommen wir hierbei kurz zu einer anderen Person, die wir in unserem Buch schon kennengelernt haben, der Professorin Yasmin Weiß. Dass sie so dankbar für ihre eigenen Selbstzweifel ist, liegt darin begründet, dass sie ihr dabei helfen, ständig weiterzumachen und mehr zu lernen. Sie sagt von sich selbst, nur eine *Beta-Version* ihrer selbst zu sein. Sie hat nicht ausgelernt, ist nicht fertig und keineswegs perfekt. Das ist ihr Antrieb, sich ständig weiterzuentwickeln und nicht stillzustehen. Zufriedenheit ist ihr Ding nicht.

Sie beschreibt dieses Konzept für sich selbst als »*intellektuelle Demut*«. Sie umgibt sich mit Menschen, die sie herausfordern und ihre Denkmuster in Frage stellen. Sie will sich ändern, den Status Quo nicht akzeptieren und ständig daran arbeiten, eine bessere Version ihrer selbst zu werden. Sie möchte Impulse finden, die ihr helfen, andere Herangehensweisen auszuprobieren, über Dinge anders zu denken und nachzudenken. Sie will sich hinterfragen. Sie ist intellektuell rastlos auf ihrer Reise zur kreativen Verbesserung und ihr Antrieb ist der Zweifel.

Dieses »Dinge anders« machen bringt sie auch aktiv in ihre Arbeit als Aufsichtsratsmitglied ein – speziell in Deutschland eine Domäne geprägt von »alten, weißen« Männern: »*Haben wir schon immer so gemacht*« hält die Hand von *Status Quo*. Stillstand, Besitzstandswahrung und Resistenz gegenüber Veränderung sind leider die Regel, nicht die Ausnahme. Als Weiß das erste Mal in einen Aufsichtsrat einzog, war sie 31 Jahre. Sie hatte vieles, das sie befähigte – Erfahrung hatte sie nicht. Ein Vorteil: Denn sie konnte Dinge anders machen – »*mich anders verhalten, heißt zum Beispiel, dass ich eine andere zwischenmenschliche Beziehung zu den Vorständen pflege*«.

Ihre Zweifel, dieses wichtige Mandat zum Wohle aller auszufüllen, hat dazu geführt, dass sie neue Wege gegangen ist. Menschlichkeit, Nähe, Transparenz und Ehrlichkeit sind Werte, die ihr wichtig sind und die sie nicht nur in diesen Runden lebt. PowerPoint ade. Lang lebe der offene Dialog. Ihre eigenen – offensiv genutzten – Selbstzweifel führten zu einem neuen ganz anderen Miteinander: »*Das hat zur Konsequenz, dass die Vorstände mir angstfreier sagen können, wie wirklich die Situation ist, was mitunter nicht auf den Powerpoint-Folien steht. Sie nehmen Dich anders wahr und sie kommunizieren anders mit dir. Da ich eben nicht die Schulterklappen wie andere hatte, musste ich andere Wege finden, um meinen Job richtig gut zu machen. Und dieser Weg war die intellektuelle Demut.*«

Es liegt also große Kraft in dieser intellektuellen Demut, sich eben nicht immer zu sicher zu sein, sondern eher fragend die Welt begreifen zu wollen. Sehen Sie anders auf die Zweifel, die Sie umtreiben. Zweifeln heißt, dass Sie sich bestimmter Dinge bewusst sind. Je mehr Sie zweifeln, je stärker Sie sich Ihrer Fähigkeiten bewusst sind, desto besser können Sie sie für sich einsetzen. Ihre vermeintlichen Unzulänglichkeiten reduzieren Sie oder Sie gehen andere Wege. Wege, die für Sie die richtigen sind und die Sie ans Ziel führen. Wer an sich zweifelt, kennt sich besser, reflektiert mehr und kann sich emphatischer einbringen als jemand, der ignorant ist. Seien Sie stolz auf die Betaversion Ihrer Selbst.

Schämen Sie sich nicht für Ihre Scham, nutzen Sie sie

Nun wollen wir uns der letzten Facette der Zweifel an uns selbst widmen. Einem eher unangenehmen Gefühl: der Scham. Scham nicht nur unserer kreativen Ergebnisse gegenüber. Auch Scham, uns mit unserer Schaffenskraft, der Qualität dessen, was wir erzeugt haben, auseinanderzusetzen. Die Scham-erzeugende Unzufriedenheit kann dazu führen, dass wir uns dem kreativen Prozess verweigern. Das ist die dunkle Seite der Kreativmedaille.

Aber wo Schatten ist, ist auch Licht. Die positive, der Kreativität helfende Seite ist es, in der verborgene Qualitätsschätze liegen. Dort streben wir nach Perfektion. Ahnend, dass es schwer ist, diese Perfektion erreichen zu können, ziehen wir dennoch Motivation und ein Zielbild daraus. Wir gehen die Extrameile, wir arbeiten härter, iterieren mehr, machen uns intensive Gedanken über unsere Arbeit und das Kreative. Nachdem wir unser kreatives Projekt komplettiert haben, ist es allerdings oft so, dass wir eine innere Brücke abreißen und wir uns nach der Fertigstellung unserer Arbeit nicht mehr damit auseinandersetzen können. Warum ist das so? Weil es final ist. Es ist »fertig«. Aus. Schluss. Vorbei. Weil wir dann wissen, dass jeder Fehler, jede Optimierungsmöglichkeit, die wir nach der Fertigstellung finden, verschwendetes Potential ist, das wir nicht gehoben haben. Wir schämen uns, dass wir etwas so Unvollständiges und Imperfektes erschaffen haben. Christoph Keese beschreibt es sehr zutreffend: »*Meine größte kreative Leistung? Keine Ahnung! Ich habe noch längst nicht das vollbracht, was ich vollbringen will. Ich höre nie einen Podcast, den ich aufgenommen habe. Ich lese keinen Text, den ich geschrieben habe. Ich lese, das, was ich geschrieben habe, in dem Augenblick, wo es fertig ist. Und ich bin damit immer mega unzufrieden. Immer, immer. Ich höre mir deswegen nicht an, was ich aufgenommen habe, weil ich damit so unzufrieden bin. Diese Unzufriedenheit, dieses Verständnis, dass ich noch nicht das geleistet hab, was ich leisten möchte, ist mein innerer Motor. Mein Antrieb.*«

Wir sollten uns stets daran erinnern, dass wir alles ändern können, solange wir unser Kreativprojekt noch formen. Und ohne uns im endlosen Perfektionismus zu verlieren, der zur Folge hat, dass Dinge niemals fertig werden, Neues nicht das Licht der Welt erblickt und wir uns in der ständigen Verbesserung verrennen, sollten wir das Beste, das wir geben können, geben. Wohlwissend, dass Deadlines näherkommen und die Welt unsere Lösung in der besten Version, die wir erschaffen können, benötigt.

Nutzen Sie daher die Angst vor der Scham als Motivation, sich den vorhergehenden Regeln dieses Kapitels mit Hingabe zu widmen. Schaffen Sie bereits im Kreativprozess Abstand, iterieren Sie häufiger und akzeptieren Sie, dass Sie eine besondere Betaversion von sich selbst sind. Dann gibt es auch keinen Grund, sich zu schämen. Rick Rubin, der berühmte Musikproduzent, drückt es in einem Interview sehr passend aus: »*Wir können nicht beeinflussen, ob die Menschen unsere Kunst mögen werden. Aber wir können sicherstellen, dass wir das Beste, das in unserer Macht steht, gegeben haben.*« Dann gibt es auch keinen Grund sich zu schämen. Im Gegenteil, dann können Sie stolz auf sich sein.

Was Sie für sich mitnehmen können

Was können wir nun mitnehmen aus den Geschichten, die uns Christoph Keese und Yasmin Weiß mitgegeben haben?

- Gewinnen Sie Abstand zu Ihrem Werk und wechseln Sie die Rollen in ihrem Kreativprozess: Vom Kreativen zum Kritiker. Mehrfach.

- Nehmen Sie im Kreativprozess unterschiedliche Rollen ein, um Ihre kreative Arbeit zu verbessern, bevor Sie die Nabelschnur durchtrennen.

- Nutzen Sie Selbstzweifel als Schutz vor Geistesblitzen.

- Seien Sie sich bewusst, dass Sie eine besondere Beta-Version Ihrer selbst sind, die sich ständig verbessert.

- Nutzen Sie Gefühle wie Scham als Antrieb, besser zu werden, mehr Abstand zu Ihrem Werk zu bekommen und mehr zu iterieren.

DER SO WICHTIGE GLAUBE AN SICH

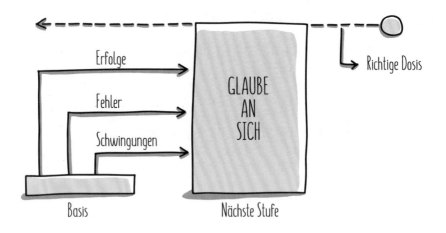

17. ERFOLGSREGEL: DER SO WICHTIGE GLAUBE AN SICH SELBST

»Wir haben eine Vielzahl von kritischen Themen in der Vergangenheit erfolgreich gemeistert. Wir werden auch die nächste Herausforderung meistern.«
– Alexander Geiser

Das Kreative definiert sich oftmals über das Neue und diese neuen Wege finden Sie oftmals in unbekanntem Terrain. Wir Menschen aber bevorzugen das Bekannte und fühlen uns wohler in den Gefilden, die wir kennen. Etwas grundsätzlich anders zu tun, einen für viele auf den ersten Blick nicht verständlichen Ansatz zu wählen, Dinge zusammenzubringen, die bis jetzt unverbunden waren oder etwas von Grund auf neu zu gestalten, stößt oftmals auf Verwunderung bei unseren Mitmenschen. Manchmal ernten die Kreativen unter uns aber auch Spott, Hohn und Widerstand.

Daher verwundert es nicht, dass der Glaube an sich selbst, speziell bei den von uns befragten Unternehmern und CEOs, die vor großen transformativen Veränderungen stehen, sehr hoch benotet wurde. Aber auch die Künstler, mit den wir gesprochen haben, halten dies für wichtig.

Große Durchbrüche kommen oftmals erst, wenn alle Welt schon denkt, Sie seien gescheitert. »Nothing difficult was ever easy«, »proof the naysayers wrong«, »Beweis ihnen das Gegenteil«, »zeig ihnen, dass Du es kannst«, »zuerst lachen sie über Dich, dann ignorieren sie Dich, dann bekämpfen sie Dich« sind nur wenige der vielen Phrasen aus der Welt des Unternehmertums und der Kunst, die zeigen, wie wichtig Durchhaltevermögen für kreative Durchbrüche ist. Um dieses Durchhaltevermögen nachhaltig aufrecht halten zu können und um wirklich resilient und mutig zu sein auf Ihrer kreativen Reise, kann der Glaube an sich selbst enorme Kräfte freisetzen. Schauen wir uns das Thema etwas tiefergehend an.

Die vier Role Models, die uns wertvolle Impulse für diese Erfolgsregel mitgeben, haben wir bereits oder werden wir an anderer Stelle in diesem Buch noch ausführlich vorstellen. Wir beschränken uns deshalb an dieser Stelle darauf, kurz zu skizzieren, warum ihr Input hier für uns so wertvoll ist.

Beginnen möchten wir mit **Christian Bruch**, dem CEO von Siemens Energy. Bruch hat gleich zwei große Transformationen vor sich, die enormen Glauben an sich selbst erfordern. So muss er zum einen einen Konzern mit über 90.000 Mitarbeitern transformieren und zum anderen das Ganze in einem Markt, der sich selbst gerade massiv transformiert. An seiner Seite steht **Sebastian Thun**, der Deutsche Vertreter im Silicon Valley, der betont, wie wichtig der Glaube an den Erfolg und an die eigenen Fähigkeiten ist, wenn man aus dem Nichts große Unternehmen erschaffen will – die Paradedisziplin vieler US-Unternehmer und Gründer.

Hinzukommen werden der bereits ausführlich vorgestellte **Alexander Geiser** sowie der Berliner Künstler **Michael »Dyne« Mieth**, der sich sehr sicher ist, dass der Weg, den er geht, der für ihn richtige ist. Sein Glaube an sich selbst hat ihn dahin geführt, wo er heute steht.

Zum Ursprung (kreativen) Selbstvertrauens – selten durch den Kopf gesteuert

Bevor wir zu den Einzelheiten kommen, widmen wir uns zunächst der Frage, woher kreatives Selbstvertrauen eigentlich kommt. Michael »Dyne« Mieth erläutert dazu seinen eigenen spannenden Ansatz:

»*Mein Vertrauen an mich selbst und meine ganz besondere Motivation wird nicht vom Kopf gesteuert, sondern entsteht durch die Kommunikation mit den Schwingungen, die mich umgeben. Ich glaube, dass es am gesündesten für einen selbst und auch sein Umfeld ist, sich mit diesen Schwingungen auseinanderzusetzen. Ich nehme die kosmischen Energien, aber auch die aus dem Umfeld, ungefiltert auf und leite diese in positiver Form an mein Umfeld weiter. Diese Energien übertrage ich auf meine Kunst, um meine Empfindungen für den*

Betrachter greifbar zu machen. Ich fühle mich dazu berufen, kreativ zu arbeiten. Dieses Privileg ist eine riesige, nicht endende Motivation, der Motor, mein Vertrauen in mich, das mich und mein Vorhaben antreibt.«

Sicherlich ist der Ursprung eigenen (kreativen) Selbstvertrauens regelmäßig etwas sehr Individuelles. Es entsteht jedoch selten im luftleeren Raum oder kann durch Ihren Kopf rational gesteuert werden. Leben Sie also im Jetzt und nehmen Sie Einflüsse von außen, Aktionen und Reaktionen und Schwingungen selbst bewusst auf und verwandeln Sie sie in positive Energie für sich und andere. Lassen Sie Ihr Selbstvertrauen wachsen.

Dosieren Sie Ihr Selbstvertrauen – gerade auch im kreativen Team

Gerade in solchen kreativen Projekten, die Sie in einem Team realisieren wollen, spielt Ihr Selbstbewusstsein eine wichtige Rolle. Zu Beginn großer Durchbrüche ist es oft so, dass Sie Kopfschütteln ernten werden, wenn Sie von Ihrem Vorhaben sprechen. Menschen werden Ihnen nicht glauben oder glauben wollen, dass das, was Sie beschreiben, Aussicht auf Erfolg hat. Ihr Glaube an Ihre eigenen Fähigkeiten kann dabei als Ihr Motor dienen, der Sie stets antreibt. Er sorgt dafür, dass Sie trotz des Gegenwinds weiter nach vorne marschieren und Ihren kreativen Traum, Ihre Idee, Ihr Vorhaben in die Realität umsetzen.

Die Menschen um Sie herum spüren das. Die richtigen Mitstreiter werden angezogen von Ihrem Glauben an den Erfolg. Wir sehen das immer wieder bei erfolgreichen Unternehmern oder auch Politikern. Der Glaube an den Erfolg, die Ausstrahlung, die Menschen mit großem Selbstbewusstsein haben, steckt an. Dieser Glaube kann Massen mobilisieren und Kräfte freisetzen.

Doch Sie müssen darauf achten, dieses Selbstvertrauen kontextualisiert richtig und vor allem in der richtigen Dosierung einzusetzen. Ein zu großer – gerade auch nach außen getragener – Glaube an Ihre Fähigkeiten, kann Ihr Team limitieren. Er kann dazu führen, dass Menschen sich nicht trauen, offen zu sprechen, Gegenrede zu geben, andere Ideen oder Perspektiven einzubringen. Christian Bruch bringt es in unserem Gespräch auf den Punkt: »*Du musst Dich genau fragen, wie Du (D)eine Organisation organisierst*«.

Seien Sie daher selbstbewusst, vertrauen Sie sich, aber eben auch reflektiert. Zeigen Sie abhängig von der Situation die richtige Dosis an Selbstbewusstsein und nehmen Sie sich zurück, wenn Sie merken, Sie unterdrücken Ihr Team.

Nutzen Sie Ihr Selbstvertrauen, um Fehler in (kreative) Fortschritte zu verwandeln

Sebastian Thun ist der festen Überzeugung, dass der Glaube an sich selbst dabei hilft, schnell eigene Fehler einzugestehen und dann wieder nach vorne zu schauen:

»Die meisten Menschen verbringen die meiste Zeit damit, andere für ihre Fehler verantwortlich zu machen. Wenn man bereit ist, sich selbst Fehler einzugestehen, hat man schon eine bessere Ausgangsposition.«

Haben Sie daher keine Scheu, eigene Fehler einzugestehen. Glauben Sie an sich, die Fähigkeiten, die Sie und Ihr Team definieren und ausmachen, und implementieren Sie eine gesunde Fehlerkultur, die auf einem reflektierten Glauben an sich selbst fußt.

In eine ähnliche Richtung geht auch der Künstler Michael »Dyne« Mieth, der seinen Umgang mit Rückschlägen und Fehlern sogar als die Quelle seines kreativen Selbstvertrauens und seines künstlerischen Erfolgs bezeichnet:

»Ich überwinde Rückschläge vor allem dadurch, dass ich sie regelmäßig aus einer anderen – vielleicht sogar überraschenden – Perspektive betrachte. Die Essenz der Kreativität liegt nämlich darin zu hinterfragen, zu reflektieren, Fehler zu nutzen, um Erfolge daraus entstehen zu lassen. Einen Fehler zu korrigieren, macht mir manchmal mehr Spaß, als erst gar keinen zu machen. Es ist wie spielen und entdecken, das was leider viele als Erwachsene verlernt haben. Sie haben verlernt wie ein Kind zu denken und auch zu handeln. Das versuche ich mir zu bewahren.«

Begreifen Sie Fehler in Ihrem kreativen Prozess nie als Rück-, sondern vielmehr als zwingend notwendige Fortschritte. Dieses Fehlerverständnis, das Sie gerade in kreativen Teamkonstellationen immer vorleben sollten, gehört zu einem essentiellen Bestandteil eines (kreativen) Selbstvertrauens.

Schaffen Sie sich Erfolgserlebnisse, um Ihr Selbstvertrauen wachsen zu lassen

Genauso wichtig wie der richtige Umgang mit Fehlern sind spiegelbildlich natürlich auch Erfolgserlebnisse. Eine spannende Perspektive hierzu bringt wiederum Michael »Dyne« Mieth ein:

»Ohne Erfolg werden einem die Spielzeuge genommen und auch der Spielplatz. Wenn du ein Kind fragst, möchtest du aufhören zu spielen? Was würde es antworten? Daher ist der Erfolg existenziell, um immer weiter spielen zu können. Die Quelle ist der leere Geist, nicht nur quatschen, einfach machen, am besten spontan und drauf los, sich von Gedanken lösen, die Schwingungen aufnehmen und kreativ umsetzen, dann ist die Chance des Erfolges auch gegeben.«

Definieren Sie also genau, wann Sie Ihr kreatives Schaffen als erfolgreich ansehen würden und realisieren Sie für sich positiv, wenn Sie diese Ziele erfolgreich erreicht haben. Und vergessen Sie nie etwas, was eigentlich eine Binsenweisheit ist: Kreativer Erfolg ist nicht möglich, wenn Sie es gar nicht erst versuchen. Begreifen Sie Ihren kreativen Prozess als einen Weg der kleinen Schritte. Steigern Sie durch das Erreichen dieser kleinen Zwischenetappen Ihr Selbstvertrauen.

Hinterfragen Sie sich richtig, aber nicht ständig

Selbstvertrauen bedeutet nicht, dass man sich bei den eigenen kreativen Vorgängen nicht hinterfragen sollte, ob man auf dem richtigen Weg ist. Im Gegenteil: Gesunde Zweifel erhöhen – wie bereits dargestellt – die Erfolgswahrscheinlichkeit kreativen Schaffens. Aber wie machen Sie das genau, ohne Ihr Vertrauen an sich selbst ständig zu untergraben? Einen wunderbaren Ratschlag gibt Alexander Geiser, Deutschlands CEO-Flüsterer Nr. 1:

»*Ich weiß genau, wer ich bin und muss mich nicht ständig hinterfragen.*

Wenn du das für dich geklärt hast, bist du schon sehr weit. Dann kannst du all die Themen angehen, die kommen. Aber einmal im Jahr nehme ich mir diese Zeit und denke intensiv über mich nach – regelmäßig über Weihnachten und Silvester. Da bin ich in der Regel auch drei bis dreieinhalb Wochen weg, komplett raus.«

Ein beneidenswerter Zustand: Wie häufig haben Sie schon unnötig wertvolle Zeit verschwendet, indem Sie wenig konstruktiv über sich und gewisse Situationen gebrütet haben? Wie oft haben Sie mit sich gehadert und dadurch jegliche Form der Kreativität verhindert? Dies ist kein Plädoyer für fehlende Selbstkritik. Im Gegenteil: Es ist ein Vorschlag, sich konstruktiv und grundlegend zu hinterfragen – aber eben in dafür vorgesehenen Phasen ganz genau und nicht fortwährend in »halbgarem« Modus. Auch das hat – wir wissen, wir wiederholen uns – sehr viel mit eigener, innerer Disziplin und Klarheit zu tun.

Vertrauen in sich bedeutet auch, dass die Ausrede »zu viel Stress« nicht mehr gilt

Womit wir bei einem weiteren Punkt wären: Würden Sie nicht auch der Aussage zustimmen, dass Stress oder Druck die Hauptgründe sind, dass kreatives Schaffen verunmöglicht wird? Auch hier weist uns Geiser auf wichtige Gedanken hin, die seine eigene Sichtweise prägen und die er lebt:

»Stress ist eine subjektive Situation bzw. ein selbst auferlegter Zustand. Du kannst nicht von anderen Dingen gestresst werden; du stresst dich selbst. Ich glaube, 90 % der Menschen sagen, dass etwas sie stresst. In Wahrheit müssen wir aber eine gewisse Form der Selbstkontrolle entwickeln: Wir müssen etwas wahrnehmen, es verarbeiten und dann konsequent weitergehen.«

Wir geben schon zu, es ist nicht einfach, diese Grundeinstellung zu entwickeln und Selbstgewissheit zu gewinnen und zu erhalten. Aber die von Geiser vorgeschlagene Rezeptur hat schon etwas Verlockendes. Hinterfragen Sie sich also genau: Was verursacht gerade tatsächlich den Stress, unter dem Sie leiden und der Ihre Kreativität beeinträchtigt? Was liegt in Ihrer eigenen Macht? Was ist sogar von Ihnen selbst verursacht? Gehen Sie den Dingen auf den Grund. Ein wirklicher Schlüssel zu mehr Kreativität.

Was Sie für sich mitnehmen können

Unser Fazit: (Richtig dosiertes) Selbstvertrauen ist für den eigenen kreativen Prozess unabdingbar. Folgendes gilt es bei dieser Erfolgsregel zu beachten:

- Ihr Selbstvertrauen in Ihr kreatives Vermögen kann selten durch Ihren Kopf gesteuert werden. Nehmen Sie gerade Schwingungen und Einflüsse von außen auf und verwandeln Sie sie in positives eigenes Selbstbewusstsein.

- Dosieren Sie Ihr Selbstvertrauen – gerade auch im kreativen Team.

- Nutzen Sie Ihr Selbstvertrauen, um Fehler in (kreative) Fortschritte zu verwandeln.

- Schaffen Sie sich Erfolgserlebnisse, um Ihr Selbstvertrauen wachsen zu lassen.

- Hinterfragen Sie sich richtig, aber nicht ständig – am besten grundlegend nur einmal im Jahr.

- Lassen Sie als Ausrede »zu viel Stress« nicht zu. Vertrauen Sie sich (und uns).

KAPITEL 5

FRAGEN ALS WEGWEISER

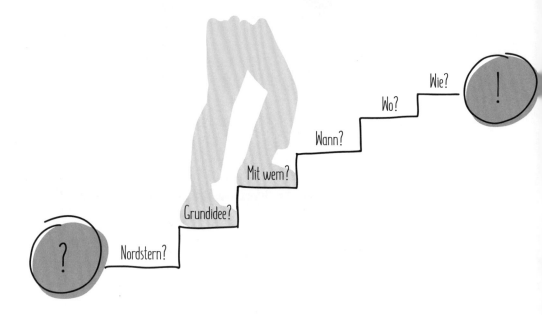

18. ERFOLGSREGEL: FRAGEN ALS WEGWEISER DER KREATIVITÄT

*»Die Idee muss singen.
Nur dann gehe ich ans Werk.«*
– Martin Lingnau
(Musical-, Film- & Pop-Komponist)

Eine Erfolgsregel, die am breitesten und am unterschiedlichsten bewertet wurde, ist diejenige, wonach die richtige Frage eine wichtige Voraussetzung für kreatives Handeln sein könnte (oder eben auch nicht). Und in der Tat gibt es sicherlich die Fälle, in denen gerade kreative Ideen entstehen, wenn der Kreative keine konkrete Frage vor Augen hat. Aber: Es gibt auch andere Konstellationen, in denen gerade die kreativen Leistungen sehr von der analytischen Vorleistung abhängig sind, die richtigen und wichtigen Fragen zu Beginn und fortlaufend genau definiert zu haben.

Genau dann kann Kreativität eng mit der Fähigkeit verbunden sein, die richtigen Fragen zu stellen. Sie können dazu beitragen, den Rahmen für kreative Überlegungen zu schaffen und neue Möglichkeiten zu eröffnen. Konkrete Fragen können gerade Auslöser für sehr kreative Gedanken sein, Anlass geben, über die Grenzen des Bekannten hinauszudenken und alternative Szenarien zu erkunden.

Uns gehen gleich mehrere Punkte durch den Kopf, wie die richtigen Fragen die Kreativität fördern können: Sie müssen regelmäßig erst ein Problem genau verstehen, um es kreativ lösen zu können: Fragen aus unterschiedlichen Blickwinkeln können zu diversen Perspektiven und Antworten führen. Wenn Sie sich ganz frei *»Was wäre, wenn…?«* fragen, kann dies zu kreativen Ideen außerhalb des gewohnten Rahmens führen. Fragen fördern die Reflexion und das Lernen, beides wichtige Aspekte der Kreativität. Sie können Ihnen helfen, kreativ scheinbar unverbundene Ideen miteinander zu verbinden.

Lassen Sie uns also im Folgenden einmal darüber nachdenken, welche Fragen Sie genau stellen müssen, um bei der kreativen Ideenfindung und Umsetzung den richtigen Start zu setzen und dann kraftvoll voranschreiten zu können. Schützenhilfe bekommen wir dabei von keinem geringeren als dem »*Mozart von St. Pauli*« – so der NDR – oder auch dem »Melodienmacher für Millionen« – so schwärmerisch die Welt: Wir reden und denken mit **Martin Lingnau, dem Film-, Musical- und Pop-Komponisten** aus Hamburg. Er hat nicht weniger als 41 Tonträger veröffentlicht, 25 Musicals komponiert und was noch wichtiger ist, damit sage und schreibe mehr als 5.000.000 Menschen auf den Musicalbühnen dieser Welt erreicht. Er ist damit ein musikalischer Gigant im Hintergrund.

Zu seinen größten Erfolgen zählen die Musicalumsetzungen der Filme »Das Wunder von Bern« von Sönke Wortmann, der »Schuh des Manitu« von Bully Herwig, und eine ganze Reihe an musikalischen Langläufern in Hamburgs Schmidts Tivoli auf der Reeperbahn. Er komponierte und machte Musik u. a. mit Udo Lindenberg, Annette Louisan, Maite Kelly und Frank Ramond. Und er denkt genau darüber nach, was seine Triebfeder ist, wie kreative Prozesse möglichst zielführend ablaufen müssen und wen er wann, wo und wie dazu braucht.

Ihm ist wichtig, mit Musik Geschichten zu erzählen: »*Ganz, ganz, ganz, ganz selten mache ich einfach nur Musik, um Musik zu machen. Bei ›meinen‹ Musicals bin ich deshalb jetzt auch oft Mitautor. Und auch wenn ich Songs mache, erfinde ich oft die Geschichte mit. Ein Popsong ist dabei eine Polaroid, ein Musical ein Roman, aber immer geht es darum Geschichten zu erzählen. Und das ist das, was mich am meisten interessiert.*«

Von Lingnau lernen wir, welche Fragen er in seinem kreativen Prozess durchläuft. Es geht dabei konkret um seine Arbeit an Musicals. Seine Gedanken lassen sich aber unschwer auch auf ganz andere kreative Vorgänge transferieren. Lassen Sie uns das einmal gemeinsam sortieren.

Die Startfrage: Was ist Ihr genereller (kreativer) Nordstern?

Eine Kernfrage, die Sie sich zu Beginn wirklich stellen sollten, klingt einfach und ist doch nicht eben einfach zu beantworten: Was ist eigentlich das übergeordnete Ziel Ihres (kreativen) Schaffens? Was ist Ihr Ambitionslevel? Wollen Sie die Welt verändern? Wollen Sie die Lösung eines eher kleinen Problems kreativ entwickeln? Was wollen Sie wirklich?

Wir geben hierzu ein Beispiel mit der Hilfe von Lingnau. Er hat da für sich ein ausgesprochen klares Bild: »*Projekte müssen immer so gut werden, dass sie mich selbst überraschen. Und dann kommt es vor allem darauf an, dass ich die Menschen erreiche. Ich gebe gerne zu, dass ich wirtschaftlich sehr gut und gerne davon lebe, was ich tue. Aber noch wichtiger ist für mich, wenn ich im Theater sitze und um mich herum 2.000 Menschen sitzen, die wegen unserer Musicals gekommen sind. Und wenn dann noch ein Mann sich bei seiner Frau einhakt, weil gerade beide berührt sind von dem, was wir geschaffen haben, dann ist das für mich ein sehr, sehr wertvoller Moment. Ich möchte eben Menschen emotionalisieren und sie mit auf eine Reise nehmen. Ich mache das nicht für mich. Ich will nicht unbedingt sagen wollen, dass das jetzt das Tollste ist, was ich gemacht habe. Mir geht es darum, dass ich sehr viele Menschen erreichen kann.*«

Seien Sie sich also sicher, was Ihr kreativer Kompass und was Ihr ganz besonderer persönlicher Nordstern ist? Dies ist regelmäßig erforderlich, um die weiteren sich ergebenen Fragen Ihres eigenen, ganz persönlichen kreativen Prozesses beantworten zu können. Diese Frage können nur Sie selbst beantworten. Und hierzu nur ein kleiner, sehr vorsichtiger Ratschlag, den Sie selbstverständlich auch ignorieren können: Es könnte wohl helfen, wenn Sie nicht nur sich selbst im Zentrum sehen, sondern dass Sie etwas schaffen, was für andere von Wert ist. Diese sehr grobe Marschrichtung dürfte nicht ganz falsch sein. Wir sind da sehr bei Lingnau.

Dann wird es enger: »Singt« die konkrete Grundidee, die Sie nun verfolgen wollen?

Lassen Sie uns nun mit der nächsten Frage etwas enger werden. Nachdem Sie sich einigermaßen sicher sind, wie Ihr Nordstern aussieht, geht es jetzt um das konkrete Projekt, die konkrete Fragestellung, die Sie angehen wollen.

Lingnau befindet sich in einer Ausgangslage, die gar nicht so selten auf kreative Gestalter zutrifft. Manchmal hat er selbst eine Idee, die er gerne umsetzen will. Aber ganz häufig bekommt er auch einen Anruf verbunden mit der Frage, ob er einen Auftrag oder Projekt – sei es z. B. eine Musicalidee oder einen Filmmusik-Auftrag übernehmen will. Nach welchen Kriterien sollen Sie nun entscheiden, ob Sie sich dieser kreativen Frage annehmen möchten? Lingnau horcht dazu in sich hinein und schildert, was ihn seinerzeit dazu bewegte, Sönke Wortmanns Film vom Wunder von Bern auf die Musical-Bühnen zu bringen:

»*Am Anfang meines kreativen Prozesses steht immer die Entscheidung für das konkrete Projekt. Ich habe regelmäßig rund 10 Musical-Vorschläge oder vieles andere auf meinem Tisch. Ich habe also nicht ein leeres Blatt Papier vor mir liegen. Das ist für mich immer eine wichtige Entscheidung, die mit ganz verschiedenen Blickwinkeln und Sichtweisen abgefragt und überprüft wird. Man darf ja nicht vergessen, dass ich dann 2-3 Jahre mit dieser Idee verbringe. Ebenso handelt es sich bei Musicals wie dem Wunder von Bern um eine sehr kostspielige Angelegenheit, mit der man möglichst viele Menschen abholen muss.*

Warum also gerade zum Beispiel das Wunder von Bern? Im Kern frage ich mich: Was finde ich spannend? Interessiert es die Menschen? Wie kann ich etwas völlig neu erzählen, wie ich es vorher noch nicht erzählt habe. Habe ich so etwas schon mal gemacht oder ist es für mich neu? Ist es in meinem Werk eine zusätzliche Farbe?

Beim Wunder von Bern habe ich mich zum Beispiel gefragt, wie man so ein Fußballspiel ganz anders erzählen kann. Und dann wurde mir klar: Ich mache das horizontal. Die Zuschauer schauen auf das Spielfeld und die Darsteller hängen an Bändern. Das projizieren wird dann auf eine riesengroße Wand. Die ganz neue Idee war also da, aber wir wussten überhaupt nicht, wie wir das technisch umsetzen sollen. Dazu haben wir dann wochenlang Workshops machen müssen.

Daneben fand ich spannend, dass es kein Fußball-Musical werden sollte, sondern eine Familiengeschichte. Es geht um Heilung. Heilung ist emotional, das »singt«. Nur wenn eine Idee, der Stoff singt, gehe ich ans Werk. Kann man den Stoff anhand von Liedern erzählen? Gewinnt oder verliert die Idee dadurch? Und dann ging es um Spektakel. Wie bringen wir Fußball auf die Bühne, ohne dass das nur Fußballfans anspricht? Das ist dann technisch kognitive Kreativität und nicht eine emotionale. Und wenn man diese Ebenen unterschiedlich beantwortet oder diese unterschiedlichen Ebenen für sich mit einem Ja beantwortet. Und wenn man dann eine Idee hat, wie es gehen könnte. Dann sagt man ja. Dann fühlt es sich auch nicht mehr wie ein Auftrag an, sondern wie meins.«

Ähnlich wie bei Lingnau dürften auch Ihre Ressourcen begrenzt sein. Die Frage, ob Sie eine Idee wirklich kreativ angehen wollen, sollten Sie nicht unterschätzen. Fragen also auch Sie sich: Reizt mich das Thema auf emotionaler oder aber auch auf kognitiver Ebene? »Singt« die Idee auch für Sie? Nur dann sollten Sie es tun. Es muss ja nicht gleich das Wunder von Bern sein. Eine Nummer kleiner darf es durchaus sein, aber stellen Sie sich trotzdem diese wichtigen Fragen.

Ebenso wichtig: »Mit wem?«

Eine der nächsten zentralen Fragen, die Sie sich stellen müssen, ist, wen Sie für die Entwicklung und der Umsetzung der Idee brauchen. Es stellt sich also die Frage nach dem richtigen Team oder sonstigen Partnern. Wie wir bereits in einem anderen Kapitel gelernt haben, sind kreative Vorgänge nicht selten gerade auch Teamvorhaben.

Lingnau macht dies sehr prägnant deutlich bei der Entwicklung seiner Musicals oder Filmmusik, dass auch diese Teamarbeit »singen« muss. Er baut da auf eine Stammmannschaft, sucht aber immer auch externe Impulse: »Es wird alles miteinander erfunden. Die kreativen Partner sind der Regisseur, der Songtexter, der Buchautor, bei der Filmmusik ein Co-Komponist oder ein Orchestrator, der alles für ein großes Orchester umsetzt. Je nach Projekt, wofür man arbeitet, sind das ganz unterschiedliche Spezialisten, die ich dann um mich herum versammle.«

Sie sollten also von Lingnau lernen, dass bei kreativen Projekten eine klare Rollenverteilung gegeben sein muss, um eine möglichst zielführende

Umsetzung zu gewährleisten: »*Es ist natürlich toll, wenn man sich in- und auswendig kennt, wenn man also Ping Pong spielen kann. Aber ab und zu ist es auch sehr befruchtend, wenn Energie und ganz frische andere Impulse von draußen kommen, die man so nicht kennt.*« Stellen Sie sich also auch die entscheidende Frage, wo sie sich ganz bewusst nicht auf ihr Kernteam allein verlassen wollen, sondern externe, ganz neue andere, Expertise und Ideen benötigen.

Und eines ist laut Lingnau noch wichtig: »*Für den großen Bogen muss man die Leidenschaft im Team teilen, ansonsten kommt man nicht weiter damit. Man muss schon miteinander für eine Sache brennen und zwar für die gleiche. Es kommt im Laufe der Umsetzung natürlich immer vor, dass der eine nach links und der andere nach rechts abbiegen will. Und dann kommt man nicht von der Stelle, wenn nicht alle grundlegend die gleiche Vision haben.*« Das große gemeinsame Zielbild muss also gerade auch bei kreativen Prozessen für Sie und Ihre Mitstreiterinnen klar sein.

Damit eng verbunden: Wann binden Sie wen zu welchen Spielregeln ein?

Darüber hinaus müssen Sie für sich genau die Frage beantworten, wann Sie besser bei der Entwicklung und Umsetzung des Projekts allein vorankommen und ab welchem Zeitpunkt Sie weitere Personen dazu holen, um wirklichen Fortschritt zu erzielen. Da müssen Sie tief in sich reinhorchen. Vielleicht machen Sie das schon intuitiv richtig, vielleicht sind Sie sich sicher, vielleicht haben Sie sich die Frage aber auch noch gar nicht wirklich konkret gestellt und auch nicht hinterfragt.

Lingnau hat da auch bei seiner kreativen Arbeit diese Fragen selbst gestellt und einen klaren Plan der Arbeitsaufteilung: »*Die reine Komposition mache ich dann allein, also an meinem Computer, mit dem ich viele Musikinstrumente imitieren kann. Ich lasse das dann auch wie ein Orchester, wie eine Hardrock Band oder wie ein schlichtes Klavier klingen – je nachdem, was ich dann brauche. Da mache ich dann wirklich diese Glocke um mich herum, die Tür ist zu und da ist dann niemand außer mir. Erst in einem zweiten Schritt kommt die Gruppenarbeit: Da fügt sich alles zusammen, da konfigurieren wir dann die musikalische Achterbahn. Da beginnt das Puzzeln, da bauen wir das dramaturgische Patchwork. Das ist dann die Gemeinschaftsarbeit.«* Fragen Sie sich alles genau, wie Sie diese unterschiedlichen Phasen planen müssen. Was kann wie weit in der Einsamkeit effektiv vorbereitet und gedacht werden? Wozu brauchen Sie die Gruppe?

Wenn dies geklärt ist, müssen Sie sich der Frage zuwenden, welche Spielregeln unter Ihnen und den Mitstreiterinnen gelten sollen. Da wird sehr viel vom konkreten kreativen Projekt abhängen. Lingnau macht uns aber auf zwei allgemein geltende Grundregeln aufmerksam, die wir aus vollem Herzen unterstützen und die aus unserer Sicht Allgemeingültigkeit besitzen.

Erstens – seien Sie großzügig: *»Man muss miteinander großzügig sein – gerade, wenn es um die Ideen anderer geht, die nicht vollends mit den eigenen übereinstimmen. Sonst kommt man nicht von der Stelle. Wenn man aber aufeinander zugeht und miteinander großzügig ist, dann ist der Weg auch ein bisschen breiter, den man gehen kann. Alles ist dann nicht so eng. Und man verheddert sich nicht in Kleinigkeiten, behält kraftvoll die große Vision im Blick und kommt schneller, einfacher voran. Und es ist überhaupt ein gutes Gefühl, wenn man miteinander großzügig ist.«*

Zweitens – hören Sie zu – wirklich: *»Wenn ich nicht zuhöre und wenn ich meine, alles richtig und besser zu wissen, vertue ich unheimliche Chancen. Natürlich ist es toll, wenn man für etwas brennt und auch überzeugt davon ist, dass man weiß, was man da jetzt eigentlich machen will. Aber ich habe mich schon sehr oft über mich geärgert, wenn ich bemerkte, dass ich eigentlich vor drei Wochen hätte besser zuhören und mich darauf einlassen sollen. Dann hätte ich viel Zeit gespart und das Ergebnis wäre besser gewesen. Zuhören ist wirklich genauso wichtig wie Machen. Es ist vielleicht sogar das Aller-, Aller-, Allerwichtigste.«*

Gehen Sie strukturiert die Wahl der Orte der gemeinsamen Kreativität an

Regelmäßig hat die kreative Arbeit mehrere Phasen, wie wir in unserem Buch schon mehrfach festgestellt haben. Die unterschiedlichen Schritte bei der Entwicklung der kreativen Idee und ihrer Umsetzung finden nicht selten in unterschiedlichen Konstellationen und an diversen Orten statt.

Fragen Sie sich also genau, welche Umgebung für welche Phase des kreativen Prozesses die richtige ist. Das ist sehr vom Kontext und Ihrer eigenen Verfassung abhängig. Lassen Sie uns da ein wenig von Lingnau inspirieren, der sehr selbstreflektiert die verschiedenen Orte seines Schaffensprozesses festlegt.

»*Die große Grundidee zu einem Werk kann passieren*«, so Lingnau. Wenn er dann weiß, was er machen muss oder will, dann wechselt er den Platz und entwickelt diese in »seinem« Raum, in seinem Haus. Wir haben ein recht buntes, unordentliches Zimmer vor Augen, das aber offenkundig ganz besonderen Regeln folgt: »*In diesem Raum versammle ich Dinge um mich herum, die mich inspirieren. Dann können Gemälde, Skulpturen, Comics, Poster, alles Dinge sein, die mir persönlich etwas bedeuten. Das sieht ganz wild bei mir aus. Auf diesen Raum freue ich mich und ich halte mich dort viele Stunden gerne auf. Und diesen Raum beschütze ich auch. Da ist niemand außer mir in diesem Raum. Da darf kein anderer sauber machen. Mein Sohn darf darin nicht spielen. Das ist wirklich mein Raum. Da ist die Tür zu und das ist mir ganz wichtig. Das hilft mir unglaublich, wenn ich mir Sachen ausdenke.*«

Wenn es dann – wie oben geschildert – in die Teamarbeit geht, wechselt Lingnau wieder die Lokalitäten. Dann versucht er, an schönen Orten zu sein, und verreist dorthin mit seinen kreativen Partnern. Er sucht geschützte Orte, um sich gemeinsam etwas auszudenken. Das kann dann auch einmal sein eigenes sehr schönes Haus mit Seezugang sein. Das Ganze mit einem schönen Nebeneffekt: »*Das Haus ist im Niemandsland. Da kann keiner weg. Da gibt es keine Termine von irgendwo oder irgendjemand. Da wird gezielt gearbeitet.*«

Definieren Sie also für sich genau diese Fragen und beantworten Sie sie ganz bewusst: In welcher Phase muss ich allein sein und wie muss dann meine Umgebung aussehen? Wie muss ich mich örtlich festlegen, wenn ich in die Phase der Teamarbeiten eintrete.

Seien Sie dauerhaft wachsam beim »Wie«: Welche Weggabelungen nehmen Sie?

Der kreative weitere Erfolg hängt dann davon ab, welche Weggabelungen im weiteren Prozess genommen werden. Das ist bei Lingnau nicht etwa ein rein intuitiver Prozess, sondern ein ganz bewusster Vorgang. Er will die richtige Entscheidung zur richtigen Zeit treffen: »*Um es mit einem Satz einer meiner Lehrerinnen zu sagen:* ›*Music is making choices*‹. *Ich frage mich also: Was ist die richtige Stilistik? Welche könnten die richtigen Harmonien sein? Wie muss die Melodie sein? Was ist das richtige für die Rolle, die ich erzählen will? Ich überprüfe mich da ständig und lasse nicht einfach fließen, fließen, fließen. Ich frage mich permanent: Was will ich erzählen? Wie untermale ich musikalisch, wenn ein alter Mann einkaufen geht?*«

Man hat also fast Entscheidungsbäume vor sich, die Lingnau abzulaufen scheint, und in der Tat ist das so: »*Also es gibt natürlich Leute, die malen bzw. spritzen einfach und dann ist irgendwas entstanden und die wussten selbst gar nicht warum. Und das ist ganz toll. Ich arbeite aber anders, eben zielgerichtet, ich arbeite ja immer für etwas. Und insofern sind bei mir einfach diese Fragen und Antworten mein ständiger Begleiter. Ich bin mir da permanent der Gefahr bewusst, eventuell falsche Entscheidungen zu treffen. Ich muss also immer wach bleiben. Sind das jetzt die richtigen Instrumente? Ist das der richtige Schauspieler, die richtige Schauspielerin? Erzählen alle Gewerke die gleiche Geschichte oder tobt sich hier jeder irgendwie aus und es greift überhaupt nicht ineinander? Es ist also ein permanentes Überprüfen und Hinterfragen, ob man auf dem richtigen Weg ist.*«

Denken Sie also daran: Manchmal ist ein kreativer Vorgang ein fließender, unstrukturierter Prozess, der fast allein durch das Unterbewusstsein gesteuert wird. Wir kommen später in diesem Buch dazu. Aber gar nicht so selten sind kreative Prozesse auch deutlich anders gelagert und verlangen, dass die große Grundidee in viele kleine einzelne kreative Unterfragen heruntergebrochen wird, die wiederum permanent formuliert sowie beantwortet werden müssen, und die Antworten wiederum kontinuierlich auf ihre fortbestehende Richtigkeit überprüft werden müssen.

Was Sie für sich mitnehmen können

Wir halten fest: Wir leben in einem Zeitalter, in dem die richtige Frage mindestens genauso wichtig ist wie die Antwort. Das gilt gerade auch für kreative Vorhaben entlang dem gesamten Prozess. Es kann daher von Vorteil sein, wenn Sie sich folgende Fragen bei Ihren eigenen ganz persönlichen kreativen Ambitionen vor Augen halten:

- Die Frage aller Fragen müssen Sie zu Beginn persönlich für sich beantworten: Was ist Ihr genereller (kreativer) Nordstern?

- Wenn sich dann eine Idee konkretisiert und zur Umsetzung ansteht: Stellen Sie sich sehr genau die Frage, ob sie zu Ihnen »spricht« oder sogar – wie bei Lingnau – »singt«.

- Manchmal sind Sie vielleicht in der Lage, die Idee kreativ ganz allein umzusetzen. Oftmals aber auch nicht. Fragen Sie sich deshalb sehr genau, welche kongenialen Partner Sie brauchen.

- Wenn dies beantwortet ist, kommen Sie zur nächsten Frage: Wann binden Sie wen zu welchen Spielregeln ein? Dies wird von Fall zu Fall unterschiedlich sein. Das strikte Einhalten der Grundspielregeln des Großzügig-Seins und des Zuhörens sind jedoch nie falsch.

- Die Frage nach dem passgenau richtigen Ort für die jeweilige Phase Ihres kreativen Prozesses sollten Sie sich stets stellen und wohlüberlegt beantworten können.

- Entlang dem kreativen Weg werden Sie häufig an Weggabelungen stehen, bei denen schon das Erkennen der genauen Unterfrage ein wichtiger Wegweiser zum richtigen Vorankommen ist. Bleiben Sie wachsam.

DER LEERE GEIST ALS KREATIVER NÄHRBODEN

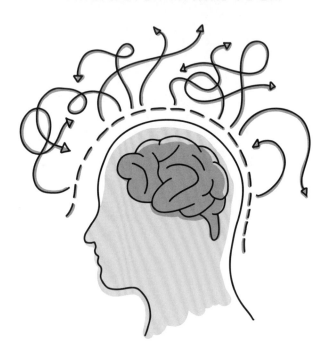

19. ERFOLGSREGEL: DER LEERE GEIST ALS KREATIVER NÄHRBODEN

> »Authentizität kommt erst dann,
> wenn Du wirklich leer bist«
> – Michael Dyne Mieth

Bücher über Meditation gibt es viele. Reiseführer, die uns zu uns selbst führen sollen, in unser Innerstes, erleben einen Boom. Wir müssen uns befreien, heißt es dort. Befreien vom Alltag, den Lasten, die er mit sich bringt und einen klaren Geist entwickeln. Frei sein, ohne Gedanken in einem leeren Raum, aus dem und in dem Neues entstehen kann.

Es verwundert also nicht, dass auch unsere Kreativität eine Konjunktur erleben kann, wenn wir weniger abgelenkt sind. Oft fällt uns Kreativität leichter, wenn wir es geschafft haben, die Alltagsgeräusche auszublenden, unsere Sorgen in eine Schublade gepackt haben und ganz bei uns sind. Dann kann Großes entstehen.

Lassen Sie uns also in diesem Kapitel in einen Tunnel eintauchen. Wenn uns dieser Tauchgang gelingt, sind wir empfänglicher für neue Ideen und Perspektiven. Wir werden dort nicht stets abgelenkt, laufen nicht Gefahr, unseren Gedankenfluss auszubremsen durch Ablenkungen oder vorgefertigte Meinungen. Unsere Gedanken haben einen freien Lauf und werden nicht künstlich gelenkt. Wir können immer noch von unseren Erfahrungen zehren, aber sie sind kein Ballast mehr, der uns zurückhält.

Wenn wir leer sind, ist es ruhiger und wir können uns besser konzentrieren. Auch die Selbstreflektion, die uns dabei hilft, unsere Stärken und

Schwächen besser zu verstehen, entfaltet sich ohne Impulse von außen besser, schneller und wirksamer. Insgesamt werden wir dadurch bewusster. Wir leben mehr in der Gegenwart, im Hier und Jetzt, sind achtsamer und nehmen dadurch kleinere Details eher wahr. Diese Details können den Unterschied machen, auf den es ankommt. Durch die Ruhe, die uns dadurch zuteil wird, verringern wir auch Stress und Sorgen und werden dadurch leichter und freier. Es heißt nicht umsonst: »In der Ruhe liegt die Kraft«. Lassen Sie los, legen Sie Ihren Rucksack mit all Ihren Ideen, Erfahrungen, Narben, Erlebnissen und bekannten Denkmustern ab und tauchen Sie ein in Ihren leeren Geist. Dem Zuhause unserer eigenen Kreativität. Folgen Sie Ihrer Intuition und hören Sie auf Ihre innere Stimme.

Wer könnte als Role Model für Kreativität und leeren Geist dienen? Wir haben dazu mit einem überaus begabten Künstler, begnadeten Netzwerker und erfolgreichen Geschäftsmann gesprochen. Mit jemandem, der für Barack Obama gemalt und mit seiner Schwester Auma Obama gearbeitet hat, der wie nur wenige Künstler Technologie für seine Kunstwerke einsetzt und dessen Kunst auf dem Oldtimer mit Rally Star Heidi Hetzer um die Welt reiste. Unser Role Model für diese Erfolgsregel ist der **bildende Künstler Michael Dyne Mieth.**

Bereits der Versuch, ein Interview für dieses Buch mit Michael Dyne Mieth zu führen, zeigte, wie wichtig der Tunnel und der leere Geist für ihn sind. Wir, gefangen in unseren wichtigen Business Terminen, wollten einen Termin ausmachen, der einige Wochen entfernt lag. Dyne Mieths Antwort. 2 Wochen? So weit in die Zukunft könne er nicht planen. Als es uns dann endlich gelang, den Termin festzulegen, warteten wir vergeblich auf den Künstler. Sein Geist war leer, so leer, dass kein Platz für das Gespräch und die Erinnerung an den Termin mehr war. Er war gefangen in einer neuen Welt. Einer Welt, in der nur noch die Nationalmannschaft von 1990 zählte. Für Frank Beckenbauer und seine Frau erschuf er Unikate, Werke, die die Mannschaft zeigten. Und zwar so, wie er sie sah. Das Werk war zu diesem Zeitpunkt das einzige, das zählte. Unser Buch war irrelevant. Retrospektiv für uns ein wunderbarer, ehrlicher und inspirierender Moment.

Wer ist dieser Mensch, der für Cisco Gebäude mit der Zielsetzung, Kreativität auch im Corporate Umfeld zu erzeugen, gestaltet hat? Wer ist der Urenkel des eigentlichen Erfinders von »Mensch, ärgere Dich nicht«? Der Abkömmling des Schöpfers des wohl erfolgreichsten Gesellschaftsspiels, der das Patent nicht anmeldete und dann von einem Freund beklaut wurde? Sein Vater und seine Schwester sind Lehrer, die Mutter gelernte Buchhalterin und der Bruder Autohändler. Sein Onkel ist ein erfolgreicher Unternehmer, der sein Vermögen mit OMEGA3 Fettsäuren gemacht hat.

Auf die Frage, wie das Leben ohne Kunst für ihn wäre, sagt er in einem

Interview: »*UNVORSTELLBAR! Leben ist Kunst und lebenswert ist es erst, wenn man ein erinnerungswertes Leben zu führen beginnt. Kreativität hilft uns beim Entwickeln neuer Gedanken und hinterlässt Spuren und Strukturen. Ohne sie würden wir uns nicht allzusehr von Maschinen unterscheiden und nur funktionieren, bis die Batterie einmal leer geworden ist – eine traurige Vorstellung. Nur die Fantasie lässt uns in Gedanken reisen und außergewöhnliche Dinge tun, ohne sie fehlt der tiefere Sinn.*«

Michael Dyne Mieth ist ein Mensch, der in sich ruht, völlig frei ist und uns im Folgenden mit seinen Gedanken dabei hilft, auch unseren Geist zu leeren und uns zu befreien.

Wie finden Sie Ihre innere Leere?

Wie sagt es Leonardo da Vinci: »*Die schönsten Ideen entstehen aus dem Nichts, aus dem leeren Geist, der bereit ist, sie aufzunehmen.*« Auch Pablo Picasso ist sich sicher, dass die innere Leere Kreativität erzeugt: »*Das Geheimnis der Kreativität ist es, den Verstand zu leeren, um Raum für neue Ideen zu schaffen*«. Wie finden Sie nun also Ihre innere Leere, wie kommen Sie dorthin?

Eine Möglichkeit ist die Meditation. Mit Ihr lernen Sie, abzuschalten, den Alltag auszublenden und in Ihr Innerstes abzutauchen. Mieth nutzt eine andere Methode. Er versucht alles abzulegen, die Geräusche des Alltags auszublenden und einen meditativen Zustand ohne Meditation zu erreichen. Er beginnt dabei einfach und startet seinen Kreativprozess – allerdings ganz ohne Ziel. Er beginnt zu malen, findet Schönheit im Kaffeepulver, fährt Auto, wandert und gibt sich dem Moment total hin. Er schaltet ab, blendet alles um sich herum aus und taucht behutsam Stück für Stück weiter in sich selbst ein. Er lässt einfach los. Lassen wir aber Michael Dyne Mieth mit seinen eigenen Worten sprechen: »*Man muss komplett alles ausblenden. Das ist schwierig. Vom Geist wegkommen, von der Personalität, vom Ego. Authentizität kommt erst, wenn du komplett leer bist*«

Ob Sie nun also Meditieren, Wandern, Laufen oder sich einer Aufgabe wie Dyne Mieth ganz und gar verschreiben, liegt wahrscheinlich an Ihnen selbst. Testen Sie aus, was für Sie am besten funktioniert. Der berühmte Autor Niel

Gaiman schaut aus dem Fenster, für Stunden und Stunden, um in seinen Tunnel zu kommen. Probieren Sie also aus, was für Sie funktioniert und gehen sie diesen Weg einfach weiter. Überverkomplizieren und erschweren Sie dabei die Leichtigkeit nicht, denn sie scheint das vereinende Element aller Methoden zu sein, auf die wir gestoßen sind. Lassen Sie los!

Pflanzen Sie einen kreativen Samen in der Stille und füllen Sie Ihren leeren Raum wieder

Hört man Michael Dyne Mieth zu, wie er über Kreativität spricht, denkt man unweigerlich an »*Inception*«. Den Film, bei dem sich Traumarchitekten in das Unterbewusstsein anderer Menschen einschleichen und kleine Gedanken pflanzen, die sich dann langsam ausbreiten. In der Leere angekommen, geht Dyne Mieth ähnlich vor: »*Ich hinterlasse im Unterbewusstsein einen Samen, der dann wachsen kann.*« Er pflanzt also eine eigene Idee in sein eigenes Unterbewusstsein. In der Stille angekommen, formt er einen Gedanken, eine Idee, ein Kunstwerk, eine Skulptur. Er weiß noch nicht, was es werden wird, aber er weiß, dass es etwas werden wird. Er weiß, sein kreativer Samen wird wachsen und gedeihen.

Wie entsteht dieser kreative Samen aber bei Dyne Mieth? Er spricht von Schwingungen und Energie in der Leere: »*In der Leere nimmst du sozusagen Schwingungen auf. Und durch diese Schwingungen entsteht dann so eine Energie und diese Energie ist die Kreativität, die du dann halt unterschiedlich umsetzen kannst. Dann reagierst Du in diesem Moment so aufgrund der Schwingungen, die du so aufnimmst. Und die kannst du nur aufnehmen, wenn dich nichts blockiert. Deswegen die Leere.*«

Wenn Sie also in Ihrer Leere angekommen sind, seien Sie wachsam und schauen Sie, was es wert ist, verfolgt zu werden. Die Leere ist der Schlüssel ins Unterbewusste und wir sind dort in der Lage, Dinge zu hören und zu sehen, die uns sonst durch den Alltagslärm verborgen bleiben. Nehmen Sie die Schwingungen und Energie, die Sie finden, auf und setzen Sie sie um. Dyne Mieth bleibt in seinem Bild und spricht davon, dass »*der Samen einen guten Nährboden braucht und auch begossen werden muss*« – es geht also darum, den Impuls aus der Leere weiter zu formen und umzusetzen.

Die Leere allein bringt uns nicht weiter. Wir müssen dort eine kreative Idee kultivieren, die wir dann aus der Leere herausführen. Oder in den Worten des Britischen Philosophen Alan Watts: »*Wenn du deinen Geist von Gedanken befreist, öffnest du die Tür zur Kreativität.*« Sie müssen allerdings auch durch diese Türe gehen.

Magie der Spontanität – wie Sie auf Autopiloten schalten

In seiner Leere angekommen, sät Dyne Mieth nun also seinen Samen. Er beschäftigt sich mit seiner kreativen Idee, die ihm oftmals spontan kommt. Wie sieht also sein dritter Schritt aus? Er stellt auf Autopiloten und folgt seinem Unterbewusstsein. Er lässt geschehen, agiert nicht, er reagiert. Die Spontanität und die Magie, die daraus entsteht, sind die Quellen seiner Inspiration. Die Kreativität daraus kann nur entstehen, wenn er nicht darüber nachdenkt. Er wird einfach aktiv. Es entsteht einfach. Er kann diesen Prozess nicht planen, aber er geht total darin auf.

Dabei muss er nicht in einer Art »Trance« sein, um die Leichtigkeit der Leere zu nutzen und komplett in der Magie der Spontanität aufzugehen. Er ist mittlerweile so geübt darin, nichts zu planen, dass vieles einfach geschieht. Geplante Ungeplantheit in Perfektion. Sein Lieblingszitat in diesem Kontext kommt von Bruce Lee »*Be water my friend*«. Was Dyne Mieth damit meint? Total mit dem Fluss gehen, Dinge geschehen zu lassen und nicht zu lenken.

So hat er viele seiner sehr erfolgreichen Gemälde, die er mit Kaffeesatz erschaffen hat, aus einem Unfall heraus entwickelt: Durch das Verschütten von Filterkaffee. Er liebt diese kleinen Fehler, geht in ihnen auf und lässt Großes daraus entstehen.

Auch einen mehrere Meter hohen Roboter aus Verpackungsmaterial hat Mieth aus einem spontanen Gedanken entwickelt.

Als er dabei war, das Innovation Center von Cisco in Berlin neu zu gestalten, fiel ihm auf, wie viel Verpackungsmaterial die Unmengen an Technikequipment, die er verbaut hat, hinterlassen haben. Er dachte sich, dass er etwas aus diesen Müllbergen entstehen lassen müsse. Er schaltet ab, tauchte tief ein in die Welt des Mülls und ließ es einfach geschehen. Das Ergebnis ist ein komplett aus Verpackungsmüll gebauter Roboter. Seine Bewegungen beim Aufbau und beim Erschaffungsprozess hat er in einem Ganzkörpersensorikanzug festgehalten, so dass seine Bewegungen digitalisiert aufgezeichnet wurden. Aus dem Nichts entstanden, für die Ewigkeit dokumentiert. Ein klassisches Beispiel, wie Dyne Mieth seine Kunstwerke im doppelten Sinne »einfach entstehen lässt«. Ein weiteres Beispiel ist die Diskussion mit einem befreundeten Unternehmer. Es ging darum, »Spuren zu hinterlassen« im Leben. Michael Dyne Mieth nimmt den Gedanken mit ins Bett und träumt davon. Er wacht auf, grundiert Leinwand weiß und schwarz, mietet sich diverse Oldtimer, fährt an einem sonnigen Tag im Jahr 2011 durch Farbe und dann über die Leinwand. Er hinterlässt Spuren – ein Werk, das nun prominent in einer Berliner Kunstsammlung weilt. Seine Erinnerung an diese Geschichte formuliert er folgendermaßen »*Das kam einfach wie so ein Impuls. Also da war ich in dem Moment natürlich komplett leer. Wenn ich schlafe, verarbeite ich den Tagesablauf und vielleicht noch irgendwelche anderen Sachen. Ähnlich in einem meditativen Zustand. Dann war die Idee da. Aus dem Nichts.*«

»*Der Zufall ist Dein Freund, lass ihn zu*«, ist die Antwort Dyne Mieths auf die Frage, wie seine Kunstwerke entstehen.

Wenn Sie also auf etwas gestoßen sind, lassen Sie es einfach mal laufen, sehen Sie, wohin Sie ein bestimmter Gedanke bringt. Es ist okay, wenn Sie dabei manchmal in einer Sackgasse landen. Denn ab und zu werden Sie ein kreatives Goldstück finden.

Finden Sie eine gesunde Balance zwischen spontanen Impulsen und der Umsetzung

Durch die Leere kommen Verbindungen zustande, die wir ansonsten nicht zulassen würden. Es entsteht viel Spontanes und Ungeplantes. Viele Samen, die enormes Potential haben, werden gesät. Es entsteht Potential für Kreativität. Aber auch Potential zur Ablenkung: Ein Geistesblitz, ein Zufall, ein Fehler. Es sind Quellen der Inspiration und der Ablenkung zugleich.

Wie findet man also eine gute Balance zwischen der absoluten Leere, dem Nichtstun und der so wichtigen Umsetzung? Indem wir Wege zu Ende gehen. Mieth weiß oftmals nicht, woher seine Ideen kommen. Es ist ihm auch nicht wichtig. Wichtig ist, dass sie kommen. Was die Gründe bestimmter Gedanken sind, zählt nicht. Aber er ist neugierig und er möchte diesen Impulsen, den Schwingungen, wie er sie nennt, nachgehen. Wie das Beispiel des Roboters zeigt, hasst er Verschwendung. So möchte er auch keine Gedanken verschwenden. Er möchte sie realisieren und umsetzen. Er geht ihnen hungrig nach, folgt ihnen. Sie führen ihn auf den Weg und schließlich zum Ziel. Was oder wo dieses Ziel ist, weiß er oftmals erst, wenn er es erreicht hat. Es ist wahre künstlerische Freiheit.

Er findet also eine gute Balance, frei und leer zu sein und dennoch sich nicht zu verlieren in der Menge der Ideen.

Wenn Sie in der Leere also auf einen Gedanken treffen, der sie interessiert, der sie neugierig macht, lassen Sie ihn nicht los. Umarmen sie ihn, wie es auch Michael Dyne Mieth tut. Gehen Sie mit ihm in die Leere. Steigen Sie tiefer herab in Ihr Innerstes und befreien Sie diese Kreativität, indem Sie sie umsetzen und damit zum Leben erwecken. Achten Sie allerdings darauf, sich nicht zu verlaufen oder zu verzetteln.

Was Sie für sich mitnehmen können

Was nehmen wir nun mit von diesem Künstler der Leere: Dem Magier des einfach Geschehen-Lassens?

- Finden Sie Ihren Weg in die Leere – ob Meditation. Laufen, Wandern, Sport, Malen oder aus dem Fenster schauen – Versuchen Sie Ihren eigenen Weg finden.

- Pflanzen Sie Ihren kreativen Samen in der Stille – etwas, das Sie kultivieren können. Achten Sie auf den richtigen Nährboden und gießen Sie Ihren Samen.

- Schalten Sie auf Autopiloten und lassen Sie Dinge einfach geschehen.

- Verlaufen und verzetteln Sie sich nicht in der Leere – finden Sie eine gesunde Balance zwischen Ihrem Autopiloten und der Umsetzung.

20. ERFOLGSREGEL: DATEN ALS HEBEL UND VERHINDERER VON KREATIVITÄT

»Daten können als Basis die Kreativität dramatisch hebeln.«
– Janina Mütze
(Gründerin und CEO, Civey)

Jetzt kommen wir zu einem anderen Kontext, einer anderen Facette der Kreativität, einer – im Vergleich zur eben behandelten Erfolgsregel fast diametral wirkenden Regel. Und wir geben auch gleich gerne zu: Wenn Sie – wie unser eben vorgestellter Künstler Michael Dyne Mieth – ein Bild malen oder eine Skulptur erschaffen wollen, dürfen Sie datengetriebenen Informationen keine große Rolle beimessen. Wenn Sie ohne Rücksicht auf die Größe Ihres Publikums – und damit anders als unser Martin Lingnau – Musik machen wollen, müssen Sie keine Datenpunkte sammeln. Natürlich nicht. Es wäre also wirklich vermessen zu behaupten, dass jeder kreative Vorgang als Ausgangspunkt ausreichende Informationen oder eine klare Datenlage benötigte. Das ist gewiss nicht so.

Ganz anders kann Ihre kreative Welt allerdings aussehen, wenn Sie kreativ neue Produkte entwickeln wollen, schwierige Probleme – gerade im Wirtschaftsleben oder in der Wissenschaft – kreativ lösen müssen, Kampagnen entwickeln wollen oder wenn Ihr kreativer Nordstern ganz generell ist, viele Menschen zu erreichen. Dann nämlich rückt der Adressat Ihrer kreativen Leistung immer mehr in den Vordergrund. Dann spielen plötzlich messbare Fragestellungen eine Rolle: Gibt es überhaupt einen Bedarf nach Ihrer kreativen Leistung, und wenn ja, bei welcher Zielgruppe genau? Wie steht es um die Nutzungsabsicht der potentiellen Nutznießer unserer kreativen Leistung. Dann kommen mit anderen Worten (messbare) Daten ins Spiel.

Lassen Sie uns deshalb doch einmal in diesem Abschnitt gemeinsam etwas genauer darüber nachdenken. Denn: Ideen aus dem Nichts kommen doch nicht selten dem – bewusst oder unbewusst – vorbereiteten Geist. Hier deshalb zunächst einmal ein paar Gedanken, warum Daten auch in kreativen Prozessen eine Rolle spielen könnten. Das Muster ist jeweils, dass Daten allein nichts bringen, sondern immer mit kreativem Denken verbunden werden müssen: Wenn Sie dann Datenanalysen mit Kreativität kombinieren, können Sie komplexe Probleme besser verstehen und lösen. Sie können datengetrieben Trends erkennen, die zu kreativen Ideen, Produkten, Dienstleistungen oder Geschäftsmodellen führen können. Sie können Daten nutzen, um den Erfolg Ihrer kreativen Vorhaben zu messen und darauf basierend Verbesserungen vornehmen.

Wir wollen also nun diesem besonderen – noch recht wenig untersuchten – Thema ein wenig auf den Grund gehen und uns von zwei Experten mit zwei unterschiedlichen Perspektiven und Wurzeln inspirieren lassen.

Es handelt sich hierbei zum einen um *Janina Mütze*, eine der deutschen Vorzeigegründerinnen und nach dem Wirtschaftsmagazin Capital die »Gestalterin des Morgens«. Wer lässt das nicht gerne über sich sagen. Und: Sie ist es zweifelslos. Sie hat als Branchenfremde die Marktforschung ein Stück weit neu erfunden. Sie versprach bei der Gründung ihres Unternehmens Civey eine »Revolution der Umfrage«, was alteingesessene Meinungsforscher durchaus als Kampfansage verstanden. Das Unternehmen steht dabei für digitale Online-Umfragen in Echtzeit, wächst seitdem kräftig und das nicht minder publikumswirksam. Dass sie sich dabei nicht nur Freunde gemacht hat, wäre sicherlich untertrieben. So prozessieren Civey und der etablierte Meinungsforscher Forsa seit Jahren gegeneinander. Im Kern geht es um nicht weniger als die Neuerfindung der Marktforschung. Ganz gewiss eine besonders intensive Form des kreativen Regelbruchs, über den wir bereits ausführlich gesprochen haben.

Wir wollen hier mit Mütze den Zusammenhang von Kreativität und Daten verhandeln. Als Mütze und ihr Team anfingen, bemerkten sie ein Vakuum in der Meinungsforschungsbranche. Die Praxis der klassischen Stichproben war infrage gestellt, und es wurde klar, dass die meisten vorhandenen Methoden eine gewisse Schiefe in den Daten aufwiesen. Mütze argumentiert, dass viele Stichproben in der Praxis nicht per se repräsentativ waren, unabhängig davon, ob sie über Festnetztelefone, persönliche Befragungen oder andere Methoden erhoben wurden. Es gibt immer Ausfallwahrscheinlichkeiten, die durch Modelle korrigiert werden müssen.

Zum Hintergrund: Meinungsumfragen werden vor allem telefonisch oder online durchgeführt. Für die Aussagekraft der Ergebnisse ist entscheidend, ob alle Menschen mit der gleichen Wahrscheinlichkeit erreicht werden können und sich an den Umfragen beteiligen, wenn sie angesprochen werden. Internetanschlüsse und Festnetzanschlüsse sind in Deutschland derzeit etwa gleich weit verbreitet – bei jeweils rund 95 Prozent der Haushalte, Mobiltelefone liegen ebenso bei 95 Prozent. Die Teilnahmebereitschaft liegt bei allen Methoden im einstelligen Prozentbereich, besonders niedrig schätzen Experten sie für Telefonumfragen ein.

Es gibt also bei beiden Methoden eine Gruppe von Personen, die nicht erreicht werden kann, weil sie entweder keinen Anschluss an das jeweilige Netz hat oder sich nicht an der Umfrage beteiligen möchte.

Für ein aussagekräftiges Ergebnis ist es aber entscheidend, alle Bevölkerungsgruppen zu erreichen. Civey-Umfragen werden deshalb über ein breites Spektrum von Medienpartnern ausgespielt.

Mütze und ihr Team glauben also, das beste Modell entwickelt zu haben, indem sie Onlinedaten in größerem Umfang als andere erheben und in besonderer Weise gewichten, um mögliche demographische Ungleichgewichte zu beseitigen, während andere, die zum Beispiel allein auf Festnetz-Befragungen angewiesen sind, größere Schwierigkeiten haben, ausreichend Menschen zu erreichen und die Repräsentativität der Ergebnisse zu gewährleisten. Mit ihren Ideen hat Mütze das Meinungsforschungsumfeld in vielerlei Hinsicht »durchgeschüttelt«.

Unser anderer Kronzeuge für das Thema Daten und Kreativität ist **Dirk Ramhorst**, einer der führenden CIOs Deutschlands – mit Stationen bei Evonik, Wacker Chemie, BASF und Siemens. Ramhorst ist eine facettenreiche Persönlichkeit. Unkonventionelle Erfahrungen aus unterschiedlichen Lebensbereichen prägen sein Denken.

In seiner Jugend war Ramhorst ein erfolgreicher Schwimmer, sogar deutscher Vizemeister. 1992 hängt er seine Badehosen im wahrsten Sinne des Wortes an den Nagel (sie hängen jetzt in seinem Kieler Arbeitszimmer). Er entdeckt seine Leidenschaft für das Segeln und Surfen. Er wird Organisationschef der berühmten Kieler Woche und ist Vizepräsident Olympisches Segeln beim Deutschen Segler Verband. Diese Erfahrungen im Leistungssport und in der Welt des Wassers haben ihn gelehrt, Ressourcen effizient zu nutzen und unkonventionelle Lösungen für Herausforderungen zu suchen und zu finden.

Wie ein roter Faden zieht sich durch sein Leben das Thema Daten. Diese sind – so wird er nicht müde zu betonen – nicht das neue Öl, sondern das neue Wasser. Gerade das Zusammenspiel von Daten und kreativen Vorgängen haben wir deshalb umfassend mit ihm verhandelt.

Beide sind in unseren Augen klassische Fälle der strukturierten Kreativen. Ihnen beiden ist ein strukturierter kreativer Prozess wichtig. Sie verbringen viel Zeit mit der richtigen kreativen Fragestellung; ausreichende Informationen und Daten sind wichtig. Kreatives Chaos ist nicht ihr Ding. Wir legen also gemeinsam los.

Daten und Kreativität müssen keine Gegenpole sein: Öffnen Sie sich und andere – jetzt

Versuchen Sie zunächst, mit Vorurteilen aufzuräumen. Wie häufig bekommen sicherlich auch Sie zu hören, dass Daten die Kreativität »platt machen«. Noch immer liest man, dass zum Beispiel Marktforschung und Kreativität zwei Disziplinen seien, die sich gegenseitig in die Quere kämen oder gar ausschließen würden. Aber: Daten und Kreativität müssen gewiss keine Gegensätze sein. Sie können sich im Gegenteil gegenseitig befeuern, in bestimmten Konstellationen auf ein neues Niveau heben.

Wer von Anfang an Daten in den kreativen Prozess einbezieht, hat die Möglichkeit, die Zielgruppen deutlicher und klarer anzusprechen und sie mit Botschaften, Produkten oder Leistungen zu erreichen. Mütze bringt es sehr schön auf den Punkt: »*Daten und Kreativität werden häufig so als Gegenpol gesehen. Entweder man geht nach Daten, macht eine 1:1 Entscheidung, oder man ist (zu) fluide unterwegs und lässt Kreativität zu. Ich glaube, dass Kreativität durch einen gewissen Grundstock an Informationen und Erfahrungen – und damit eben auch Daten – gehebelt werden kann, um sie zu verbessern. Dabei sollte man nicht linear denken und sagen ›Ich habe das schon immer so gemacht, das ist mein Erfahrungsschatz‹ oder ›Die Daten sagen ABC‹. Daten sind immer Momentaufnahmen und stellen nur den Status Quo dar. Man muss sich auf dieser Grundlage überlegen, welche anderen Faktoren reinspielen und wie es weitergeht. Dafür braucht man Kreativität, auch für die korrekte Nutzung von Daten. Man muss wissen, welche Daten relevant sind und welche Antworten einem helfen, auf das nächste Level zu kommen. Es gibt auf jeden Fall ein hohes Zusammenspiel zwischen Daten und Kreativität.*«

Sie müssen sich und auch Ihre Mitstreiterinnen also für dieses Thema sensibilisieren und öffnen. Wir glauben, dass in den meisten kreativen Zusammenhängen der Wirtschaft und Wissenschaft (und auch darüber hinaus) der richtige Umgang mit Daten eine große Rolle spielen kann. Glauben Sie nicht dem Totschlagargument, dass Kreativität und Daten sich einander ausschließen. Wir geben unserem Freund **Frank Dopheide**, der an anderer Stelle des Buches schon ausführlich zu Wort kam, recht: Zahlen werden die Welt (allein) nicht retten. Dass Excel, wie Dopheide pointiert formuliert, eine Erfindung des Teufels sei, sorry Frank! Da gehen wir nicht mit.

Wer etwas Neues schaffen will, schafft dies regelmäßig nicht für sich selbst. Sie wollen Herz und Ratio anderer erreichen. Sie wollen etwas und andere bewegen. Sie wollen Lösungen finden und umsetzen. Daten werden Ihnen vielfach helfen können – als Basis und als kontinuierlicher Co-Pilot. Aber Daten sind eben auch nur Ihr Assistent, nicht mehr und nicht weniger. Überfordern Sie deshalb Ihren Daten-Assistenten nicht. Die Rollenverteilung muss klar sein. Sie sind der Boss. Sie bestimmen den Einsatzort. Sie ziehen die Ableitungen. Sie nehmen sich die Freiheit, die Daten zu »überstimmen«, weil Ihr kreatives Bauchgefühl und Kopf etwas anderes sagt und will. Es ist wie der bereits in diesem Buch diskutierte Regelbruch, der kreativitätsstiftend sein kann. Sie müssen die Regeln schon genau lernen und kennen, bevor Sie sie brechen. So ist es in vielen Fällen auch mit Daten. Dann aber werden Sie Spaß haben und Daten werden Ihr unverzichtbarer Begleiter.

Die Basis: Haben Sie eine Daten-Strategie – gerade auch für kreative Vorhaben

In einem nächsten Schritt lassen Sie uns einen Blick auf die Eckpfeiler einer zielorientierten Daten-Strategie der Kreativität werfen. Wir horchen bei **Dirk Ramhorst** nach. Ramhorst war in seiner beruflichen Karriere häufig dafür verantwortlich, Digitalisierungsstrategien auszurollen. Mit Blick auf die Datenlandschaft geht er dabei immer nach einem bestimmten Schema vor: »Zunächst analysieren wir, welche Daten wir bereits besitzen, in welchen Systemen sie sich befinden und wie ausgereift diese Daten sind. Dabei stellen wir uns Fragen wie: Handelt es sich um originäre Daten? Sind es kopierte Daten? Könnten sie manipuliert oder gefährdet sein?« Dies ist, wenn man so will, der erste Schritt der Daten-Bestandsaufnahme. Hier geht es vor allem um die Verlässlichkeit der vorhandenen Daten.

In einem zweiten Schritt fragt sich Ramhorst, ob die vorhandenen Daten ausreichend sind, den in Aussicht gestellten (kreativen) Prozess wirkungsvoll zu befeuern: »*Dann versuchen wir herauszufinden, welche Daten uns noch fehlen. Wenn ich in einen kreativen Prozess einsteige und etwas bewegen, verändern oder steuern möchte, benötige ich immer Parameter, die mir zeigen, ob ich auf dem richtigen Weg bin. Gerade das sind ja Daten, über die wir hier sprechen. Wir vergleichen den bestehenden Datenbestand und identifizieren mögliche Lücken.*«

Und schließlich versucht Ramhorst in einem dritten Schritt diese Datenlücken zu schließen: »*Gegebenenfalls benötigen wir zusätzliche Sensorik für den Prozess. Das können sowohl klassische Messdaten als auch empirische Daten sein, etwa aus Interviews, die wir dann in Datenpunkte umwandeln.*«

Diese drei Schritte klingen trivial. Aber wenn Sie einmal eine Datenstrategie entwickeln und umsetzen mussten, wissen Sie, wovon wir reden: Der Teufel steckt im Detail. Möglicherweise auch in Ihrem persönlichen kreativen Kontext.

Der besonders kreative Ansatz: Verbinden Sie verschiedene Datenpunkte mit eigener Kreativität

Lassen Sie uns dabei den dritten Schritt doch etwas genauer mit Ramhorst unter die Lupe nehmen. Die Kreativität kann eben gerade darin liegen oder kann gefördert werden, verschiedene Datenpunkte aus unterschiedlichen Quellen und Perspektiven miteinander zu verknüpfen. Sie dürfen sich also nicht eindimensional in der Analyse bewegen. Durch diese besondere Herangehensweise können neue Erkenntnisse und innovative Lösungen entstehen, die möglicherweise bisher unentdeckt geblieben sind. Und dabei wird man sich nie allein auf Daten verlassen können. Es kommt immer auf das Zusammenspiel mit der menschlichen Kreativität an: »*Kreativität ist ein entscheidender Faktor, aber sie ist nicht automatisch gegeben. Sie stellt eine Voraussetzung dar und kann durch die Verknüpfung verschiedener Datenpunkte gefördert werden.*«

Ramhorst illustriert dieses Zusammenwirken mehrerer Kräfte am Beispiel seiner Passion, dem Sportsegeln. Es wird etwas komplizierter: »*Sogenannte Geo-Positioning-Systeme liefern Daten von Booten, die auf Regatten gegeneinander fahren: Wir können beobachten, wie sie sich bewegen, welche Taktiken sie anwenden, und wie sich das auf ihre Position auswirkt. Doch beim Segeln spielen auch andere äußere Bedingungen eine große Rolle, wie zum Beispiel die Strömung, Wind und Gezeiten. In Revieren wie dem Solinger Revier gibt es zum Beispiel extreme Tidenbewegungen von bis zu 8 Metern und starke Strömungen. Um den Seglern individuell zu helfen, haben wir vor den Olympischen Spielen 2012 europaweit sehr intensiv über Bojen gemessen, in welchem Bereich des Gebietes welche Strömung zu welcher Zeit herrscht. So konnten wir den Seglern Tipps geben, ob sie bei ablaufendem Wasser eher links oder rechts am Hang, also an der Küste vorbeifahren sollten, um die Strömung optimal zu nutzen und ihre Chancen auf den Sieg zu erhöhen.«*

Dieser umfangreiche Datensatz wurde also in Kombination mit anderen Datenpunkten wie Windgeschwindigkeit, Wassertemperatur und -tiefe verwendet, um den Seglern ein besseres Verständnis ihrer Umgebung zu vermitteln. Die Verknüpfung all dieser Daten erfordert kreatives Denken und den Einsatz innovativer Technologien, um sie effektiv zu nutzen. Aber diese spannende Verbindung unterschiedlicher Datenpunkte ist leider nicht immer ausreichend, um ein komplexes Problem kreativ zu lösen. Sie brauchen dazu menschliche Einschätzungen, kreative Lösungen. Es bleibt dabei: Sie sind der Chef, die Daten nur Ihr Co-Pilot.

Ramhorst räumt nämlich ein: *»Trotz aller Digitalisierung und Forschung, die wir damals betrieben haben, konnten wir den Seglern jedoch keinen 100 %igen Vorteil vermitteln, obwohl wir hierdurch ein komplett durchmessenes Seerevier hatten. Der Grund: Die Segler mussten die Situationen vor zehn Jahren nur mit einem Kompass einschätzen und bewältigen. Weitere digitale Instrumente hatten sie nicht. Der damals zur Verfügung stehende Datenraum war also nicht ausreichend. Die Segler mussten mit den vorhandenen Informationen umgehen und situativ ohne weitere technische Hilfsmittel navigieren.«*

Das Beispiel unterstreicht, wie wichtig es ist, verschiedene Datenpunkte miteinander zu verknüpfen, um ein umfassenderes Verständnis zu gewinnen und Kreativität zu fördern. Gleichzeitig zeigt es aber auch, dass Daten und Technologie allein nicht immer ausreichen, um den gewünschten Erfolg zu erzielen. Es kommt maßgeblich auf die Fähigkeiten der Menschen an, die diese Daten nutzen und interpretieren. Kreativität entsteht also nicht nur durch die Verfügbarkeit von Daten, sondern auch durch die Fähigkeit, diese sinnvoll miteinander zu verbinden und in der Praxis kreativ anzuwenden. Verknüpfen Sie die noch nicht verbundenen richtigen Daten miteinander, um Ihr kreatives Ergebnis zu verbessern.

Die Anwendungsfelder: Identifizieren Sie kreative Vorhaben, die Sie mit Daten (kontinuierlich) befeuern

Was können nun also vor dem geschilderten Hintergrund konkrete Anwendungsfelder für ein spannendes Zusammenspiel von Daten und Kreativität sein? Wir bitten zunächst Mütze um konkrete Beispiele. Sie und ihr Team bei Civey beraten dabei regelmäßig Unternehmen in ihrer Transformation, insbesondere bei der Entwicklung neuer Geschäftsmodelle oder der Erschließung neuer Zielgruppen.

Sie nutzen also Daten, um ein besseres Verständnis für die jeweilige Zielgruppe zu entwickeln und darauf aufbauend kreative Ansätze für die Gestaltung von Produkten oder Dienstleistungen zu entwickeln:

»Wir arbeiten zum Beispiel mit Verlagshäusern zusammen, die ihre Leserschaft verjüngen möchten. Daten verhelfen zu einem besseren Verständnis für die Bedürfnisse und Vorlieben der jungen Zielgruppen. Auf dieser Basis entwickeln wir kreative Strategien und Kampagnen, um diese Zielgruppen erfolgreich anzusprechen und zu binden.

Gleiches gilt für ein mittelständisches Möbelunternehmen, das sein Wachstum nicht mehr durch den Ausbau von Filialen erreichen kann und nun mit Online-Riesen wie Amazon konkurrieren muss. In solchen Fällen können wir ihnen helfen, ihre Zielgruppen besser zu verstehen und kreative Strategien zu entwickeln, um sich in diesem neuen Marktumfeld zu behaupten.

Oder Kunden sagen: Wir wissen gar nicht, ob unser Geschäftsmodell in 20 Jahren überhaupt noch funktioniert. Wir müssen das eigentlich komplett neu entwickeln. Wir haben eine Marke, die funktioniert. Aber wir wissen nicht, was die folgenden Zielgruppen eigentlich brauchen. Die Daten sagen dir dann noch nicht unmittelbar, was für ein Produkt du bauen sollst. Das braucht dann schon eine eigene Kreativität. Aber sie setzt halt auf einem klaren Zielgruppen-Verständnis auf.«

Diese Beispiele zeigen: Der eigene Erfahrungsschatz, das eigene erfahrungsgesättigte Bauchgefühl, reicht in solchen Situationen oftmals nicht aus. Sie brauchen Daten, um die Adressaten des Angebots besser zu verstehen. Auf dieser Basis können Sie dann ganz anders, deutlich zielgerichteter kreativ werden. In all diesen Fällen sind Daten der Ausgangspunkt für den kreativen Prozess, sie bieten Ihnen Einblicke und Informationen, die Ihnen helfen, besser informierte Entscheidungen zu treffen und innovative Lösungen zu entwickeln. Dabei ist es wichtig, dass Sie die Daten nicht als absolut zu betrachten. Sie sollten sie als einen Teil des kreativen Prozesses nutzen, um die bestmöglichen Ergebnisse zu erzielen.

Daten sind aber nicht nur zum Dechiffrieren möglicher Zielgruppen hilfreich. Es gibt auch andere Beispiele aus der Wirtschaft, in der eine kreative Lösung ohne den Einsatz von Daten gar nicht möglich gewesen wäre. Steigen wir also mit Ramhorst einmal tiefer in die Welt der Chemie ein. Bei seinem damaligen Arbeitgeber Wacker haben sie wirklich innovative Lösungen entwickelt, die aufgrund einer ungeheuren Vielzahl an Produktionsparametern nur mit kreativen Datenmodellen zu lösen waren:

»*Ein Beispiel für den kreativen Umgang mit Daten ist der Prozess der Siliziumproduktion bei Wacker, einem Material, das in jedem zweiten Smartphone enthalten ist, insbesondere bei hochqualitativen Produkten. Der Prozess umfasst etwa 1400 Parameter, an denen sich traditionell nur eine Person orientiert hat, um Entscheidungen zu treffen, ob der Prozess erfolgreich ist oder nicht. Wir haben stattdessen nun umfangreiche Daten-Analysen durchgeführt, um den Prozess zu optimieren und die Wahrscheinlichkeit für eine erfolgreiche Produktion signifikant zu erhöhen.*

Hierbei mussten wir zum Beispiel Kamerabilder hinzufügen und nicht nur Sensoren verwenden, weil es in einigen Bereichen keine Sensorik gibt. Wir mussten Veränderungen beobachten und diese kreativ interpretieren, um den Prozess zu optimieren. Insgesamt zeigt dies, wie die Verwendung von Daten und kreativem Denken Hand in Hand gehen kann, um Probleme in der Wirtschaftswelt zu lösen.«

Es kann also mithin eine Vielzahl an Anwendungsfeldern für die Kombination von Kreativität und Daten geben – und im Übrigen auch unterschiedliche Zeitpunkte für ihren Einsatz: Dies können Marktforschungen zu einem ganz frühen Zeitpunkt sein. Daten sind aber regelmäßig nicht statisch. Sie sind fortlaufend bei dem kreativen Prozess zu aktualisieren und sollten regelmäßig in diesen einfließen, gerade auch wenn Experimentierphasen durchlaufen werden, verschiedene Ansätze getestet und diese kontinuierlich auf ihre Wirkkraft überprüft werden müssen.

Die Daten-Skills: Befähigen Sie sich und Ihre Mitstreiterinnen

Wenn wir Sie jetzt von der Notwendigkeit überzeugt haben, sich mit dem Thema Daten und Kreativität näher zu beschäftigen, müssen wir Sie leider ebenso mit dem Gedanken vertraut machen, dass der zielführende Umgang mit Daten nicht vom Himmel fällt. Sie und Ihre Mitstreiter sollten ihn erlernen, trainieren und immer wieder auf das Neue anpassen – auf die konkrete, kreative Fragestellung, auf die Datenlandschaft, auf die involvierten Stakeholder.

Ramhorst bringt es wieder auf den Punkt: »*Der Mensch muss befähigt werden, die Daten systematisch zu bearbeiten und im Sinne einer Aufgabenstellung zu interpretieren. Ich kann ihm nicht sagen, was dabei herauskommt. Das ist ein kreativer Prozess, bei dem ich ihn befähigen muss, in seiner Denkweise den Lösungsraum entsprechend mit den richtigen Mitteln zu antizipieren. Nicht jeder kann das, auch nicht jeder Data Scientist. Häufig muss er seine Fähigkeiten verbessern, um Muster zu interpretieren. Dann kann die Kombination von Mensch und Daten der entscheidende Faktor werden. Das gilt genauso für die Kieler Woche wie für das Wirtschaftsleben.*«

Gerade der richtige, auch kreative Umgang mit Daten gehört damit auch zu dem – bereits in diesem Buch behandelten – Kanon der technischen Fähigkeiten, die für bestimmte kreative Prozesse von durchaus erheblicher Bedeutung sein können.

Der richtige Horizont: Daten dürfen natürlich nicht alles sein

Nachdem wir also in diesem Abschnitt bislang das hohe Lied der Daten gesungen haben, wollen wir uns trotzdem nicht der Erkenntnis verschließen, dass diese natürlich nicht alles sein dürfen. **Matthias Hartmann**, der als CEO von Techem schon an anderer Stelle dieses Buches zu Wort kam, hat hierzu mit uns über den Zusammenhang zwischen Daten und Kreativität gesprochen:

»*Natürlich sind Daten wichtig, um fundierte Entscheidungen zu treffen und Projekte umzusetzen. Allerdings ist der kreative Prozess nicht zwangsläufig auf Daten angewiesen. Im Gegenteil: Eine zu starke Fokussierung auf Daten kann während des kreativen Prozesses manchmal schädlich sein, da sie nur einen Ausschnitt der aktuellen Welt abbilden. Dies kann den kreativen Freiraum einschränken. So besteht die Gefahr, dass man möglicherweise innovative Ideen oder Lösungen übersieht. Daten als auch Intuition sind also wichtig, um den kreativen Prozess anzustoßen.*«

Sie müssen mithin immer die Daten sprechen lassen und daraus Erkenntnisse ziehen. Sie müssen offen für neue Ideen sein, die über den aktuellen Datenhorizont hinausgehen. Gerade wenn man sich ausschließlich auf bestehende Daten stützt, gibt es das Risiko, das Gesamtbild zu verpassen. Daten und gerade auch kreative, unkonventionelle Ansätze sind notwendig, um den Denk- und Lösungsraum umfassend zu öffnen. Nicht jeder blinde Fleck kann durch Daten dekuvriert werden.

Was Sie für sich mitnehmen können

Geschafft. Vielleicht gehören Sie zu denjenigen Lesern, die jetzt ein klein wenig aufatmen. Kreativität und Daten sind ein eher sperriges Thema. Aber glauben Sie es uns: Daten werden immer wichtiger – auch in vielen kreativen Bereichen. Folgendes mögen Sie also aus diesem Abschnitt mitnehmen:

- Wenn Sie es nicht bereits sein sollten – öffnen Sie sich dem Gedanken: Daten und Kreativität müssen keine Gegenpole sein. Sie können durchaus Hand in Hand gehen.

- Ohne Plan ist alles nichts. Das gilt auch für den richtigen kreativen Datenansatz: Entwickeln Sie eine Strategie.

- Verbinden Sie dabei insbesondere unterschiedliche Datenpunkte mit eigener Kreativität: Erkennen Sie Muster, die andere noch nicht entdeckt haben. Verknüpfen Sie die noch nicht verbundenen richtigen Daten miteinander, um Ihr kreatives Ergebnis zu verbessern

- Identifizieren Sie Ihre kreativen Vorhaben, die Sie mit Daten befeuern wollen. Nicht überall gibt es Anwendungsfelder, aber sicherlich mehr als Sie vermuten.

- Um das Datengold erschließen zu können, sollten Sie aber regelmäßig sich und Ihre Mitstreiterinnen befähigen, Daten lesen zu können. Das ist Arbeit – es lohnt sich.

- Und schließlich – vergessen Sie aber auch nicht: Hinter dem Horizont geht es weiter – Daten dürfen natürlich nicht alles sein. Auch Bauchgefühl, kreative Impulse, Intuition und bewusster (Daten-) Regelbruch haben ihren Platz.

21. ERFOLGSREGEL: SCHRITT FÜR SCHRITT – DER RICHTIGE ITERATIVE PROZESS

»Es gibt keinen einfachen Weg zur Kreativität, sondern es ist ein Prozess der kontinuierlichen Exploration und des Versuchs und Irrtums.«
– Rolf Dobelli (Autor, Unternehmer, Gründer WORLD MINDS)

Von außen betrachtet sieht Kreativität nicht selten wie ein plötzlicher Quantensprung aus. Aber weit gefehlt, wie Sie sicherlich schon ahnen: In Wirklichkeit steckt dahinter ein kontinuierlicher iterativer Prozess, der auf vielen kleinen Schritten basiert.

Höchste Zeit also, einen genaueren Blick in diesen Teil der Werkstatt der Kreativität zu werfen. Lassen Sie uns die Erfolgsfaktoren dieser Regel hier unter das Brennglas legen. Und eines vorweg: Es lohnt sich – denken Sie an die vielen Vorteile eines solchen iterativen Prozesses: Sie können in einem solchen Prozess Ideen ausprobieren und experimentieren, ohne sofort perfekt sein zu müssen. Sie können Feedback von anderen einholen und die Idee auf dieser Grundlage verbessern. Aspekte, die man vielleicht übersehen hat, können berücksichtigt werden.

Sie fördern durch iterative Verfahren die Akzeptanz von Fehlern als natürlichen Bestandteil des kreativen Prozesses. Sie werden in diesem Prozess neue Möglichkeiten entdecken und neue Perspektiven gewinnen: Eine Idee kann sich im Laufe des Prozesses in eine völlig andere Richtung entwickeln. Sie können Ihre Ideen an Veränderungen in der Umgebung oder im Markt anpassen und damit sicherstellen, dass die Idee aktuell und relevant bleibt. Sie ermutigen zur Zusammenarbeit zwischen verschiedenen Disziplinen und

Fachgebieten und lassen unterschiedliche Perspektiven und Erfahrungen in den kreativen Prozess einfließen. Sie tragen durch wiederholtes Testen und Anpassen dazu bei, dass verschiedene Ideen und Lösungen im Laufe der Zeit konvergieren und sich verbessern.

Wie ist also dieser Prozess am besten auszugestalten? Wie können wir auf diesem Wege ein größtmögliches Maß an kreativen Ideen zielgerichtet entwickeln und umsetzen?

Schützenhilfe zur Beantwortung dieser Fragen holen wir uns von einem Großmeister der (iterativen) Kreativität, dem **schweizerischen Autor, Unternehmer und Weltenversteher Rolf Dobelli.**

Dobelli ist ein Wanderer zwischen den Welten: Er ist zunächst einmal Bestsellerautor. Seine Bücher wie »Die Kunst des klaren Denkens«, »Die Kunst des klugen Handelns« und »Die Kunst des guten Lebens« haben Millionenauflagen erreicht und sind um die Welt gegangen. Sein Denken und Schreiben ist kreativ, präzise und klar. Er taugt also als Vorbild. Dobelli ist daneben auch Unternehmer, genauer gesagt Gründer und Kurator des Online-Portals »getAbstract«. Das Besondere dieser Plattform: Sie fasst den Kern von mehr als 25.000 Werken prägnant zusammen. Eine wunderbare Quelle der Weisheit.

Und schließlich hat er mit WORLD MINDS die wohl beeindruckendste Brücke zwischen der Welt der Wissenschaft, der Wirtschaft und der Politik gebaut: Handverlesene Menschen kommen in diesem Forum zusammen, um die Welt besser zu verstehen. Ein einzigartiges Forum auf Augenhöhe, das durch einen Zufall geboren wurde. Es begann – wenn man so will – mit einem Denkfehler. Denn eigentlich hatte Dobelli Physik studieren wollen, aber aus Versehen Betriebswirtschaft gewählt und sich dann vier Jahre gelangweilt. Seine Liebe zur Naturwissenschaft hatte er jedoch nie verloren. Seine Neugierde, die Welt aus ganz unterschiedlichen Perspektiven verstehen zu wollen, war und ist ungestillt.

Vor 15 Jahren fiel Dobelli dann auf, dass seine Kollegen viel Geld für Forschung ausgaben, aber oft nichts verwertbar Innovatives dabei herauskam. So entstand die Idee für WORLD MINDS: Er mietete eine Bar in Zürich, lud 20 CEOs und 20 Wissenschaftler ein und bat sie, das Coolste aus ihrer Forschung zu präsentieren. Das Event war ein großer (Überraschungs-)Erfolg – die Teilnehmer baten um eine Fortsetzung. Dringend und größer.

So entstand eine Community, zu der mittlerweile 2.500 Menschen – nach dem Invite-Only-Prinzip – gehören, davon die Hälfte Wissenschaftler und ein Drittel aus der Wirtschaft. WORLD MINDS ist für Dobelli ein (iterativer) »Battle of Creativity«. Nicht nur deshalb ist er unser Role Model für diese Erfolgsregel der Kreativität.

Das zweite Gehirn: Schreiben Sie Ihre Ideen auf – sofort

Werfen wir zunächst mit ihm einen Blick auf den Beginn des Prozesses. Dobelli macht uns hier auf einen wichtigen Erfolgsfaktor aufmerksam: Seine Ideen entstehen am besten, wenn er sie aufschreibt – sei es auf einem Whiteboard oder in einem Notizbuch. Indem er seine Gedanken auf diese Weise ausformuliert, kann er sie besser sortieren und verarbeiten: »*Für mich ist das Schreiben wie ein zweites Gehirn, das mir hilft, meine Gedanken zu organisieren und zu strukturieren*«, so Dobelli, der im Übrigen für seine Arbeit als Autor Umgebungen ohne Fenster bevorzugt, um jegliche Ablenkung auszuschließen.

Verabschieden Sie sich also von dem Gedanken, dass wirklich gute Ideen erst im Kopf reifen müssten. Warten Sie nicht lange. Bringen Sie Ihre Ideen zu Papier. Schon dies hat einen reinigenden Effekt. Und nehmen Sie Ihr Handy mit, wenn Ihnen bei Spaziergängen die besten Gedanken kommen.

Lassen Sie zu Beginn Ideen-»Geröllhaufen« zu: Warten Sie nicht auf den roten Faden

Was er dann zu Papier bringt, bezeichnet Dobelli wenig sentimental als seinen »Geröllhaufen«. Es ist mit anderen Worten eine noch wilde Ansammlung vieler, unsortierter Ideen. Das ist kein unbeabsichtigter Mangel an Struktur, sondern eher zwingende Voraussetzung für den weiteren Prozess.

Die wenigsten Menschen haben nämlich die Gabe, schon zu Beginn ihres kreativen Prozesses ganz genau den weiteren Gedankengang strukturiert im Kopf zu haben. Hier dürfen wir also gelassen bleiben. Auch Dobelli geht es nicht anders: »*Die Entwicklung eines roten Fadens in meinem Schaffen ist immer erst rückblickend erkennbar. Vorher sehe ich ihn nie.*«

Machen Sie es also wie Dobelli: Verfolgen Sie ruhig erst einmal nur Ideen, die Ihnen Freude bereiten. Daraus können unerwartete Projekte und Werke entstehen. Probieren Sie aus, experimentieren Sie!

Machen Sie kleine Schritte: Geniale Quantensprünge sind selten

Und bedenken Sie dabei eines: Der kreative Erfolg kommt in kleinen Schritten daher. Auch wenn wir die Werke Dobellis für ihre formvollendete Kreativität, Klarheit und Prägnanz bewundern, sind sie doch in mühevoller Kleinarbeit entstanden.

Seine eigenen Worte sollten uns also Mut geben: »*Es gibt keinen einfachen Weg zur Kreativität. Es ist stattdessen ein Prozess der kontinuierlichen Exploration und des Versuchs und Irrtums. Kreativität kann oft wie ein plötzlicher Quantensprung aussehen, wenn man es von außen betrachtet, aber in Wirklichkeit ist die Basis ein kontinuierlicher Prozess, der auf vielen kleinen Schritten basiert.*«

Kreativität ist oft dieses Ergebnis iterativer kleiner Schritte, mit denen vielfach auch Irrwege und Rückschritte verbunden sind. Es gibt nur wenige Genies, die in großen Schritten voranschreiten können. Die meisten Menschen bewegen sich tastend, ausprobierend, Schritt für Schritt auf der Suche nach der richtigen kreativen Idee.

Und eines ist wichtig zu verstehen: Regelmäßig kommt es darauf an, wie viel Arbeit man bereits investiert hat, bevor man etwas Neues versucht und dann entdeckt. Dobelli fasst dies prägnant zusammen: »*Die Leute denken oft, dass jemand super kreativ ist, aber das liegt meist daran, dass diese Person sich bereits viele Gedanken über die Welt oder ihre Branche gemacht und viele verschiedene Gedanken und Tricks durchgetestet hat, bevor sie zu einer neuen Idee gekommen ist.*«

Kleine Schritte versetzen uns also in die Lage, unsere Ideen zu verbessern. Nicht selten müssen wir eine Folge von Schritten wiederholen, um eine Idee kontinuierlich in jedem Durchlauf weiterzuentwickeln und ein bestmögliches Ergebnis zu erreichen. Es ist mühsam, aber einen »Shortcut« gibt es nicht. Jedenfalls nicht in unserer Welt. Gewöhnen Sie sich daran.

Setzen Sie rigorose Filter ein: Lassen Sie Darwin zuschlagen

Ab einem bestimmten Zeitpunkt müssen Sie sich dann emotionslos die Karten legen: Nicht alle Ideen Ihres »Geröllhaufens« dürfen und werden überleben: Zeit also, einen Teil »Ihrer Babies zu killen«. Sie folgen der Darwin'schen Evolutionslogik. Sie müssen also aus den vielen Ideen nun die wenigen richtigen herausfiltern und sortieren.

Wenn es um die Umsetzung von Ideen geht, stehen Sie also regelmäßig vor der Herausforderung, aus einer Vielzahl von Optionen diejenigen auszuwählen, die am besten funktionieren. Ein dauerhafter Geröllhaufen an Ideen wird Sie überwältigen. Sie brauchen einen klaren Filter, welche Ideen in die Tat umgesetzt werden sollten und welche nicht.

Dobelli gibt hierzu ein gutes Beispiel für sein Vorgehen bei der Auswahl der Impulsgeberinnen bei seiner WORLD MINDS Plattform. Er braucht Personen, die ihre Ideen auf verständliche Weise erklären können. Es geht also darum, diejenigen auszuwählen, die nicht nur kompetent, sondern auch in der Lage sind, ihre Gedanken auf verständliche Weise zu kommunizieren und gegebenenfalls auf aktuelle Ereignisse zu reagieren. Nur dann wird ein herausragender Dialog gelingen. Es muss also fachlich und kommunikativ passen. Kandidaten, die nur eines der beiden Kriterien erfüllen, fallen aus der Auswahl. Das kann manchmal schmerzhaft sein.

Es klingt profan, aber seien Sie deshalb sehr genau (und konsequent), wenn Sie Ihre Filter definieren und dann auch anwenden. Was ist ganz genau die inhaltliche Zielrichtung, die Sie mit dem kreativen Prozess verfolgen? Wann ist ein Erfolg gegeben? Sie müssen dann bereit sein, Ideen zu verwerfen, die eigentlich vielversprechend schienen, aber im Kontext des Projekts nicht relevant oder praktikabel sind.

Nur dann können (und müssen) Sie sich wie Dobelli auf wenige Ideen fokussieren, die Sie mit viel Energie und Leidenschaft umsetzen. Bewahren Sie sich aber immer etwas Flexibilität. Manchmal kann sich eine unerwartete Nachfrage nach Ideen ergeben, die Sie eigentlich schon abgeschrieben haben.

Packen Sie Ideen, die gerade jetzt nicht passen – wie Dobelli – in Schubladen. So hofft er, diese Ideen irgendwann wiederverwenden zu können. Seine Erfahrung zeigt aber: Dies ist selten der Fall. Er behält sie trotzdem – wahrscheinlich aus einem psychologischen Bedürfnis heraus, dass er sich aufbewahrt fühlt und dass er weiß, dass er diese Ideen nicht für immer verloren hat.

Wechselspiele: Arbeiten Sie mal allein, mal zusammen

Schließlich werden sich in einem iterativen Prozess häufig Phasen der Me-Time und der Interaktion mit anderen Personen abwechseln. Das ist sehr Kontext- und Typen-abhängig: Manche Menschen benötigen den Austausch mit anderen, während andere eher allein arbeiten können. Wir hatten dieses Thema schon häufiger erwähnt.

Wir sind dabei Dobelli sehr nahe, für den es »*ein Wechselspiel zwischen diesen beiden Extremen*« ist: Manchmal braucht er die Interaktion mit Dritten, um inspiriert zu werden, während er sich zu anderen Zeiten sehr auf sich selbst konzentriert und allein arbeitet. Und auch dieses Buch, das Sie gerade in den Händen halten, ist ein bestes Beispiel hierfür.

Hören Sie also genau auf sich und strukturieren Sie Ihre Phasen so, wie es für Sie optimal ist. Auch dies klingt profan, findet aber nach unserer Erfahrung nur selten statt. Regelmäßig startet man gerne mit einem – nur wenig vorbereiteten – Brainstorming. Dieses führt aber nur selten zur wirklichen kreativen Durchführung und ist kein wirkungsvoller iterativer Prozess, wie wir ihn uns vorstellen. Machen Sie es besser.

Finden Sie Ihre Rolle: Bewegen Sie sich in Ihrem Kompetenzkreis

Wenn wir von einem iterativen kreativen Prozess sprechen, kommt damit auch unweigerlich die Frage auf, was genau Ihre Rolle ist und wie Sie sie bestmöglich ausfüllen können. Sie können der Initiator des Prozesses oder auch Feedback-Geber sein. In jedem Fall ist wichtig, dass Sie sich sicher sind, worin Sie gut sind und sich genau in diesem Feld dann auch bewegen.

Dobelli verweist in unserem Gespräch dabei auf das von Warren Buffet entwickelte Konzept mit dem wunderbaren Begriff des »Circle of Competence«

(= Kompetenzkreis). Der schlichte – aber gleichwohl sehr treffende – Grundgedanke ist, dass jeder sich auf den Bereich konzentrieren muss, in dem er besonders gut ist und in dem er über entsprechende Talente, Wissen und Verständnis verfügt. Demgegenüber sollte man sich von solchen Bereichen fernhalten, in denen das nicht der Fall ist.

Der so definierte eigene Kreis kann mitunter recht eng sein. Das macht nichts, solange Sie darin wirklich gut sind. Vor diesem Hintergrund müssen Sie sich ehrlich bewerten und ihren Kompetenzkreis abgrenzen. Sie sollten sich auf diesen Kreis fokussieren und dort disziplinieren. Dann werden Sie eine effektive Rolle in kreativen Prozessen einnehmen können.

Ihr Kompetenzkreis hat dabei nicht zwangsläufig etwas mit klassischen Positionen in Unternehmen oder Fachdisziplinen zu tun. So beschreibt Dobelli seinen eigenen Kompetenzkreis dahingehend, dass er über die Gabe verfüge, (komplexe) Sachverhalte schlüssig, prägnant, inhaltlich korrekt und oftmals kurzweilig zusammenzufassen. So hat er bei »getAbstract« 25.000 Titel auf jeweils fünf Seiten zusammengefasst oder auch in seinen Sachbüchern jeweils ultrakurze Kapitel verfasst, um das Wissen möglichst effektiv zu komprimieren.

Fragen Sie sich also ganz genau: Was ist genau Ihr Kompetenzkreis in dem kreativen Prozess? Ein sehr klarer Blick lohnt sich, für alle Beteiligten. Versprochen.

Sorgen Sie für (kontinuierlichen) Ideen-Nachschub

Der iterative Prozess der Kreativität setzt schließlich voraus, dass Sie sich ständig neuen Impulsen und Perspektiven aussetzen. Dobelli nutzt dafür die von ihm ins Leben gerufene Plattform WORLD MINDS: »*Es ist wie ein Tiefbrunnen, aus dem ich immer wieder neue Inspiration schöpfen kann.*«

Dobelli will Menschen auf der ganzen Welt vernetzen und ihnen die Möglichkeit geben, ihr Wissen und ihre Erfahrungen miteinander zu teilen. Sie sollen voneinander lernen, ihre Ideen und Perspektiven austauschen – auf möglichst einfache Weise.

Sicherlich ist nicht jedem von uns vergönnt, handverlesenes Mitglied eines so erlauchten Kreises zu sein – wichtig ist aber der Grundgedanke, der dahinter steht: Versuchen Sie sich zunächst einmal eine eigene Plattform der unterschiedlichen Perspektiven und Kompetenzkreise schaffen, um einen dauerhaften Nachschub an neuen Impulsen und Ideen zu gewährleisten. Darüber hinaus müssen Sie zudem darüber nachdenken, wie Sie einen möglichst einfachen Zugriff dauerhaft erhalten. Nur dann können Sie sicherstellen, dass Ihr iterativer kreativer Prozess nicht irgendwann austrocknet.

Was Sie für sich mitnehmen können

Fazit: Ein iterativer Prozess hilft Ihnen sehr, Ihre kreativen Ideen zu entwickeln, zu sortieren, zu verbessern und schließlich auch umzusetzen. Sie sollten sich folgende Erfolgsfaktoren zu Herzen nehmen – natürlich nicht sklavisch, sondern auf Ihren konkreten Kreativitätskontext adjustiert:

- Bringen Sie Ihre Ideen schnell zu Papier und behalten Sie sie nicht nur in Ihrem Kopf.

- Lassen Sie sich zu Beginn auf ein eher unstrukturiertes Stückwerk ein – der rote Faden wird sich herausbilden.

- Gehen Sie in kleinen Schritten vor und lassen Sie Fehler zu.

- Setzen Sie ab einem bestimmten Zeitpunkt rigorose Filter ein und »killen« Sie sogar gute Ideen, die im spezifischen Kontext keinen Mehrwert bringen.

- Strukturieren Sie für sich genau den Prozess: Wann müssen Sie allein kreativ sein, wann brauchen Sie andere.

- Definieren Sie genau Ihren Kompetenzkreis und Ihre Rolle, die Sie in diesem kreativen Prozess einnehmen wollen.

- Lassen Sie den See an Impulsen nicht austrocknen: Sorgen Sie für (kontinuierlichen) Ideen-Nachschub.

EXEKUTION

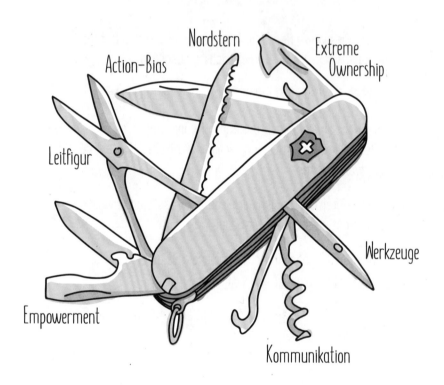

22. ERFOLGSREGEL: DIE EFFEKTIVE KREATIVE EXEKUTION

»Töpferkurse bringen die Welt nicht weiter«
– Frank Dopheide (Autor, Unternehmer, Kreativer)

Die besten neuen Ansätze, die wunderbarsten Ideen, vorher nie gesehene Verknüpfungen, die schier unendliches kreatives Potential besitzen, sind wertlos, wenn man sie nicht zum Leben erwecken kann. Die Umsetzung einer kreativen Idee ist daher ein wesentlicher Schlüssel zum Erfolg kreativer Prozesse. Denn was bleibt von einer Idee, wenn sie nicht umgesetzt wird?

Geistesblitze kommen und gehen. Wert und Substanz bleiben. Exekution ist die Brücke zwischen einem kreativen Impuls und etwas, das bleibt. **Christian Bruch** beschreibt es in unserem Interview zu diesem Buch sehr treffend: *»Die Frage ist, welche dieser Ideen generiert eigentlich Grundwert und welche ist umsetzbar?«*

Schauen wir uns also an, warum die Umsetzung im Kreativprozess einen solch hohen Stellenwert genießt. Sie werden merken, dass dieses Thema unsere Aufmerksamkeit durchaus verdient.

John Doerr, Executive Chairman einer der erfolgreichsten Venture Capital Firmen der Welt (Kleiner Perkins) und früher Investor in Google, formuliert es sehr zutreffend: »Ideas are easy, execution is tough«.

Wie setzen Sie Ihre Ideen daher am besten um? Wie stellen Sie sicher, dass Sie sich nicht verzetteln, dass Sie das berühmte tote Pferd nicht zu lange reiten?

Wichtige Hinweise, Impulse und erfolgreiche Beispiele zu Fragen der Umsetzung holen wir uns von einer deutschen Industrielegende, Freund der Oper, Fan von Richard Wagner und einem erfolgreichen Investor. »*Kohle, Stahl, Anlagenbau, Ruhrgebiet, klassisch, extrem hierarchisch, Vorstandsetage, Chauffeur*« – so kennen ihn viele. Aber es steckt mehr dahinter. **Gisbert Rühl** ist jemand, der nicht nur die Unternehmen, für die er verantwortlich war, sondern auch sich selbst diverse Male disruptiert und transformiert hat.

Jemand, der es geschafft hat, ein traditionsreiches und stolzes Unternehmen mit mehr als 10.000 Mitarbeitern nachhaltig zu verändern, um es fit für eine neue Zukunft zu machen. Klöckner wurde unter seiner Führung zu einem der innovativsten Unternehmen der Stahlindustrie. Diese Reise, leider immer noch eine Ausnahme in der Deutschen Industrie, wurde sowohl von Harvard[2] als auch von St. Gallen[3] für die Nachwelt als Nachschlagewerk dokumentiert. Ohne Kreativität wäre das nicht möglich gewesen. Und genauer gesagt: Kreativität gerade auch in der Umsetzung.

Als jemandem, der im Ruhrpott beruflich aufgewachsen ist, früh Vorstand wurde und als junger Vorstand eine Automotive-Gruppe leitete, waren ihm Themen wie Cloud-Computing, künstliche Intelligenz und Augmented Reality eher fremd. Seine Neugier und der unbedingte Wille, erfolgreich zu sein, halfen ihm dabei, schnell zu lernen und sich so von seinen Wettbewerbern erfolgreich abzusetzen. Von 30 bis 60 war Rühl ein feiner Herr im Anzug mit Krawatte und Einstecktuch. Heute ist er lockerer, entspannter und kreativer. Turnschuhe, Jeans und das Fehlen der Krawatte verleihen dem immer noch feinen älteren Herren eine gewisse Dynamik, die man nicht nur sieht, sondern auch fühlt.

Wie erschuf er nun also konkret aus einem tradierten Stahlhändler ein Technologieunternehmen? Wie schaffte er es, als Investor sehr schnell den ersten IPO zu meistern? Wie managed er Kreative in Bayreuth und nun auch in London, koordiniert die Politik und schützt das kreative Erbe von Richard Wagner? Auf was kommt es an? Was waren seine Erfolgskriterien, die die größten Dividenden im Kreativprozess brachten? Wie hat er als Investor mit wenig viel erreicht? Welche Fehler hat er gemacht und welche Überraschungen erlebt?

---

2 https://store.hbr.org/product/gisbert-ruhl-leading-digital-transformation-at-klockner-co/ES1831
3 https://www.alexandria.unisg.ch/264179/

Finden Sie Ihren Nordstern und kommunizieren Sie ihn

Busy but not productive« ist in vielen Unternehmen, die sich transformieren, eine Herausforderung. Aber nicht nur Unternehmen leiden darunter. Jedes Team, das viel tut und wenig umsetzt, sollte an seinem Wirkungsgrad und Output arbeiten. Vielleicht kennen Sie das Gefühl, viel vorzuhaben und unglaublich viel zu arbeiten, aber dennoch zu erkennen, dass Sie nicht so richtig vorankommen oder nicht in die richtige Richtung laufen? Wer neue Wege gehen will, muss darauf achten, dass die Wege einem zum kreativen Ziel bringen.

Um das Problem zu vermeiden, ist es wichtig, zu verstehen, was essenziell ist für eine erfolgreiche Umsetzung einer kreativen Idee – und was eben nicht. Rühl war klar, dass eine radikale Transformation seines Traditionsunternehmens seine Mitarbeiter überfordern könnte. Ihm war es daher wichtig, Kontinuität und Vertrauen im Prozess zu verankern. Das strategische Zielbild, sozusagen der Endzustand der Transformation war daher von enormer Bedeutung für ihn und seine Reise. Das stetige Zurückkommen auf das Zielbild, auf das, was man gemeinsam erreichen will, gibt dem Team Stabilität und Kontinuität, die auch für Rühl stets wichtig waren:

»*Die Einführung von zu vielen Veränderungen kann eine 100 Jahre alte Corporate überfordern, da sie nach Beständigkeit und Sicherheit strebt. Als Führungsperson ist es wichtig, eine gewisse Kontinuität zu bewahren, um den Mitarbeitern Sicherheit zu geben und nicht den Eindruck zu erwecken, dass man jedes Jahr eine neue Sau durchs Dorf treibt. Eine Transformation braucht Zeit und kann nicht jedes Jahr neu erfunden werden. Ein gewisses Maß an Beständigkeit ist notwendig, um die Mitarbeiter und die Corporate-Kultur zu stärken.*«

Dabei sollten Sie verstehen, dass Transformationsprozesse nicht nur im unternehmerischen Kosmos wichtig sind. Jede Veränderung, die mit etwas Neuem, etwas Kreativem einhergeht, transformiert den Status Quo und erzeugt dieselbe Reaktion der Menschen um uns herum. Sei es eine neue Kunstform, das Neuinterpretieren eines Musikstückes, eine andere Art zu lernen, eine neue Technologie oder etwas Musisches. Kreativität erzeugt Veränderung und somit oftmals eine Transformation des Status Quo hin zu etwas anderem.

Eine Frage, die für diese transformative kreative Reise wichtig ist, ist die, was wir eigentlich erreichen wollen.

Auch als Investor war es Rühl daher stets ein Anliegen, zu wissen, was er mit welchen Mitteln wie erreichen möchte. Er hat gelernt, dass auch in turbulenten Zeiten, in denen die Märkte schwierig sind, kreative Ansätze den Unterschied machen können. Sein Ansatz, Dinge anders als andere zu machen, gab ihm in seiner zweiten Karriere als Investor recht. *»You have to be right and contrarian to be successful«* ist eine Investorenweisheit, die auch Rühl unterschreibt.

Man kann nicht erfolgreich sein, wenn man nicht weiß, was genau man erreichen will und wie. Dabei ist es wichtig, einfach zu denken, alles so weit zu vereinfachen, dass man selbst das Thema komplett durchdrungen hat, und sicherzustellen, dass man verstanden wird. Im Unternehmen und auch außerhalb.

Strategische Zielbilder waren in allen Genres, in allen unterschiedlichen Aktivitäten für Rühl stets sein Nordstern. Sowohl in der Kunst als auch als Vorstandsvorsitzender und Investor. Wenn man weiß, was man erreichen will, erhöht sich die Chance, es zu erreichen, signifikant.

Das strategische Zielbild dient im übertragenden Sinne als Blaupause, es ist ein Reiseführer der Transformation und des Unternehmertums. Aber nicht nur dort. Kreative Ziele entstehen oftmals erstmal im Kopf. Wenn Sie, durch welche Methode, durch welche Erfolgsregel auch immer, zum Punkt gelangt sind, ein gutes Verständnis Ihres kreativen Vorhabens zu haben, ist es wichtig, daraus eine Blaupause abzuleiten. Eine Wegbeschreibung, die Sie zu Ihrem kreativen Ziel führt. Eine Zustandsbeschreibung des Endprodukts nach der finalen Umsetzung einer kreativen Idee. Diese Blaupause hat nicht nur einen Beginn und ein Ende. Sie kommt mit Meilensteinen, die es Ihnen erlauben, zu messen, ob Sie auf dem richtigen Weg sind oder abdriften. Diese Messbarkeit bringt Wahrhaftigkeit (manchmal schmerzhaft) in unseren Schaffensprozess.

Das strategische Zielbild, also das, was Sie erreichen wollen, hilft Ihnen auch bei der Entscheidung, was Sie tun sollen und, viel wichtiger, was nicht. Um sich nicht zu verzetteln, können Sie sich immer eine sehr einfache Frage stellen: »Zahlt das, was ich vorhabe zu tun, auf mein Zielbild ein. Bringt es mich näher ans Ziel oder lenkt es mich ab«. Stellen Sie sich diese Frage stets anhand des Bildes, das Sie im Kopf haben. Nutzen Sie stets Ihre Blaupause, Ihre Wegbeschreibung oder wie auch immer Sie Ihre Reise am besten dokumentieren. Tun Sie das nicht, kann es sein, dass Ihr kreativer Traum genau das bleibt: ein Traum.

Trauen Sie sich, Dinge einfach mal zu machen

Kreative Menschen, Menschen, die intelligent sind, überverkomplizieren manchmal und reden sich aus vielen spannenden Kreativprojekten raus. Es sei nicht möglich, zu schwierig oder man mache etwas so nicht. Dabei ist der Glaube an sich selbst, wie auch in diesem Buch beschrieben, ein essentieller Teil des Umsetzungserfolgs. Trauen Sie sich, Dinge einfach mal auszuprobieren.

Mit Ihrem strategischen Zielbild vor Ihrem geistigen Auge haben Sie einen Wegweiser, der Ihnen aufzeigt, wo Sie gerne hinmöchten und was Sie gerne erreichen möchten. Selbst, wenn Sie noch nicht genau wissen, wie Sie dort hinkommen, wissen Sie schon einmal, wo Sie hinmöchten. Ein enormer Vorteil.

Nehmen Sie sich ein Beispiel an **Philipp Westermeyer**, der viel probiert hat, der aus wenig sehr viel gemacht hat. Der nicht wusste, wie man eine Messe »macht« und es durch Pragmatismus gemeinsam mit seinen Kolleginnen und Kollegen geschafft hat, mit dem OMR-Festival die größte Digital- und Marketingmesse Deutschlands ins Leben zu rufen.

Extreme Ownership

Vertrauen ist bei der Umsetzung ein Grundpfeiler des Erfolgs. Vertrauen in Ihren eigenen Fähigkeiten. Aber auch Vertrauen Ihrer Mitstreiterinnen in Sie und Ihre Fähigkeiten. Etwas Neues zu schaffen, ist schwierig. Die letzten Meter sind typischerweise die schwierigsten. Wenn die See rau wird, zeigt sich, wer durchhält. Zeigen Sie den Menschen, die mit Ihnen auf der kreativen Reise sind, dass Sie wissen, was zu tun ist, dass Sie das strategische Zielbild stets im Blick haben, dass Sie sie mit an Sicherheit grenzender Wahrscheinlichkeit zum Ziel führen werden. Nehmen Sie absolute Verantwortung, seien Sie erreichbar, ansprechbar, ehrlich und halten Sie das kreative Projekt stets im Zentrum Ihres Handels. Man kann nicht halb-schwanger sein. Nehmen Sie »extrem ownership«.

Rühl erinnert sich, dass selbst als CEO eines börsennotierten Unternehmens die Transformation sein Hauptjob war: *»Auch wenn das für das Management schwierig war, haben wir immer Dinge ausprobiert und uns auf neue Prozesse eingelassen. Ich habe viel Zeit in die Transformation investiert und sie war über Jahre ein Hauptteil meiner Arbeitszeit.«*

Als Vorstandsvorsitzender hatte er den Vorteil, Anweisungen vorgeben zu können. Als Vorsitzender der Wagner-Stiftung hat er diese Weisungspflicht nicht so inne. Umso wichtiger ist das Thema »extreme ownership«. Menschen folgen Leadern. Anführern, denen sie vertrauen, das Richtige zu tun. Personen, die unterschiedliche Interessen und Domänen zusammenführen und für die Sache den größtmöglichen kreativen Erfolg erarbeiten. Seien Sie also eine Leitfigur für Ihr Team und stehen Sie mit der benötigten Radikalität für Ihr Thema ein, so wie es Rühl tat:

»Zusammengefasst bedeutet das, dass Veränderungen in einer großen Corporation schwer durchzusetzen sind und viel Zeit und Geduld erfordern. Es ist nur möglich, wenn der CEO die Veränderung aktiv vorantreibt, da er als Vorbild und Leitfigur fungiert. Eine erfolgreiche Transformation oder Disruption kann nicht delegiert werden und erfordert eine gewisse Radikalität.«

Zeigen Sie daher Verantwortung und Ownership für Ihr Thema. Je kredibler und glaubhafter Sie für eine Idee einstehen, desto wahrscheinlicher wird der Umsetzungserfolg. Durch extreme ownership erzeugen Sie eines der wichtigsten Güter bei der Umsetzung kreativer Ideen: Vertrauen!

Werkzeuge: Finden Sie die richtigen Werkezeuge und setzen Sie sie effektiv ein

Wie kommunizieren Sie Ihr Zielbild effektiv mit allen Beteiligten? Wie stellen Sie sicher, dass Sie Feedback bekommen, andere Perspektiven hören, im Austausch mit den Teilnehmenden stehen und stets erreichbar sind?

Als jemand, der im Privaten noch nie mit Social Media in Kontakt kam, ging Rühl auch hier neue Wege. Er wurde zu einem der weltweit aktivsten Poweruser von Microsoft Jammer. Einem corporate social media Tool, das es ihm erlaubte, stets im offenen Austausch mit all seinen 10.000 Mitarbeitern und Mitarbeiterinnen zu stehen. Absolute Transparenz und Erreichbarkeit waren ihm wichtig. Er wollte Barrieren abreißen, Brücken bauen, nah dran sein, den Puls fühlen und das Unternehmen schneller und agiler machen. Angst vor Urlaubsbildern oder belangloser Kommunikation hatte er nie. Retrospektiv lag er mit dieser Einschätzung absolut richtig. »*Wir haben dann Ideen gesammelt, um das Problem zu lösen, und diese Kreativität wurde durch das Tool freigesetzt*« ist eine der Erkenntnisse, die Rühl rückblickend erlangte.

Werkzeuge haben den weiteren Vorteil, dass sie dokumentieren. Wissen geht also nicht verloren und ist stets verfügbar für alle. Sie eliminieren Ineffizienzen im Umsetzungsprozess, ermöglichen Skalierung, bringen über AI neue, automatisierte Impulse und verhindern so, dass Sie das Rad neu erfinden. Sie brechen Silos auf.

Stellen Sie also sicher, dass Sie die richtigen Werkzeuge einsetzen, um Ihre Arbeit effektiver zu machen und um sicherzugehen, dass wertvolles Wissen nicht verlorengeht. Vergessen Sie im Umsetzungstunnel nicht, die Augen nach den richtigen Tools offenzuhalten. Das Kommunikationsbeispiel von Rühl ist hier nur beispielhaft aufgeführt – schauen Sie selbst, welche Werkzeuge es bereits gibt, um die aktuellen Herausforderungen in Ihrem Kreativprojekt effizient zu meistern. Erfinden Sie das Rad nicht neu und konzentrieren Sie sich auf den Kern Ihrer Kreativität, dort, wo die eigentliche Werthaltigkeit liegt.

Kommunizieren Sie stets transparent

Wie bereits gelernt, ist für Rühl Kommunikation ein wichtiger Teil des Umsetzungsprozesses. Oftmals gibt es viele Personen oder Parteien, die an einem Umsetzungsprozess beteiligt sind. Absolute Transparenz, keine Tabus, Beständigkeit, Konsistenz und Offenheit waren im Nachhinein die Schlüsselkriterien für den Erfolg des Deutschen Industriemanagers. »*Durch die absolute Transparenz haben wir einen sicheren Raum für Kreativität geschaffen. Die offene Kommunikation ermöglichte eine höhere Nähe zu den Mitarbeitern und half dabei, Vertrauen aufzubauen*«, erinnert sich Rühl.

»*You can't overcommunicate*« ist eine Aussage, die er stets gelebt hat und die ihm geholfen hat, den Großteil seiner Organisation positiv zu aktivieren. »In der Regel gibt es etwa ein Drittel, das sich gar nicht bewegt, ein Drittel, das bei Erfolg mitmacht, und ein Drittel, das von Anfang an vorne mit dabei ist« – erinnert sich Rühl und schließt mit der Erkenntnis ab, dass die richtige Kommunikation dabei hilft, den Großteil der Organisation zur Mitarbeit zu bewegen.

Rühl war sich der Bedeutung offener und transparenter Kommunikation stets bewusst und hat damit einen Raum für den Austausch von Ideen und gegenseitiger Hilfestellung geschaffen:

»Ja, durch die absolute Transparenz haben wir einen sicheren Raum für Kreativität geschaffen.

Dabei ist es oft so, dass die Kommunikation redundant ist. Als Vorsitzender der Wagner Stiftung hat er viele unterschiedliche Parteien am Tisch. Politisch, gesellschaftlich, die Familie Wagner, Fans, Sponsoren und Kulturbeauftragte. Jeden und jede so abzuholen, dass ein Konsens, der der Umsetzung hilft, erreicht wird, erfordert stetige und kontextualisierte Kommunikation.

Unterschätzen Sie daher nicht, wie wichtig es ist, dass Sie richtig, regelmäßig und transparent kommunizieren. Holen Sie Ihr Team ab und stellen Sie sicher, dass die Kommunikation keine Einbahnstraße ist.

Empowerment – Wie Sie Ihr Team richtig mitnehmen und befähigen, selbst zu entscheiden

Wenn du schnell gehen willst, dann gehe allein. Wenn du weit gehen willst, gehe mit anderen« sagt ein afrikanisches Stichwort. Nehmen Sie die Menschen um sich herum mit. Begeistern Sie sie für Ihre Idee, laden Sie sie auf Ihre Reise ein, sammeln Sie Input, Unterstützer und profitieren Sie von der Intelligenz Ihres Umfelds. Das kann, wie im Falle von **Rühl**, das eigene Unternehmen sein oder Partner, Unterstützer der Stiftung oder wichtige Stakeholder. Ihm war es stets wichtig, seine Kollegen mitzureißen und in die Lage zu versetzen, einen wertigen Beitrag zur Transformation von Klöckner zu leisten. Heute sagt er dazu: »Als CEO war es mein Ziel, die Führungskräfte und Mitarbeiter in meinem Unternehmen zu ermächtigen und zu befähigen, eigenständig Entscheidungen zu treffen und Probleme zu lösen.«

Schätzen Sie dabei auch ein, welche Geschwindigkeit Ihr Team gehen kann. Egal, wie die Komposition Ihres Teams aussieht, sie werden unterschiedliche Charaktere, Hintergründe, Motivationen, Skills und Erfahrungen unter einen Hut bringen müssen. Empowerment heißt auch, das richtige Tempo zu finden. Überfordern Sie Ihre Umgebung nicht.

Ein junges Startup vor dem Börsengang bewegt sich unter Umständen schneller als politische Entscheidungsträger in Stiftungen der musischen Kunst.

Rühl erinnert sich noch gut, wie erschrocken er war, als eine seiner 10.000 Mitarbeiterinnen ihn fragte, welches Design die Tasse für die alljährliche Hauptversammlung haben sollte. Ihm war klar, dass sich die Entscheidungsfreudigkeit und der Wille zu entscheiden, in der Organisation verankern mussten. Ab diesem Zeitpunkt hat er so gut wie jede nicht-strategische Entscheidung zurück in die Organisation geschickt. Er wollte die Organisation nicht nur empowern. Er wollte dafür sorgen, dass Entscheidungsfreude Teil der DNA des Unternehmens wurde. Damit wurde Klöckner nicht nur agiler und schneller, sondern auch signifikant effizienter. Die Frage, die er sich stets stellte: »Bin ich der Einzige und der Richtige, der diese Entscheidung treffen kann«. Ein nein auf diese Frage führt dazu, dass die Entscheidung wieder in die Organisation ging. Im Konkreten beschreibt er dieses Erlebnis wie folgt

»Positive Energie und Empowerment sind von großer Bedeutung, wie ich aus meiner Erfahrung bei Klöckner gelernt habe. Es hat eine Weile gedauert, bis mir bewusst wurde, wie wichtig Empowerment tatsächlich ist. Ein Beispiel dafür war eine Situation, in der ich eine E-Mail mit drei verschiedenen Mustern von Klöckner-Tassen erhielt, aus denen ich auswählen sollte, welche wir als Geschenke verteilen würden. Ich fragte mich, ob die Person, die mir die E-Mail geschickt hatte, nicht selbst in der Lage war, die Tassen auszuwählen. Diese kleine Begebenheit brachte mir die Bedeutung von Empowerment und positiver Energie in einem Unternehmen näher.«

Profitieren Sie vom Wissen und der Erfahrung Ihrer Umgebung und versetzen Sie Ihre Mitstreiter in die Lage, den größtmöglichen positiven Impact auf die Umsetzung zu haben. Gemeinsam sind die stärker!

Entscheiden Sie, selbst wenn die Entscheidungen hart sind

Kreativität ist bei uns stets positiv besetzt und das ist auch gut so. Jedoch sind die Ressourcen limitiert, die Reise beschwerlich und der Ausgang ungewiss. Daher empfiehlt es sich bei aller Positivität, bei all der wichtigen Emotionalität eine gewisse Distanz zu unserem Vorhaben. »Kill your babies early« kann brutal sein, aber wichtig. Projekte zu stoppen, die nicht umsetzbar sind oder die nicht das gewollte Ergebnis liefern, spart Zeit, Ressourcen und minimiert Frustration.

Zeit, Geld, die Geduld der Beteiligten und die Ausdauer der Mitarbeitenden sind Formeln einer Gleichung, deren Ergebnis der Wirkungsgrad unserer Umsetzung ist. Diesen zu maximieren, hebt uns von unseren Wettbewerbern ab und erhöht die Chance, mit dem, was wir haben, unsere Idee erfolgreich zum Leben zu erwecken.

Als CEO eines börsennotierten Unternehmens hatte Rühl stets einen besonnenen Blick auf die Transformation. Er wusste, was er erreichen wollte und wie. Teilprojekte, die nicht den gewünschten Output erzeugen, hat er radikal und folgerichtig so frühzeitig wie möglich beendet.

Damit konnte er Ressourcen freischaufeln, die es ihm ermöglicht haben, diese große transformative Leistung mit den wenigen Ressourcen, die ihm zur Verfügung standen, erfolgreich zu vollenden.

Rühl hat ein Beispiel aus einer Zeit bei Klöckner bereit, das zeigt, dass schnelle Entscheidungen, auch wenn sie weh tun, ein wichtiges Werkzeug für ihn waren:

»Wenn man ein großes Unternehmen transformiert, muss man sich darauf einstellen, dass nicht alle Mitarbeiter sofort mitziehen werden. In der Regel gibt es etwa ein Drittel, das gar nicht bewegt wird, ein Drittel, das bei Erfolg mitmacht, und ein Drittel, das von Anfang an vorne mit dabei ist. Daher muss man bei der digitalen Transformation eines Unternehmens auch Abstriche machen und sich bewusst sein, dass nicht jeder Mitarbeiter enthusiastisch dabei ist. In einigen Fällen müssen harte Entscheidungen getroffen werden, wie zum Beispiel bei einem Webshop, den wir intern aufgebaut hatten und in den wir viel Zeit und Geld investiert hatten. Leider war er ein Rohrkrepierer, da er zu viele Funktionen hatte, die für den Kunden nicht handhabbar waren. Als Verantwortlicher musste ich diese Entscheidung treffen und den Webshop abschalten, was für das Unternehmen ein Schock war. Es ist wichtig zu betonen, dass man im Zweifel auch mal

harte Entscheidungen treffen muss. In diesem Fall haben wir uns zusammengesetzt und nach einer Weile einen neuen, funktionierenden Webshop aufgebaut.«

Es ist wichtig, dass Sie bereit sind, »radikal« zu sein, harte Entscheidungen zu treffen, stets die Machbarkeit und die Umsetzung im Blick haben und mit Beharrlichkeit an der Umsetzung Ihrer Idee arbeiten.

Dieser Ansatz war nicht nur in Rühl's Rolle als CEO und Investor essentiell. Auch als Vorsitzender der Wagner-Stiftung half er dabei, teilweise schwierige Entscheidungen in der Corona-Zeit zu treffen. Entscheidungen, die nicht einfach waren, die weh taten, die aber den Fortbestand der Festspiele sichern halfen.

Nehmen Sie sich daran ein Beispiel und versuchen Sie, so rational wie möglich auf Ihr Vorhaben zu schauen. Beenden Sie Dinge, die ineffizient sind, stoppen Sie Projekte, die zu viele Ressourcen verbrauchen und reinvestieren Sie Ihre Energie in etwas, das gewinnbringender ist. Denken Sie stets daran: die Lernerfahrung eines Projekts kann Ihnen keiner mehr nehmen.

Was Sie für sich mitnehmen können

Zwischen Ihrer Idee und etwas Neuem liegt »nur« die Umsetzung. Verhelfen Sie Ihrer Idee zum Leben, indem Sie unter anderem die folgenden Ratschläge beherzigen:

- Definieren Sie den Nordstern Ihres Projekts.

- Nutzen Sie die richtigen Werkzeuge.

- Probieren Sie Dinge aus – legen Sie los, wenn Sie wissen, wo Sie hinwollen, selbst, wenn Sie noch nicht wissen, wie Sie dort hinkommen.

- Entscheiden Sie schnell und konsequent.

- Befähigen Sie Ihr Team, den größtmöglichen Beitrag zu Ihrem Projekt zu leisten.

- Kommunizieren Sie stets transparent.

- Stehen Sie für Ihr Thema ein und seien Sie eine Leitfigur.

LEADERSHIP

LEADERSHIP	
Allowing	ON
Inviting	ON
Encouraging	ON
Welcoming	ON

23. ERFOLGSREGEL: DIE SPIELREGELN DES KREATIVEN LEADERSHIP

»Es dauert lange, Kreativität in Großkonzernen zu verankern. Es geht wahnsinnig schnell, sie zu zerstören«
– Joachim Drees

Kreativität kann ein intimer und persönlicher Prozess sein. Viele Künstler brauchen die Isolation, um ihre Kreativität zu finden. Der leere Geist, dem wir eine eigene Erfolgsregel in diesem Buch gewidmet haben, funktioniert am besten in Einsamkeit. Aber es gibt Situationen, in denen die Kreativität ein Team benötigt. Nicht nur für Unternehmer oder Menschen, die andere Menschen führen und inspirieren wollen, ist die Frage, wie man über Leadership Kreativität fördern kann, essenziell wichtig. Ein Bandleader kann ein Lied davon singen.

Wie schafft man es, eine größere Gruppe von Menschen in seinen Kreativprozess einzubinden? Wie schaffen wir es, dass unsere kreative Gleichung mehr ist als die Summe ihrer Teile? Wie skalieren wir Kreativität? Welche Werkzeuge und Stilmittel stehen uns zur Verfügung und wie brechen wir verkrustete Strukturen auf? Oftmals ersticken größere Organisationen und Strukturen Kreativität. Wir wollen uns ansehen, wie man das vermeidet.

Bei dieser Erfolgsregel geht es uns also darum, die Kreativität beim Führen von Menschen, Teams und Organisationen besser zu verstehen.

Von dem Wissen und den Erfahrungen zweier beeindruckender Unternehmenslenker dürfen wir dabei lernen.

Beginnen möchten wir an dieser Stelle mit einer Deutschen Industrieikone – jemandem, der den Industriestandort Deutschland lange mitgeprägt hat. Man könnte ihn als Großmeister der alten Deutschland AG und wohl ihren damaligen (heimlichen) Vorsitzenden nennen: Den **ex-Siemens-Boss Heinrich von Pierer**.

Auch in seinem neunten Lebensjahrzent ist er jung geblieben und hat nichts von seiner Energie eingebüßt. Er hat viel erlebt und weiß, darüber zu erzählen. Er kann aus seinem reichhaltigen Erfahrungsfundus kraftvoll schöpfen – gerade mit dem Blick auf das Zusammenspiel von Kreativität und Leadership.

Und er vertritt klare Meinungen. So hält er zum Beispiel den Home-Office Trend für einen absoluten Irrweg und Kreativitätskiller. Von Pierer empfindet sich selbst nicht als ausgesprochen kreativ und ist sich nicht sicher, ob er fürchterlich viel zu dem Thema beitragen könnte. Wir hatten eine andere Vermutung und sollten recht behalten. Wir haben ihn ausführlich zu seiner Rolle als Kreativitäts- und Innovationstreiber in seiner langen Laufbahn befragt, der Siemens in den 90er-Jahren zu einem der führenden Technologieunternehmen der Welt gemacht hat.

Das zweite Role Model hat ebenfalls einen Fußabdruck in der Deutschen Industrie hinterlassen. Man könnte ihn so beschreiben: Corporate Executive geht zu private Equity, übernimmt zwischendurch als CFO Verantwortung für das hunderte Millionen Euro Umsatz machende Unternehmen, das sein Vater gegründet hat. Wird dann CEO von MAN, um sich danach seiner wahren Passion zu widmen: jungen Unternehmen als Investor und Mentor dabei zu helfen, ihr Potential zu entfalten. **Joachim Drees** hat die Wandlung vollzogen, die der Deutschen Volkswirtschaft und den Großunternehmen, die sie ausmachen, so gut tun würde. Dazwischen frönt er seinen Leidenschaften des Kochens und der Musik. Er ist großer Metallica Fan, genauso wie er Jazz liebt.

In seiner Karriere hat er sich stets darauf konzentriert, Kreativität nicht nur zu fördern, sondern innerhalb der teilweise starren Strukturen großer Unternehmen zu skalieren. Leadership, Kreativität, Neugier und Nahbarkeit waren wichtige Werkzeuge auf diesem Weg. Mitarbeiter durften Projekte in Entwicklungsländern umsetzen, um zu lernen, wie wichtig Mangel sein kann, wenn man sich transformiert und neue Wege gehen muss. Seinen Mitarbeitern mitzugeben, wie man mit wenig viel erreichen kann, war ihm stets wichtig in seiner Führungsarbeit. Es erfüllte ihn mit Stolz, wenn Mitarbeiter auf ihn zukamen, unabhängig von der hierarchischen Verortung im Unternehmen, um ihm zu widersprechen, ihn um Rat oder Hilfe zu bitten oder ihre kreativen Impulse zu teilen. Künstlich Mangel zu erzeugen, war ein für ihn sehr erfolgreiches Mittel, die Kreativität in seinen Teams signifikant zu stärken.

Als Aufsichtsrat und Investor in großen wie auch kleinen Unternehmen in den USA und Deutschland weiß er, wie wichtig Diversität und die Komposition und Aufstellung von Teams ist. Das Team, der Mangel, die Diversität und die Nähe am Kunden sind Eckpfeiler des Führungsstils, dem Joachim Drees stets treu geblieben ist. In unserer Logik ist er ein strukturierter Kreativer des Typs 5. Man kann ihn nicht in einem Wort beschreiben. Er selbst beschreibt sich als »neugierig«. Seien Sie neugierig auf das, was Heinrich von Pierer und Joachim Drees uns zum Thema Leadership mitgegeben haben. Andere bemerkenswerte Leader unterschiedlicher Bereiche komplettieren das Bild.

Wie Sie mit Neugier gegen Trägheit vorgehen und Kreativität fördern

In seiner internationalen beruflichen Karriere ist **Joachim Drees** eine Sache aufgefallen, die er bei den Amerikanern enorm schätzt: Die fast kindliche Neugier. Eine Neugier, die Leichtigkeit, Kreativität und Geschwindigkeit ermöglicht. »*Fortschritt und Innovation sind nur durch Mut, Experimentierfreude und Entdeckergeist möglich*«, bekennt Drees. Im Idealfall kombiniert mit »*Unbeschwertheit und kindlicher Neugier*«. Diese Fähigkeit sieht er als elementaren Bestandteil US-amerikanischer Führungskultur. Daher ist es ihm wichtig, die Neugier, das Kindliche, das Unbeschwerte in die Führungskultur der Organisationen, die er unterstützt, zentral zu integrieren.

In Deutschen Großkonzernen sieht er häufig, wie Trägheit und eine Lähmschicht im Mittleren Management Kreativität im Kern ersticken und den Status Quo mit allen Mittel verteidigen. Wir Deutsche haben oftmals zu viel Angst vorm Scheitern, wir unterdrücken Neues und Kreatives, weil etwas schief gehen könnte. Drees findet daher den angelsächsischen Führungsstil dem Deutschen überlegen, weil er Kreativität durch Neugier fördert. In seinen Worten beschreibt er es folgendermaßen:

»*Amerikaner sind von Natur aus neugieriger und kindlicher und haben eine besondere Art der Entdeckungsfreude. Obwohl es viele Dinge gibt, die ich an den Amerikanern nicht mag, bewundere ich ihre kindliche Neugierde und Unbeschwertheit. In Deutschland scheint das jedoch leider nicht so ausgeprägt zu sein. Oft höre ich Fragen wie: ›Joachim, haben wir das schon immer so gemacht?‹*

und es gibt eine gewisse Trägheit, Veränderungen anzunehmen. Wir müssen uns daran erinnern, dass Fortschritt und Innovation nur durch Mut, Experimentierfreude und Entdeckergeist möglich sind.«

Sorgen Sie also dafür, dass Ihr Team neugierig ist, keine Angst vorm Scheitern hat, die Welt durch Kinderaugen sieht und den Mut hat, neue Wege zu gehen. Leben Sie diese Neugier vor und gehen Sie mit gutem Beispiel voraus!

Forcieren Sie den Perspektivwechsel

Durch einen seiner Kunden hat Joachim Drees gelernt, wie gewinnbringend der Perspektivenwechsel sein kann. Als er sich – als großer MAN-Konzern – in den damals kleinen und umsatztechnisch unbedeutenden Tesla hineinversetzt hat. Dieser Moment hat sich fest in Drees' Leadership-DNA verankert. Seitdem wechselt er stets die Perspektive und ist somit in der Lage, die Lösung, den Ansatz, das Besondere zu finden, das für die zu lösende Aufgabe das Beste ist. Vom Investor zum Kunden, zum Auftraggeber, zum Mitarbeiter, zum Betriebsrat und so weiter. Und diesen Ansatz verankert er fest in seiner Organisation. Er sporrnt seine Kollegen an, den Blickwinkel und die Perspektive zu wechseln. Dadurch Dinge zu sehen, die sie so ansonsten nicht sehen würden.

Drees erinnert sich gerne an diese Momente zurück:

Übereinstimmung herrscht bei Drees und von Pierer darin, dass Kreativität und Innovation bei alteingesessenen Unternehmen, Strukturen, Vereinen und politischen Systemen immer noch zu isoliert im Hinterzimmer praktiziert werden. Etwas, das sich nach Ansicht der beiden ändern muss. Oftmals glaubten Ingenieure besser zu wissen, was der Kunde benötigt, als der Kunde selbst. Egal, welches Team Kreatives erschaffen will, ein Perspektiven-Wechsel auf Augenhöhe würde oftmals Wunder bewirken.

Von Pierer hat deshalb ebenso wie Drees die Perspektive der Kunden eingenommen, allerdings auch die der Marktbegleiter und Wettbewerber. Denn ihm war es wichtig zu verstehen, ob Siemens das erste Unternehmen sein sollte, das eine kreative Innovation im Markt einführen sollte oder ob es besser ist, ein »fast-follower« zu sein. Vom Wettbewerber zu lernen, kann heißen, weniger Fehler zu machen, die Kosten im Griff zu halten und aus den Erfahrungen des Markts und der führenden Kunden zu lernen. Man muss dabei nur aufpassen, nicht abgehängt zu werden. Ein betriebswirtschaftlich sinnvoller Perspektivwechsel. Er wollte Siemens nicht nur in die richtigen Märkte führen. Sondern auch zur richtigen Zeit. Sein durch den Perspektivwechsel hin zum Markt und Wettbewerber entstandenes »fast follower« Prinzip beschreibt er so:

»*Das Fast-Follower-Konzept kann durchaus funktionieren, allerdings nicht immer. Der Vorteil dieses Ansatzes besteht darin, dass man nicht die gleichen Fehler wie die Ersten auf dem Markt macht und somit weniger Geld ausgibt. Man kann von ihren Erfahrungen lernen und gleich in die richtige Richtung marschieren. Allerdings muss man aufpassen, dass der Markt nicht bereits von den Pionieren dominiert wird und man noch eine wichtige Rolle spielen kann.*«

Wechseln Sie daher mehrmals im Projekt Ihren Blickwinkel. Vom Anwender, zum Wettbewerber, zum Kunden, zum Mitarbeiter, zum Partner und so weiter.

Verknappen Sie Ressourcen

Der Mangel ist für die Kreativität so wichtig, dass wir ihm ein eigenes Kapitel gewidmet haben. Er ist aber auch eine wichtige Facette im Repertoire erfolgreicher Leader. Speziell in großen Organisationen herrscht oftmals kein Mangel, daher wird er, wie uns auch **Christian Bruch** schon gezeigt hat, gerne künstlich erzeugt. Drees hat in seiner Karriere bei MAN gute Erfahrungen mit der Kombination aus Wohltätigkeit, dem Verknappen von Ressourcen und der positiven Kreativität, die der (teilweise künstlich erzeugte) Mangel erzeugen kann, gemacht. Konkret denkt er dabei an ein Beispiel in Zusammenarbeit zwischen MAN und Yunus zurück. Zusammen haben sie einen Accelerator aufgebaut, der Start ups in Brasilien, Indien und anderen Ländern unterstützt hat. MAN Mitarbeiter haben ein limitiertes Budget von 15.000 bis 20.000 Euro bekommen und mussten mit diesen stark limitierten Ressourcen Start ups unterstützen, um fundamentale Probleme wie sauberes Wasser und Elektrizitätsversorgung zu lösen. Die dort entstandenen Lösungen haben nicht nur das Leben der Menschen vor Ort nachhaltig positiv verändert, sondern auch die Perspektive der involvierten MAN-Mitarbeiter signifikant beeinflusst. Sie wurden dadurch zu besseren Führungskräften. Es entstand ein neuer Blickwinkel, der später auch in der kreativen Lösungsfindung im Tagesgeschäft zum Tragen kam. Die Erfahrung, die Bedürfnisse und Rahmenbedingungen vor Ort zu verstehen und mit dem zu arbeiten, was verfügbar ist, waren eine neue und wichtige Erfahrung für die Teilnehmenden und hat die Führungskultur des Unternehmens nachhaltig geprägt.

»Beispielsweise haben wir ein Social Business in Zusammenarbeit mit der Yunus Organisation aufgebaut, da ich Professor Yunus schon einmal persönlich kennengelernt hatte. Ich begann daraufhin mit Saskia zusammenzuarbeiten und wir gründeten einen Accelerator.

Dieser unterstützt Startups in Brasilien, Indien und anderen Ländern, indem wir ihnen Mentoren zur Verfügung stellen und ihnen helfen, kreative Prozesse zu entwickeln, die auf die Bedürfnisse ihrer Regionen und Gemeinden zugeschnitten sind. Wir haben uns gefragt, wie man ein Social Business in einem armen Land erfolgreich aufbauen kann und wie man zum Beispiel sauberes Wasser oder Elektrizität bereitstellen kann. Wir haben uns bemüht, Lösungen zu finden, die nicht Millionen Euro, sondern nur 20.000 bis 15.000 Euro erfordern. Obwohl es teuer war, haben wir es uns zur Aufgabe gemacht, diesen Prozess zu unterstützen und das Bewusstsein dafür zu schärfen. Wir möchten, dass Menschen in Entwicklungsländern die Möglichkeit haben, ihr Leben durch kreative und nachhaltige Projekte zu verbessern.«

Erzeugen Sie daher künstlichen Mangel, um kreative Lösungen zu erzeugen. Kombinieren Sie diesen Führungsstil mit Erfahrungen, die Ihr Team ansonsten nicht macht. Ermöglichen Sie Erfahrungen, die sich fest verankern im Gedächtnis Ihrer Kollegen und Mistreiter. Das erlaubt Ihrem Team, selbst besser und anders zu führen.

Halten Sie sich (manchmal) raus

Aber auch **Philipp Rickenbacher** kann etwas zu diesem wichtigen Thema beitragen. Er liebt es, wenn aus seiner Organisation heraus kreative Ideen kommen. Diese Kultur will er fördern, kultivieren und skalieren. Er möchte, dass seine Kollegen auf allen Ebenen und in allen Abteilungen stets ein offenes Mindset haben, sich trauen, Neues zu probieren, um Werte jenseits des Vermögens zu schaffen. Ihm ist es dabei wichtig, die Leidenschaft in den Leuten zu wecken und ihnen zu vertrauen. Dabei gibt es ein wichtiges Kriterium: Er hält, wie er es gleich selbst formuliert, die Führungsriege aus diesen Prozessen heraus:

»Man muss den Leuten vertrauen! Wir haben beispielsweise Ideenwettbewerbe gemacht, in denen sehr spannende Dinge herausgekommen sind. Wir haben Mann und Maus im Unternehmen aufgefordert, uns die besten Ideen zu zehn Themen mitzuteilen. Und wenn es eine gute Idee ist, setzen wir sie um! Und da sind viele gute Dinge zusammengekommen, zum Teil von Leuten, von denen man es nie erwartet hätte. Danach haben wir die richtigen Leute zusammengebracht und es umgesetzt. Und richtig heißt nicht die Gleichgeschalteten, die alle aus derselben Abteilung sind, dasselbe gemacht haben, sondern eine gute Kombination von Background, von Erfahrungen, von Alter, von was auch immer. Diversity! Und das Wichtigste ist auch da dann wieder, das Management rauszuhalten. Das Schwierigste ist oftmals, die Führungskräfte davon abzuhalten, Kreativität abzuwürgen.«

Stehen Sie daher der Kreativität Ihrer Mitstreiter nicht im Wege, lassen Sie kreativen Ideen freien Lauf und erzeugen Sie Strukturen, die diese Führungsidee skalieren. Je größer Ihr Team wird, desto wichtiger ist es, dass Sie sich zur richtigen Zeit heraushalten. Halten Sie auch Ihre Kollegen, die ebenfalls Führungsverantwortung haben, dazu an, sich rauszuhalten.

Seien Sie beharrlich und bleiben Sie standhaft

Wenn Sie offen und transparent kommunizieren, wenn Sie für Ihre Mitstreiter stets erreichbar sind, kann das zu schwierigen Situationen führen. Situationen, in denen Sie öffentlich angeprangert oder gar angegriffen werden. Diese Momente sind persönlich herausfordernd, aber für die Umsetzung entscheidend. Egal, wie persönlich, hart oder diffamierend der Angriff ist. Sehen Sie es als Chance, sich als starke Führungspersönlichkeit zu positionieren und gehen Sie souverän mit diesen Situationen um. **Gisbert Rühl** hat hier eine Geschichte, bei der ihm vorgeworfen wurde, durch den Druck, den er mit der Transformation des Unternehmens auf die Belegschaft ausübe, indirekt einen Kollegen in den Selbstmord getrieben zu haben. Für die Umsetzung des Transformationsprojektes war das eine entscheidende Stunde.

Er erinnert sich noch genau an diese schwierigen Zeiten und wie er damit umgegangen ist.

»Jammer war für mich das erste Social-Media-Tool, mit dem ich in Kontakt kam, und es war komplett neu für mich. Ich hatte zuvor nie mit einem sozialen Netzwerk zu tun gehabt, da meine Kinder mir Facebook verboten hatten. Also war es für mich eine Lernkurve. Ich durfte keine Anweisungen geben, sondern musste stattdessen meine Unzufriedenheit ausdrücken, wenn mir etwas nicht gefiel, z. B. wenn ein Kunde negative Erfahrungen gemacht hatte. Auf diese Weise wurde das Problem behoben und ich musste kommunizieren, dass es sich um ein interessantes Problem handelt, das möglicherweise auch anderswo auftritt. Wir haben dann Ideen gesammelt, um das Problem zu lösen, und diese Kreativität wurde durch das Tool freigesetzt. Das bedeutet, dass es ohne ein Instrument wie Jammer definitiv nicht möglich gewesen wäre, aber es musste laufen gelassen werden, ohne zu viele Regeln aufzustellen. Ich hatte auch mit anderen CEOs gesprochen, die Schwierigkeiten hatten, das Tool ohne Regeln laufen zu lassen. Natürlich gab es auch negative Erfahrungen, wie ein absolut tragischer und trauriger Fall in Frankreich, bei dem jemand Selbstmord begangen hatte und ich dafür von einem Mitarbeiter im Social Media Tool verantwortlich gemacht wurde. Aber insgesamt hat das Tool eine Menge Kreativität freigesetzt, die sonst nicht möglich gewesen wäre.«

Wenn Sie in solch schwierige Situationen kommen, ob direkt oder indirekt, ist es wichtig standhaft zu bleiben und souverän mit der Situation umzugehen. Das macht starke Führungskräfte aus, die das Vertrauen der Mitstreiter haben.

Warum »managen« der Kreativität schadet

Drees hat einen natürlichen Feind: den Status Quo. Er fordert ihn heraus, will Dinge verändern, voranbringen, Dinge anders machen und Silos und Barrieren einreißen. Er weiß, dass alles so bleibt, wie es ist, wenn man alles so macht, wie man es schon immer gemacht hat. Da er allerdings auch lange Zeit in Großorganisationen domiziliert war, war ihm klar, dass ein Großteil der Führungsmannschaft genau diesen Status quo verwaltet, also gemanaget hat.

Ihm war es daher wichtig, Veränderung in der Personalpolitik als einen Schwerpunkt seines Führungsstils zu verankern. Das Wort »Manager« und das, wofür es steht, nämlich den Status Quo zu verwalten, zu erhalten, zu schützen, hat er ebenso abgeschafft wie alteingesessene Bewertungskriterien für Mitarbeiterleistungen. Ihm war es wichtiger, Diversität zu haben, unterschiedliche Persönlichkeitstypen zusammenzubringen und Menschen objektiv und fair zu beurteilen und die individuellen Stärken und Fähigkeiten zu fördern. Er wusste, dass er bei den Führungskräften (Managern) ansetzen muss, wenn er nachhaltig eine Veränderung sehen möchte. Er hat also verstanden, welches Rädchen verändert werden muss, so dass das Uhrwerk kreativer ticket.

»Wir haben hier versucht, unsere Art und Weise als Führungskräfte zu ändern und uns von dem Begriff »Manager« zu distanzieren. Wir haben die Art und Weise, wie wir unsere Mitarbeiter bewerten, überdacht und versucht, andere Aspekte zu berücksichtigen, wie beispielsweise Persönlichkeitstypen und Führungsqualitäten. Wir wollten nicht nur weiche Faktoren berücksichtigen, sondern auch sicherstellen, dass die Ergebnisse objektiv und fair bewertet werden. Wir haben versucht, die Leute zu befähigen und ihre Karriereentwicklung zu fördern, indem wir diejenigen auswählen, die für die nächste Führungsposition am besten geeignet sind. Obwohl wir erfolgreich waren, wurden unsere Bemühungen von dem übergeordneten Konzern abgelehnt, da unser System nicht in das Gesamtkonzept passte. Dennoch sind wir der Meinung, dass es wichtig ist, ein System zu haben, das die individuellen Stärken und Fähigkeiten berücksichtigt und den Mitarbeitern ermöglicht, ihre Karriereziele zu erreichen.«

Verwalten Sie daher nicht den aktuellen Zustand, verändern Sie ihn zum Besseren. Managen Sie nicht, sondern führen Sie die Menschen, die mit Ihnen arbeiten.

Bringen Sie die richtigen Menschen zusammen und bringen Sie sie zum Reden

Eine Hauptaufgabe von Leadership ist es, die richtigen Teams zusammenzusetzen. Im Kreativkontext ist das oftmals entscheidend. Es kommt auf die richtige Zusammensetzung an und auch drauf, dass jeder gehört wird.

Pierer hat das fest in die Führungskultur von Siemens verankert. Weg vom Hinterzimmer, weg vom reinen Ingenieurwesen und hin zu interdisziplinären Teams, bei dem jeder Teilnehmer gehört wird:

»Viele kreative Innovationen sind bei Siemens nicht einsam in einer einsamen Kammer entstanden ist. Vielmehr haben immer Leute – oftmals interdisziplinär – zusammengearbeitet und haben gemeinsam Lösungen entwickelt. Da musste Gemeinschaftsgeist entstehen und besonders wichtig war, dass sich einzelne Mitarbeiter nicht als Gewinner oder Verlierer fühlten. Auch im Vorstand haben wir bei tausenden von Entscheidungen – mit Ausnahme eines formalen Beschlusses zu einem Jahresabschluss – nicht einmal abgestimmt, aber die Ergebnisse wurden natürlich am Ende einer Diskussion zusammengefasst und in einem Protokoll festgehalten.

Entscheidend war, die Mitarbeiter wirklich »zum Reden zu bringen«. Manchmal gibt es in einem Team oder einer Gruppe Personen, die einen wertvollen Beitrag leisten könnten, aber aus verschiedenen Gründen schweigen. Ich wollte eine Atmosphäre schaffen, in der sich alle wohl fühlen und ihre Meinungen äußern können.

Bei komplexen Themen muss man auf die Expertise jedes Teammitglieds zurückgreifen können. In solchen Situationen versuche ich, jedem Raum für Diskussionen und den Austausch von Ideen zu geben, auch wenn sie zunächst unkonventionell oder ungewöhnlich erscheinen mögen. Durch diesen offenen Dialog können wir gemeinsam Lösungen finden und die besten Ergebnisse erzielen.

Die Leute müssen spüren, dass man das ernst nimmt. Und es hat mir als Jurist und Volkswirt wirklich Spaß gemacht, unseren Technikern zuzuhören. Deswegen bin ich auch in der Zeit immer Freitag nachmittags ins Labor gegangen und habe mir sagen lassen, was sie machen. Daran erinnern sich die Leute heute noch, obwohl es mehr als 20 Jahre her ist. Und mein Interesse war nicht aufgesetzt. Sie müssen ehrliches Interesse zeigen und sich alles erklären lassen. Die Leute müssen merken, dass sie selbst Freude haben.«

Vergewissern Sie sich daher, dass Sie das richtige Team zusammengebracht haben, ermutigen Sie Teilhabe und zeigen Sie Interesse für jeden Beitrag.

Schaffen Sie die richtigen Rahmenbedingungen

*E**va van Pelt** spricht unkonventionell über Kreativität und Leadership: »Das ist eine der schwierigsten Fragen überhaupt, weil du natürlich Menschen nicht klonen und nicht skalieren kannst.« Sie betont, dass man Rahmenbedingungen schaffen muss, die für jeden unterschiedlich sind. Manche Menschen brauchen mehr psychologische Sicherheit, während andere, wie van Pelt selbst, diese nicht benötigen, um kreativ zu sein. Sie unterstreicht die Rolle eines Leaders, der Inspiration und Druck bieten kann, um das kreativ Beste aus seinem Team herauszuholen.

Van Pelt erklärt, wie sie versucht, das Potenzial ihrer Mitarbeiter freizusetzen. Sie gibt das Beispiel eines Kollegen, Kevin, der ruhig und bescheiden ist, aber ein kreativer Kopf: »*Ich habe versucht zu verstehen, was er denn eigentlich für seine Kreativität braucht: Braucht er den Freiraum? Braucht er Druck, braucht er Not?*«

Sie hat dann herausgefunden, dass Kevin Druck und Inspiration braucht, um kreativ zu sein. Sie erzählt, wie sie Kevin bittet, ihr bei der Kommunikation zu helfen, und wie er unter Druck und Inspiration kreativ wird: »*Und dann wird der Mann so kreativ, dann kommt er mit Präsentation zurück. Wow, das hätte ich in meinem Leben nie gedacht, dass so was möglich ist.*«

Man müsse Menschen über Zahlen, Fakten und nüchterne Strategien hinausführen. »*Ich versuche, Menschen emotional mitzunehmen.*« Sie erzählt von einem Projekt, bei dem sie Peer-to-Peer-Interviews durchgeführt und provokative Thesen entwickelt haben, um die Kreativität ihrer Mitarbeiter zu fördern: »*Wir haben uns zum Beispiel gefragt, was für ein Auto der amerikanische Markt wäre, wäre er ein Fahrzeug: Wir haben uns dann auf einen Ferrari geeinigt*« lacht Eva. Das habe die Kreativität des Teams maßgeblich stimuliert.

Schaffen Sie also die richtigen Rahmbedingungen für Ihr Team und die einzelnen Mitglieder. Durch diese Rahmenbedingungen befreien Sie die verborgene Kreativität Ihrer Mitstreiter. Es ist also eine absolut richtige und wichtige Investition, sich ausgiebig mit den richtigen Rahmenbedingungen zu beschäftigen.

»Allowing, Inviting, Encouraging and Welcoming«

Eine neue schöne Perspektive zum Thema Leadership mit größtmöglicher kreativer Wirkkraft bringt der US-amerikanische Jazz-Musiker **Dave Douglas** ins Spiel – sein Motto: »Allowing. Inviting. Encouraging. And Welcoming.« (»Erlauben. Einladen. Ermutigen. Und Willkommen heißen.«)

Dave Douglas will in seiner Musik seinen Mitstreitern ausreichend Freiräume geben, ohne dass seine kraftvollen Stücke ihre eigene Identität verlieren würden. Anstatt Stücke zu komponieren, in denen die Rolle des Musikers zu 100 % definiert ist, bevorzugt er solche, bei denen viel Raum für Interpretation und persönlichen Ausdruck bleibt. Er will damit seine Mitmusiker einladen, ihr eigenes Vokabular und die eigene musikalische Sprache einzubringen. Die beteiligten Musiker wissen, dass er als Bandleader auch von ihnen erwartet, Risiken einzugehen, neue Dinge auszuprobieren und frische Ideen für das Projekt beizusteuern.

Das bedeutet für ihn aber keineswegs, dass die Offenheit grenzenlos und ohne Konturen ist. Im Gegenteil: Wenn er jedoch mit anderen Musikern zusammenarbeitet und nur sehr wenig Anleitung erhält, wie beispielsweise vier Noten auf einer Seite und die Freiheit, damit zu tun, was er will, rebelliert er ein wenig. Er fühlt sich dann als Folge der mangelnden Führung unwohl und empfindet die Situation als zu generisch.

Als Bandleader fragt sich Douglas stets, wie klar er die Richtung für das Team vorgibt und wie offen er für die Antworten der anderen Musiker ist. Das ist seine Balance, die er immer anstrebt. Technisch geschieht das, indem er den Musikern sog. »Leadsheets« an die Hand gibt. Leadsheets sind Noten, die alle notwendigen Informationen wie Akkord-Voicings, Akkordsymbole und Melodien halten, aber ansonsten nicht die vollständigen Parts aller Instrumente enthalten.

Die Aufgabe der Musiker und von Douglas selbst besteht dann darin, diese Informationen zu interpretieren und herauszufinden, wie sie das Stück spielen werden. Jeder weiß aber grundsätzlich welche Rolle er spielt: »*Und wenn ich Musiker in meine Band einlade, wissen sie, dass ich diese Kompositionen mitbringe und sie die Kompositionen interpretieren. Sie wissen auch, dass ich sie einlade, weil sie sind, wer sie sind. Es ist ja nicht so, dass ich einfach einen x-beliebigen Saxophonspieler nehme. Ich kenne die Person sehr gut, und sie haben eine Persönlichkeit und etwas, das sie gerne tun. Es ist also meine Aufgabe, nicht nur sie das tun zu lassen, was sie tun, sondern auch das, was sie tun, mit Respekt anzunehmen und etwas zu schreiben, das sie möglicherweise in neue Parameter, neue Denkweisen, bringt.«*

Finden Sie die richtige Balance in der Führung Ihres Teams und geben Sie die Richtung vor, ohne dabei die Kreativität zu beeinträchtigen. Fragen Sie sich in Ihrem jeweiligen Kontext, wie Ihre »Leadsheets« für Ihr kreatives Projekt aussehen könnten. Führen Sie Ihre Mitstreiterinnen, aber geben Sie ihnen auch genügend Freiräume für ihr eigenes Vokabular, ihre eigene Stimme einzubringen.

Kommunikation und der richtige Soundtrack

Kommen wir noch einmal zum wichtigen Thema der Kommunikation zurück, eines der zentralen Elemente des kreativen Leaderships. Den Sound der Organisation zu ändern, wurde für **Sebastian Dettmers** zur jährlichen Routine. Veränderung, um Stillstand zu vermeiden. *»Jedes Jahr eine neue Platte, ein neuer Sound«*, um das Engagement der Mitarbeiter weit über dem Branchenschnitt hochzuhalten und sie zu befähigen, neue innovative, kreative Ideen, die aus der Veränderung geboren werden, zu entwickeln.

Dabei ist der Sound, wie er das Thema eines Jahres einleitet, nicht nur musikalisch. Der Sound kann sich mannigfaltig ändern und fördern. Visuell, thematisch und durch ein neues Vokabular. Dettmers glaubt auch, dass er sein Unternehmen nicht gleichförmig steuern kann. Er will Wellen, Bewegungen und Veränderung. Stillstand ist sein Ding nicht. Um sich stets weiter im Markt zu behaupten, braucht er Kreativität. Den Soundtrack dazu legt er selbst auf. Er möchte dafür sorgen, dass das »Honeymoon-Feeling« der Mitarbeiter so lange wie möglich erhalten bleibt:

»Wir verändern uns bei Stepstone jedes Jahr: Natürlich bleiben unsere DNA, unser Purpose erhalten. Aber der Sound unserer Organisation muss sich jedes Jahr anders anhören, sonst wird er langweilig, bequem. Ganz besonders galt das für die Zeit nach der Pandemie. Ich war überzeugt, dass sich 2021 radikal anders anfühlen muss als 2020. Wir haben unsere Büros umgestaltet, Routinen geändert. Mehr noch: Ich selbst habe alle weißen Hemden weggeschmissen, meinen Bart rasiert. Nichts sollte sich anfühlen wie 2020. Das war eine Idee, Kreativität zu skalieren.

Wir haben uns dann in 2021 intensiv mit unserer Kultur beschäftigt. Wer wollen wir in Zukunft sein? Wie wollen wir miteinander umgehen, wie miteinander arbeiten? Später haben wir die Farben unserer Organisation geändert, sogar unser Brand Design. Es gibt 1.000 Themen, womit du den Sound ändern kannst. Das ist sehr vielfältig. Das kann visuell sein. Das kann eine Änderung in der Sprache sein, die du benutzt. Das können Themen sein, die du neu belegst.

Du kannst Unternehmen nicht in einer Gleichförmigkeit steuern, sondern musst Wellenbewegungen kreieren. Wie in der Musik wechseln sich Dur und Moll ab, gibt es laute und leise Töne, langsame und schnelle Passagen, Konsonanzen und Dissonanzen. Nachdem wir uns 2021 viel mit uns selbst beschäftigt haben, steht jetzt der Blick von außen im Vordergrund: Wie sehen uns unsere Kunden, wie unsere Nutzer, wie nimmt die Gesellschaft uns wahr? Wir müssen uns reiben, wir brauchen die Kontroverse. Und manchmal müssen wir auch zulassen, dass wir uns streiten.

Das Schlimmste, was uns passieren kann, ist Monotonie. Dass wir meinen zu wissen, wie es jetzt funktioniert. Dass wir andere Sichtweisen nicht mehr hören, dass wir aufhören, uns selbst zu hinterfragen. Deswegen braucht es Veränderungen und eine regelmäßige Überprüfung unserer Routinen. Es gibt viele Bücher über Erfolgsrezepte. Ich glaube nicht an sie, denn selbst Erfolgsrezepte werden irgendwann zur Routine. Was wir stattdessen tun: Wir stellen unsere Teams neu zusammen, ändern unsere Abläufe. Leadership Meetings, die wir bislang mit 150 Personen durchgeführt haben, machen wir jetzt mit 50. Manche Leute nervt das, manche sind enttäuscht, manche sind glücklich.

Aber eines ist wichtig: Du musst dich ständig neu erfahren. Sonst kommst du auf dem Energielevel 0 an. Das ist übrigens auch wissenschaftlich erwiesen. Das Employee Engagement ist am höchsten in den ersten sechs Monaten und bleibt noch ungefähr zwei Jahre auf einem relativ hohen Niveau – wir erleben einen Honeymoon! Danach schleichen sich Routinen ein, das Employee Engagement nimmt brutal ab. Daher ist es so wichtig, dass wir uns als Einzelne und als Organisation immer wieder neu erfinden, uns immer wieder neu erleben. Mit anderen Worten: das »Honeymoon-Feeling« immer wieder auf Neue zu entfachen!«

Leiert Ihre Platte der Kreativität schon etwas? Ist es an der Zeit, den Soundtrack zu ändern? Stehen Sie, Ihr Team oder Ihre Umgebung still? Täte etwas Veränderung gut? An was machen Ihre Mistreiter die Richtung, den Sound, die Ausrichtung aus?

Führen Sie empathisch – auch mit Symbolen

Als *von Pierer* sein Strategieprogram TOP, dass er gleich nach seinem Amtsantritt implementiert hat, zum Erfolg brachte, nahm er Mitarbeiter von Beginn an mit. Er war unter enormen Druck, da das Unternehmen in 129 von 290 Geschäftsfeldern rote Zahlen schrieb und die Profitabilität unterhalb der eines »Milchladens« lag (2,5 %), wie ein prominentes Mitglied der Familie Siemens, die direkt und indirekt der größte Aktionär des Unternehmens war, in einer öffentlichen Veranstaltung, noch dazu fern von der Zentrale in Wien, kritisch anmerkte.

Aber nicht nur die Mitarbeiter, auch die Organe des Konzerns – Vorstand, Aufsichtsrat und Betriebsrat – waren Teil des Teams, das dieses Programm erfolgreich machen sollte. Sie waren Teil einer Bewegung. Deren Kern war immer noch die Kreativität und Innovation, für die Siemens auch damals schon stand, allerdings mit einer starken Ausrichtung auf die Umsetzbarkeit zur Erhöhung der Profitabilität.

Um im Jargon des richtigen Soundtracks, den uns **Dettmers** vorgestellt hat, zu bleiben, könnte man die Menschen, die man als Leader dazu befähigen möchte, kreativ zu sein, auch als Band bezeichnen. Für diese Band können Symbole zur Identifikation wichtig sein. Von Pierer hat bei der Umsetzung seines TOP-Transformationsprograms daher stark auf Symbole gesetzt. Fahnen, Nadeln, Urkunden und Awards waren Teil seines »employee engagements«. Gleichzeitig zeigte er dadurch allerdings auch Wertschätzung und schaffte etwas enorm Schwieriges: Einen Koloss wie Siemens zu bewegen. Von unten heraus. Über ein gemeinsames Ziel: Die Sicherheit und Zukunft des Konzerns zu sichern, in dem die Innovationen und die Kreativität im betriebswirtschaftlichen Kontext gesehen werden. Der mächtige Vorsitzende des Gesamtbetriebsrats erklärte öffentlich: »Ohne TOP (Programm) wären wir tot!« und düpierte damit den Teil der immer noch nicht voll zur Veränderung bereiten Führungsmannschaft.

Von Pierer glaubt grundsätzlich, dass Kreativität nicht nur als lebensnotwendig für den technischen Fortschritt gesehen werden darf, sondern auch eine betriebswirtschaftliche Komponente haben muss. Es ergibt keinen Sinn, Innovationen in den Markt zu bringen, die am Markt nicht ankommen, weil sie dem Kunden zu teuer sind.

Darüberhinaus war es ihm stets ein besonderes an Anliegen, jeden Mitarbeiter, mit dem er spricht, merken zu lassen, dass er in diesem Moment der wichtigste für ihn ist und ernst genommen wird. Er hat versucht, immer aufmerksam zu sein und die Menschen, mit denen er arbeitet, mitzunehmen.

Auch war ihm sehr bewusst, dass es in der »Band« in Gruppen unterschiedliche Rollen gab. Anführer, Systemgegner, Skeptiker, Neinsager, Witzemacher und Mitläufer. Er wollte diese einbinden und die maximale Kreativitätsdividende aus der Gruppe herausholen. Gelernt hat er das von seinem ersten Chef – was zeigt, wie wichtig Mentoren für uns sind. Für gruppendynamische Kreativprozesse ist seiner Meinung nach dieser inklusive Führungsstil entscheidend. Er fasst es für uns noch einmal zusammen:

»Ich habe gleich nach meiner Amtsübernahme ein Programm gestartet unter dem Namen TOP. Es bestand aus drei Elementen: Produktivitätsverbesserung, Innovationsbeschleunigung und schnelleres Wachstum mit neuen Produkten in neuen Regionen, zum Beispiel Asien und den USA.

Der Erfolg der Aktion wurde dadurch beeinflusst, dass wir die Mitarbeiterinnen und Mitarbeiter von Anfang an mitgenommen haben. Es gab eine umfassende Kommunikation auf allen Ebenen und in (fast) allen Regionen, d. h. mehr oder weniger weltweit. Und ganz wichtig: Der Betriebsrat spielte von Anfang an mit. Der kluge und erfahrene Personalvorstand hatte mir geraten, eine Betriebsvereinbarung abzuschließen. Darauf wäre ich nie allein gekommen.

Hürden gab es da natürlich viele: Man duckt sich, wartet ab, bis die Welle vorüber ist, und macht mit dem alten Trott weiter. Oder einigen Vorständen hat der ganze emotionale Teil der Veranstaltung nicht gefallen. Und natürlich gab es Widerstände im Unternehmen schon deshalb, wenn andere mit Ideen davoneilen. Außerdem tauchen immer wieder Bedenkenträger auf, auch solche, die sich zurückgesetzt fühlen, wenn anderen die Show gehört und sie vielleicht um die eigene Karriere fürchten. Wettbewerb kann manchmal gut, aber auch manchmal destruktiv sein.

Wichtig ist zu verstehen, dass Kreativität aus meiner Sicht nicht nur im technischen Bereich stattfindet, sondern auch im betriebswirtschaftlichen Umfeld oder auch im Personalbereich.«

Nutzen Sie die Kraft der Symbole in Ihrem Team oder mit Ihren Mistreitern genug? Gehen Sie kontextualisiert und personalisiert richtig auf die einzelnen Menschen, die am Schaffensprozess beteiligt sind, ein? One size fits all ist ein schlechter Ratgeber für den Bandleader.

Übernehmen Sie und geben Sie Verantwortung

Verantwortung ist die Voraussetzung für Extreme Ownership und für Identifikation. Fühlen wir uns, fühlen unsere Teams sich für ein Thema verantwortlich, ist die Wahrscheinlichkeit, einen kreativen Impuls auch wirklich umzusetzen, signifikant höher.

Von Pierer erinnert sich in diesem Zusammenhang an den Werkzeugmaschinenbau der 1990er-Jahre.

Siemens war bei den Steuerungen für die Werkzeugmaschinen technologisch hinter die japanische Konkurrenz zurückgefallen und der berühmte Deutsche Mittelstand, die für unsere Volkswirtschaft so wichtigen Weltmarktführer, waren besorgt, dass diese technologische Lücke auch sie und ihre Marktposition treffen würde.

Der damalige legendäre Geschäftsführer von Trumpf, **Berthold Leibinger**, dem führenden Produzenten von Werkzeugmaschinen, hatte ihn bei einer Vortragsveranstaltung in Stuttgart vor großen Publikum darauf angesprochen. Von Pierer, wohlwissend um die Herausforderungen und die Öffentlichkeit, hat sich öffentlich dazu bekannt, diese Lücke zu schließen, hat Verantwortung übernommen und ein Lieferdatum genannt. Er hatte die kritische Frage erwartet und sich vorher bei der Mannschaft rückversichert.

Siemens hat dann auch geliefert. Von Pierer hat sein Wort gehalten. Die Software wird heute noch eingesetzt. Der Grundpfeiler dieser erfolgreichen Aufholjagd: Die Mitarbeiter haben Verantwortung übernommen, sich mit dem Thema identifiziert, die Ressourcen limitiert, fokussiert und stolz geliefert. Künstlich erzeugter Mangel kombiniert mit Verantwortung gekleidet in ein öffentliches Committment zusammen mit dem Druck des Markts waren hier der Schlüssel zum Erfolg. Mit dem öffentlichen Bekenntnis, das von Pierer gegeben hat, hat er Verantwortung für das Thema übernommen. Um es dann aber auch intern umzusetzen, hat er Verantwortung weitergegeben und Freiräume geschaffen. Seine Erinnerungen an diesen Moment können als Blaupause für das Thema der Verantwortung dienen. Auch heute noch.

»*Vor diesem Hintergrund habe ich ein sehr öffentlichkeitswirksames Committment, natürlich in Absprache mit meinen Mitarbeitern, abgegeben, was wir bis wann leisten können. Die den Kunden versprochene Jahresfrist wurde eingehalten. Hätten wir es nicht geschafft, wären die Kunden abgesprungen, der Markt wäre an die Japaner gefallen, die japanische Firma Fanuc war ante Portas, und wir wären niemehr zurückgekommen. Verschwiegen sollte aber auch nicht* werden, dass wir eine Menge Geld in unsere Vorleistungen stecken mussten. Die Zahlen war anfangs tiefrot. Wir haben uns dann das eine Jahr gegeben, sonst wären die Leute abgesprungen und wir wären nie mehr im Markt gewesen.«

Besonders peinlich war für von Pierer ein anderer Vorgang, als man mit der Lieferung eines Navigationssystems für den VW Konzern in Verzug geraten ist. Von Pierer musste sich im Aufsichtsrat von VW anhören, dass der Produktionsanlauf für ein wichtiges Modell des Volkswagenkonzerns gefährdet war, weil sein Unternehmen nicht rechtzeitig liefern konnte.

»Ich habe dann eine bestimmte kompetente Person in der Organisation persönlich für die Erreichung des Liefertermins in die Verantwortung genommen. Seiner Abteilung wurden im nächsten Schritt die Ressourcen zur Verfügung gestellt, die sie für erforderlich hielt. Das waren auch Experten aus anderen Abteilungen (in einem anderen, ähnlich kritischen Fall hatten wir uns sogar auch der Unterstützung von Wissenschaftlern aus Universitäten versichert).

Und das mag auf den ersten Blick etwas altmodisch klingen , ich habe«, so von Pierer, » in diesem Fall von den Verantwortlichen verlangt, dass ich jeden Sonntagabend .einen Fortschrittsbericht bekomme. Das war tatsächlich für die Leute auch nicht nur eine Last, sondern natürlich auch eine Auszeichnung, wenn der Vorstandsvorsitzende das von ihnen forderte. Und die Sache hat geklappt: Das fortschrittliche Navigationssystem wurde für viele Jahre Standard im VW-Konzern – und der erfolgreiche Mitarbeiter wurde später mit einem Vorstandsposten belohnt.«

Spüren die Menschen um Sie herum, dass Sie Verantwortung übernehmen? Erschaffen Sie eine Umgebung, in der Ihre Mitarbeiter selbst nach Verantwortung fragen und dieser gerecht werden? Gibt es jemanden in Ihrem kreativen Umfeld, der sich für nichts verantwortlich zeigt? Warum? Gibt es ein wichtiges Thema in Ihrem kreativen Schaffensprozess, für das sich niemand verantwortlich zeigt? Wie kann das sein?

Und vergessen Sie nicht, erfolgreiche Mitarbeiter auch zu belohnen. Das kann materiell simpel mit Geld sein.Aber manchmal bewirken auch schon ein gutes Wort, eine Anerkennung , ein kleines Lob Wunder.

Was Sie für sich mitnehmen können

Leadership kann Ihren Kreativprozess enorm beschleunigen oder verzögern. Wir sollten uns daher die wichtigsten Beschleuniger abschließend nochmal vor Augen führen:

- Gehen Sie mit Neugier gegen Trägheit vor und fördern Sie dadurch Kreativität.

- Halten Sie sich manchmal raus, wenn notwendig.

- Wechseln Sie öfter die Perspektive.

- Verknappen Sie Ressourcen, um kreative Lösungen zu erzeugen.

- Bleiben Sie auch in schwierigen Situationen standhaft.

- Sie sollten führen und nicht verwalten (managen).

- Bringen Sie die richtigen Menschen zusammen.

- Schaffen Sie die richtigen Rahmenbedingungen.

- Finden Sie die richtige Balance in der Führung Ihres Teams, zwischen Offenheit und Disziplin.

- Finden Sie den richtigen Soundtrack für Ihr Team.

- Führen Sie empathisch – auch mit Symbolen.

- Übernehmen Sie Verantwortung und gehen Sie voran.

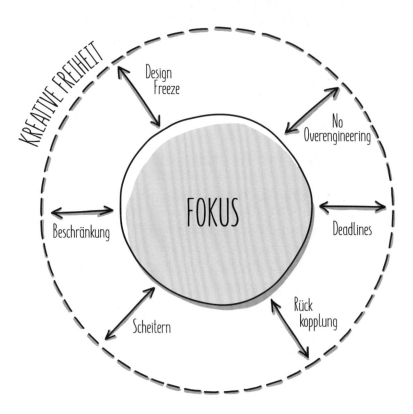

24. ERFOLGSREGEL: FOKUS – FOKUS – ODER DOCH KEIN FOKUS?

> »Der Tod ist die ultimative Deadline, die mir hilft, mich zu fokussieren«
> – Dominic von Proeck

Ideen gibt es überall. Der gefährliche Geistesblitz zieht unsere Aufmerksamkeit in seine Richtung. Wieder ein neuer Impuls und eine weitere Idee. Das ist aber interessant! Warum hat das noch keiner gelöst? Man könnte doch! Man könnte, ja. Aber sollte man? Kreative Menschen finden Inspiration an allen Ecken und Enden. Es gilt, die Schätze in diesen Impulsen zu finden. Das Wichtige vom Unwichtigen zu unterscheiden. Die kreative Spreu vom ablenkenden Weizen zu trennen. Wollen wir uns nicht verirren, wollen wir unseren Ideen Leben schenken, brauchen wir Fokus.

Fokus heißt, Dinge zu tun. Wenige Dinge zu tun, diese dann aber richtig zu tun. Nicht überall und nirgends zu sein. Nicht 1000 Dinge zu beginnen. Sondern eine Sache zu Ende zu bringen. Fokus ist die Brücke von der kreativen Idee zur erfolgreichen Umsetzung.

Ohne Fokus kratzen wir oftmals nur an der kreativen Oberfläche und gewinnen dabei keine Tiefe. Wir kommen nicht weiter. Wir träumen, anstatt zu gestalten. Daher ist Fokus eine so wichtige Disziplin der Kreativität. Aber auch dieses Attribut unserer gestalterischen Reise hat eine Kehrseite.

Sind wir zu fokussiert, nehmen wir wichtige Schwingungen eventuell nicht mehr wahr. Unsere Antennen empfangen nicht mehr. Unsere Scheuklappen verhindern, dass wir das Neue sehen und andere Pfade beschreiten.

Wir laufen Gefahr, Dinge so zu machen, wie wir sie immer gemacht haben und somit Opfer unserer Disziplin zu werden.

Es geht also darum, eine Balance zu finden. Die Balance zwischen Fokus und offenem Mindset. Neugierig und gleichzeitig diszipliniert zu sein. Wir schauen uns an, wie uns der Fokus vor Ablenkungen schützen kann und wie wichtig es ist, beharrlich unserer Kreativität nachzugehen. Dadurch lernen wir, auch Rückschläge und Frustrationen zu meistern und weiter konzentriert an unserem Projekt zu arbeiten. Wir wollen tief eintauchen in ein Thema, es wirklich durchdringen und dadurch Geschwindigkeit gewinnen. Bei all dem hilft uns der Fokus!

Disziplin schwingt mit, wenn wir das Wort »Fokus« aussprechen. Unser Role Model dieser Erfolgsregel ist daher ein sehr disziplinierter und fokussierter Unternehmer. Jemand, der Fokus einsetzt, um seine mannigfaltigen Ideen umzusetzen. Ein Unternehmer, der eigentlich im Innersten Künstler ist. Jemand, der sich überall inspirieren lässt, der sich selbst diszipliniert und dennoch ein wahrer Genießer ist. Ein Unternehmer, wie er im Buche steht: **Dominic von Proeck**.

Von Proeck nimmt uns mit auf seine Reise der Kreativität und wir werden viel von ihm lernen. Doch wie begann seine unternehmerische Reise? Wie wurde er zum Autor, zum Bildungsunternehmer, zum Investor, zum Vorreiter von KI-gestützter Bildung?

Als Kind wollte er über Dinosaurier forschen. Ein echter Jungentraum. Er wusste, dazu muss er es auf das Gymnasium schaffen. Alles stimmte, nur seine Noten nicht. Und die Einschätzung seiner Lehrer. Sein erster harter Konflikt mit dem deutschen Bildungssystem. Er wollte zur Elite auf das Gymnasium. Seine Lehrer sahen ihn am anderen Ende des Spektrums: auf der Sonderschule.

Eine seiner Charaktereigenschaften, die ihn auch heute noch prägen, kamen damals schon zum Vorschein: Er gab nicht auf. Stur, getrieben, fokussiert und unnachgiebig kämpfte er dafür, das Gymnasium besuchen zu dürfen. Gegen den Rat und Wunsch der Lehrer, die ihn auch dort komisch von der Seite ansahen. Dort angekommen, hatte er auch gleich zu kämpfen. Er blieb sitzen und übersprang dann zwei Klassen. »Normal« ist sein Ding nicht. Das (schlechte) Abitur in der Tasche, wollte er endlich studieren. Dann allerdings nicht mehr Paläontologie, sondern Physik.

Endlich im Studium angekommen, merkte er, dass das genauso verstaubt und langweilig war wie die Schule. Er litt grausam und fühlte sich verloren. Wahrscheinlich entwickelte sich hier seine Leidenschaft für die Fokussierung. Als Mittel gegen das Verlorensein und gegen das Alles-oder-nichts-machen. Denn um sich zu finden, probierte von Proeck vieles aus. Er war schon kurz davor, seiner Leidenschaft nachzugeben und Koch zu werden. Doch dann fand er seine Berufung im Unternehmertum und ging darin auf. Tat, was viele Unternehmer tun: Er brach das Studium ab und gab sich ganz seiner Selbstständigkeit hin.

Viele Monate später ist er auf vielen Ebenen erfolgreich. Hat Unternehmen gegründet und erfolgreich verkauft, investiert und Werte geschaffen. Er hat Kinderbücher kreiert. Er hat ein patentiertes Duftgerät mitentwickelt, um die Leistungsfähigkeit unseres Gehirns zu unterstützen und hat sich einem Mega-Thema verschrieben. Er möchte Fähigkeiten übertragbar machen. Ähnlich wie bei seinem Lieblingsfilm Matrix will er in der Lage sein, uns Menschen Wissen und Erfahrung einzupflanzen. »Ich kann KungFu« ist einer der prägenden Sätze, die Neo, gespielt von Keanu Reeves, von sich gibt, als man ihm das Wissen dafür »hochlädt«. Kampfsportler auf Knopfdruck – das hat Dominic inspiriert.

Schaffen Sie durch Beschränkung der Mittel Kreativität

Legen wir mit der ersten Frage gleich los: Wie finden wir ihn, diesen ominösen Fokus? Kann man ihn erzeugen oder gar erzwingen? Und wenn ja, wie machen wir das?

Für von Proeck ist die Antwort klar: ja, man kann. Noch mehr sogar: ja, man muss ihn erzwingen! Ein für ihn dabei fast unersetzliches Werkzeug ist der künstlich erzeugte Mangel, dem wir ja bereits eine ganze Erfolgsregel gewidmet haben. Für seine Unternehmungen verpflichtet von Proeck sich und seine Mitstreiterinnen immer sehr bewusst auf ein sehr kleines Budget. Das zwingt seine Kollegen und ihn, kreativ zu werden und sich auf das Wesentliche zu konzentrieren: »Wenn wir in irgendwas investieren, um einen ersten Prototyp zu entwickeln, darf der nur 150 € kosten. Egal, wie der Cashflow des Unternehmens ist. Egal, wie wir finanziell ausgestattet sind, völlig egal. 150 €. Das zwingt uns, fokussiert zu sein!« Seine Hypothese dabei ist, dass zu viel Budget, zu viele Ressourcen Ablenkungen und Alternativen erzeugen. Und diese kosten Geld. Limitiert man die finanziellen Mittel, reduziert man die Ablenkungen, erhöht man dadurch die Erfolgswahrscheinlichkeit und steigert den kreativen Output.

SpaceX, eines der Unternehmen von Elon Musk, ist eine weitere Inspirationsquelle und gleichzeitig Bestätigung für ihn. Durch radikales Verknappen entstand dort große Kreativität und daraus resultierend eine Raumfahrt, die so günstig ist wie niemals zuvor. Im Gegensatz zu tradierten Unternehmen wie Boing und Lockhead Martin, die Ressourcen, Aufträge, finanzielle Mittel im Überfluss hatten, waren bei SpaceX Ressourcen stets enorm knapp und limitiert. Der Wirkungsgrad des eingesetzten Dollars daher (gezwungenermaßen) viel höher.

Um dieses Beispiel weiter zu untermauern, zeigt von Proeck auf Corporate Innovation und Corporate Venture Capital Einheiten großer Unternehmen. Seiner Ansicht nach ist das Problem dort, dass es von allem zu viel gibt: Zu viel Geld, zu viel Personal, zu viel Zeit. Deswegen dauert seiner Ansicht nach dort alles ewig. Wenn alles im Übermaß vorhanden ist, verliert man den Fokus auf das wirklich Notwendige. Dazu gesellt sich in diesem Beispiel noch ein weiteres Problem. Es gibt kein schmerzhaftes Scheitern: »*Welchen Schmerz hat jemand, der in so einem sicheren Netz sitzt, der alle möglichen Ressourcen hat, irgendwie kreativ auf den Markt zu kommen?*«. Kein finanzieller Druck, kombiniert mit zu vielen Ressourcen, führt zu fehlendem Fokus.

Fokus heißt also auch Disziplin. Die Disziplin, aus wenig viel zu machen. Fokus gibt Ihnen also Orientierung in Zeiten des Mangels. Er ist Ratgeber, Nordstern und Licht im Dunkeln. Daher lohnt es sich, darüber nachzudenken, Ressourcen künstlich zu reduzieren und Mangel zu erzeugen. All das hilft Ihnen dabei, sich zu fokussieren.

Wenden Sie das Konzept des »Design Freeze« für sich an – Erzählen Sie nur eine Geschichte

Fokus kann uns dabei helfen den »*gedanklichen Brei*«, wie es **Florian Heinemann** treffend formuliert, zu vermeiden. Wenn wir zu sehr im Ungefähren bleiben, wenn wir gar nicht wissen, über was wir reden, ob etwas machbar ist, laufen wir Gefahr, ins Sinnlose abzudriften. Halten Sie sich also dazu an, sich trotz eines offenen Mindsets irgendwann auch mal auf ein Thema zu konzentrieren und dieses zu Ende zu bringen. Eine kreative Idee, die umgesetzt wird, ist mehr wert, als tausend, die unvollendet bleiben.

Um es mit den Worten von **Christoph Keese** zu sagen:

»Es ist Zeit, sich von einem offenen Geist zu verabschieden und sich auf das Wesentliche zu konzentrieren. Ein inspirierendes Buch über Kreativität ist »Die Story« von Robert McKee, einem der bekanntesten Drehbuchautoren Hollywoods und renommierten Trainer für angehende Autoren. In seinem Werk betont er die Bedeutung von gut durchdachten Geschichten und Dialogen für eine erfolgreiche Erzählung. Denn letztendlich sind Geschichten Metaphern für das Leben und können sowohl in großen als auch in kleinen Formaten berühren und bewegen. Doch es ist wichtig, sich auf eine einzige Geschichte zu konzentrieren und nicht in die Versuchung zu geraten, alle Geschichten der Welt gleichzeitig erzählen zu wollen. Indem wir uns auf eine Geschichte fokussieren, können wir eine tiefere Verbindung mit unserem Publikum herstellen und eine bleibende Wirkung erzielen.

Es gibt zu Recht einen Design Freeze! Beim Bau von Autos oder Flugzeugen dauert es oft mehrere Jahre von der ersten Planung bis zur Serienproduktion. Der Designer spielt dabei eine wichtige Rolle, doch einmal festgelegt, kann das Design nicht mehr so einfach geändert werden. Denn dies könnte den gesamten Entwicklungsprozess verzögern oder gar zum Stillstand bringen. Diese Prinzipien gelten auch im digitalen Bereich, wo sorgfältiges Design ebenso entscheidend ist wie bei physischen Produkten.«

Vermeiden Sie »Overengineering«

Sind wir Technologen, Ingenieure oder Erfinder, neigen wir manchmal dazu, uns wahrhaftig auszuleben in unserer kreativen Arbeit. Manchmal tun wir Sachen, weil sie möglich sind, nicht weil sie nötig, wichtig oder sinnvoll wären. Wir entwickeln eine fast romantische Beziehung zu unserem Werk – weil wir die Zeit, die Ressourcen, die Mittel und die Kreativität haben. Beschränken wir uns selbst, verlassen wir das gefährliche Terrain des Overengineerings und nähern uns den blühenden Wiesen von Pareto. Die berühmte 80/20 Regel kann dabei durchaus Ihr Freund im kreativen Schaffensprozess und oftmals das Resultat gesunder Fokussierung sein.

Wie nutzen Sie Deadlines, um sich zu fokussieren?

Nun widmen wir uns den Deadlines, die **von Proeck** dabei helfen, Ideen entweder zeitnah zu realisieren oder schnell zu beerdigen. Wenn er nur 150 Euro und 6 Wochen Zeit hat zu verstehen, ob ein kreativer Impuls es wert ist, weiter verfolgt zu werden, fällt es ihm leichter, den Stecker zu ziehen.

»On time, in budget« sind unternehmerische Worte, die für Dominic enorm relevant und wichtig sind.

Setzen Sie also sich Ziele, legen Sie Termine und wichtige Meilensteine fest, um Ihren Fortschritt zu sehen und, wenn nötig, auch harte Entscheidungen zu treffen. Treffen Sie harte Entscheidungen, bevor sie hart werden.

Warum Sie Scheitern immer als Option vor Augen haben sollten

Für von Proeck ist das Scheitern ein probates Mittel, das ihm bei der Fokussierung hilft. Wenn Scheitern keine Option ist, warum sollten wir uns dann überhaupt fokussieren? Warum sollten wir schnell in die Umsetzung gehen?

Auf die von einer Freundin gestellte Frage, was er denn alles täte, wenn Scheitern keine Option wäre, antwortet er direkt und sehr klar: »*nichts*«. Für ihn ist evident, wie wichtig die Möglichkeit des Scheiterns für seinen Fokus ist. Warum? Weil er dadurch in der Lage ist, eine für ihn wichtige Philosophie schnell und radikal umzusetzen: »*kill your darlings early*«. Wenn wir unsere Ressourcen limitieren, uns die Möglichkeit des Scheiterns stets vor Augen führen, sind wir in der Lage, wesentlich schneller zu verstehen, ob wir eine Idee aus dem Dobellischen Geröllhaufen zum Leben erwecken sollten oder gleich vor der Geburt beerdigen müssen:

»*Das Scheitern und der Tod als größte Form des Scheiterns ist eine Beschrän-*

kung, die mich unglaublich motiviert und die auch dazu führt, dass ich so unglaublich viel Gas gebe, weil ich nicht weiß, wann ich sterbe. Ich weiß, ich werde sterben, ich muss Gas geben, dass ich diesen Gedanken vorantreiben kann. Und das schafft Kreativität mit den Mitteln, mit der Zeit, mit den Ressourcen, die ich habe. Damit erziele ich die bestmöglichen Resultate«.

Betrachten Sie daher die Möglichkeit des Scheiterns als probates Mittel, Ressourcen richtig einzusetzen, Themen nicht unnötig herauszuziehen und rechtzeitig Veränderungen vorzunehmen.

Nutzen Sie Rückkoppelung

Ein weiterer Aspekt, der für von Proeck eine zentrale Rolle bei der Fokussierung spielt, ist die Rückkoppelung. Was ist das und warum sollten wir uns damit beschäftigen?

Fokus hilft uns dabei, das Wichtige zu tun und das Dringende zu realisieren. Er schärft den Blick auf das Wesentliche. Aber manchmal bekommen wir dadurch zu wenig externe Impulse. Das ist der Zeitpunkt, an dem die Rückkoppelung wichtig wird. Enge Freunde, Familie und Vertraute helfen uns mit ehrlichem Feedback. Kunden und Partner legen den Finger in die Wunde und bringen uns zurück auf die Spur, sollten wir uns verlaufen haben. Unsere Mitarbeiter, Kollegen und Mitstreiter liefern Impulse, die wir nutzen können, um den Fokus weiter zu schärfen. Rückkopplung lässt uns den berühmten Baum im Wald sehen.

Holen Sie sich daher immer rechtzeitig valides und ehrliches Feedback ein. Verlieren Sie nie die Rückkoppelung oder den Draht zum Markt, zum Kunden, zum Publikum oder zur Zielgruppe. Die Rückkoppelung mag weh tun und uns in der Ehre verletzten – aber Sie ist ein wichtiges Werkzeug, um uns auf das Wesentliche zu fokussieren.

Wie Sie den richtigen Fokus für sich selbst finden

Wie so vieles in diesem Buch, wie so vieles, wenn es um das Thema Kreativität geht, ist auch der Fokus eine individuelle Erfolgsregel. Wir müssen ihn richtig anwenden. Abhängig davon, wer wir sind, was uns ausmacht, wo wir stark sind, wo wir Disziplin brauchen und wo Freiheiten. Es gibt also auch hier kein richtig oder falsch.

Von Proeck als Beispiel, den man, wäre er in der Musikbranche tätig, als Produzenten bezeichnen könnte, sieht sich selbst als Impulsgeber, als jemanden, der anstößt, antreibt, dranbleibt, aber der gleichzeitig kein Organisationsgenie mehr werden wird und meilenweit weg von den Führungsqualitäten seines Vaters ist: »*Ich bin eine katastrophale Führungskraft. Ich bin ganz schlecht in operativen Sachen. Heute weiß ich ganz genau, wie weit meine Spielwiese aussieht, wo ich gut bin, wo mein Fokus liegen sollte und was ich fürs Projekt dann auch zukünftig leiste und was nicht.*«

Legen Sie also den Fokus auf die Dinge, die Sie leisten können und in denen Sie kreativ gut sind.

Kreative Freiheit – wie Sie die richtige Balance finden zwischen Freiheit und Fokus

Lassen Sie uns nun einen Blick auf die Kehrseite werfen. Diese Seite ist wichtig, damit wir die richtige Balance finden zwischen Fokus und kreativer Freiheit.

Was sind sie also, die dunklen Seiten unserer Fokussierung? Auf was müssen wir achten und welche Gefahren können entstehen?

In Acht nehmen sollten Sie sich vorm Tunnelblick. Wenn wir nämlich zu fokussiert sind, können wir neue Wege, neue Herangehensweisen und alternative Lösungsansätze übersehen. Wir beschränken uns daher selbst und werden zu Gefangenen unserer bestehenden Denkmuster. Auch sollten wir aufpassen, dass wir Themen nicht überanalysieren und vor lauter Analyse gar nicht in die Umsetzung kommen. Mentale und emotionale Blockaden bergen ebenso Herausforderungen. Wenn wir »dichtmachen«, uns zu sehr abschotten, gehen uns neue Impulse und wichtige Inspiration verloren.

Achten Sie daher darauf, immer in Balance zu sein. Fokus ist eine Art Regler. Eine Einstellung, die wir feintunen müssen. Je nachdem, wo wir uns auf unserer Reise befinden, sollten wir uns mehr öffnen oder tiefer eintauchen in den kreativen Prozess. Es ist wichtig, zum richtigen Zeitpunkt loszulassen, um danach wieder diszipliniert zu sein. Ein gesunder Tanz zwischen »nein« und »warum nicht«. Fokus ist keine Wissenschaft. Er ist höchst situativ, persönlich und intim. Finden Sie Ihre richtige Balance.

Was Sie für sich mitnehmen können

Auf welche Punkte sollten wir uns nun im Konkreten fokussieren?

- Beschränkungen und Mangel erzeugen Fokus, aus dem wiederum Kreatives entsteht.

- Vermeiden Sie overengineering – damit verschlimmbessern und verzetteln Sie sich.

- Nutzen Sie Design Freeze, um sich auf ein Thema zu konzentrieren und dieses zu Ende zu führen.

- Nutzen Sie Deadlines, um schneller zu Entscheidungen zu kommen. Treffen Sie harte Entscheidungen, bevor sie hart werden.

- Halten Sie sich stets vor Augen, dass Sie scheitern können – damit Sie Ressourcen besser einsetzen.

- Holen Sie sich Feedback ein – eine gesunde und ehrliche Rückkoppelung hilft uns, den Fokus richtig zu setzen.

- Setzen Sie den Fokus so, dass er zu Ihnen und Ihren Stärken passt.

- Finden Sie die richtige Balance zwischen kreativer Freiheit und Fokus.

IHR EIGENER INTIMER WEG

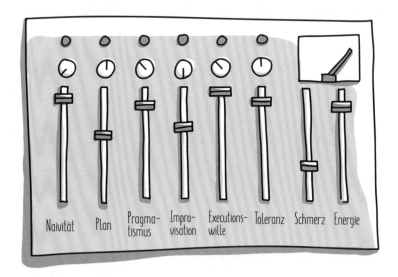

25. ERFOLGSREGEL: DER NUKLEUS: IHR EIGENER INTIMER WEG

»Wir sind manchmal wie ein kriselndes Ehepaar«
– Josef Brunner

Sie haben es fast geschafft. Wir kommen zu der letzten unserer 25 Erfolgsregeln für das kreative Schaffen. Jetzt geht es an das sog. »Eingemachte«, jetzt geht es ganz konkret um Sie, oder besser gesagt um uns. Der Nukleus jeder Kreativität ist man immer selbst: Es geht um Ihre (und auch unsere) innere Verfasstheit: Was treibt uns an? Warum meinen gerade wir, dass wir etwas Kreatives in uns haben, was wir zum Leben erwecken und mit anderen teilen wollen? Wer ist mit Blick auf unsere innere Verfasstheit wirklich der richtige Partner? Welcher ist der ganz persönlich richtige Weg? Wieviel sind wir bereit zu geben, wieviel von der eigenen Persönlichkeit offen zu legen, welche Kompromisse wollen Sie eingehen?

Für diese letzte Erfolgsregel haben wir nicht nach weiteren Role Models gesucht. Nein, wir sind zum Schluss hier einen anderen Weg gegangen: Wir haben uns selbst unter das Brennglas gelegt: Wie haben wir uns selbst bei unseren kreativen (Irr-)Wegen gefühlt? Was war und ist unsere Motivation? Welche Fehler haben wir selbst bei unserem kreativen Prozess gemacht? Welche ganz persönlichen Lehren können wir ziehen? Wir ziehen also den Vorhang weg und schildern offen, wie es uns ergangen ist.

Der Startpunkt – seien Sie ruhig naiv und maximal pragmatisch

Der Start zu diesem Projekt war – vorsichtig ausgedrückt – ziemlich ungewöhnlich, reichlich naiv, sehr spontan und maximal pragmatisch.

Es ist Samstag morgen, 9:00 Uhr, im Winter in einer trostlosen grauen Sporthalle in Hamburg. Christian ist bei einem Hockeyspiel seines Jüngsten. Es ist – wie soll man sagen – nicht atemberaubend spannend, der Kaffee ist unterirdisch, das sportlich überschaubare Spektakel lädt zum Wandern der Gedanken ein.

Christian vertreibt sich etwas seine Langeweile. Er wollte doch eigentlich immer schon ein richtiges Buch schreiben – wer will das nicht. Er wollte sich eigentlich schon immer etwas vertiefter mit dem Thema »Kreativität« auseinandersetzen, dem Ganzen etwas genauer, analytischer auf den Grund gehen – wie genau weiß er zu dem Zeitpunkt noch nicht, irgendwie besser, anders als dies bisher geschehen ist.

Der Weg ist also noch reichlich unklar, aber er weiß, dass er diesen Weg nicht allein beschreiten will. Das wäre zu langweilig, zu einsam, zu mühselig. Und: Er ist sich ziemlich sicher, dass er das allein nicht zu Ende bekommen wird. Es ist wie bei Sportwetten. Man geht nur selten nachts laufen, wenn man nicht mit einem anderen Mitstreiter wettet, wer länger durchhält.

Wer könnte also ein geeigneter Mitstreiter sein? Er muss der geeignete sog. »Brother in Crime« sein. Er muss kein »professioneller« Autor sein, aber einigermaßen schreiben und denken können. Was jedoch noch wichtiger ist: Er muss jemand sein, bei dem man sich sicher ist, dass er das, was man sich vornimmt, wirklich durchziehen wird, für den das Aufgeben keine Option ist. Man möchte schließlich mit seinem Projekt nicht auf halber Strecke allein gelassen werden.

Nun, Christian hatte vor kurzem bei einer Veranstaltung Josef kennengelernt. Beide könnten – schon geografisch – unterschiedlicher nicht sein. Sie kennen sich gar nicht besonders gut, aber es könnte irgendwie schon passen. Christian schreibt ihm also Samstag frühmorgens eine Whatsapp, ob Josef sich vorstellen könne, mit ihm ein Buch, ein Projekt über Kreativität zu diskutieren. Mit einer schnellen Antwort rechnet Christian nicht. Es ist, wie gesagt, Samstag morgens. Die Antwort kommt innerhalb von 2 Minuten von einer verschneiten stürmischen Bergspitze Bayerns: »Diskutieren möchte ich es nicht, aber schreiben sehr gerne«.

Na, das ist doch mal ein Wort. Dann machen wir es doch einfach: Nicht wissend, worauf wir uns einlassen, sind wir dann kopfüber ins kalte Kreativwasser gesprungen. Diesen Pragmatismus haben wir beibehalten. Beim Aussuchen und Ansprechen der für uns so wichtigen Interviewpartner, bei der Art und Weise, wie wir zusammenarbeiten, wer was macht und wie die Struktur aussehen sollte. Nichts war geplant, vieles hat sich entwickelt und ergeben.

Wir beide sind detaillierte Businesspläne, Milestone-Pläne und das sehr strukturierte Sezieren von (Wirtschafts-)Problemen gewöhnt. Das hier war anders. Wir haben es nicht ausgesprochen, aber wir haben es gewusst. Für uns hat der Pragmatismus wunderbar funktioniert, wir haben uns dadurch keine Grenzen gesetzt, hatten komplette kreative Freiheit, konnten im Prozess lernen und, wo nötig, Anpassungen vornehmen. Überverkomplizieren Sie also nicht, trauen Sie sich spontan zu sein, Dinge auszuprobieren und auf dem Weg zu lernen. Trauen Sie Ihrem erfahrungsgesättigtem Bauchgefühl. Uns hat das gut getan. Sie werden unglaublich viel auf dem Weg lernen. Über Ihr Projekt, aber auch über sich selbst.

Aber haben Sie irgendwie einen Plan und seien Sie dann nicht arg sprunghaft

Bedeutet das, dass wir dann ganz ohne Plan losgelaufen sind? Nun, ganz so war es nicht. Wir haben uns zunächst kritisch hinterfragt, was das Neue sein könnte, was wir gemeinsam schaffen könnten. Wir haben festgestellt, dass sich bislang – soweit ersichtlich – noch keine/r die Mühe gemacht hatte, das Phänomen der Kreativität wirklich strukturiert zu dekonstruieren. Wir haben also einen Katalog an Kriterien aufgeschrieben, die für den Erfolg des kreativen Schaffens ausschlaggebend sein könnten. Hier haben wir etwas Glück gehabt, da der weitere Verlauf zeigte, dass wir alle unsere Gedanken gut in dieses Framework einbringen konnten. Und wir haben diesen Kriterienkatalog rund 200 Entscheiderinnen vorgelegt, nach ihren Einschätzungen befragt und Kreativitätstypen daraus abgeleitet.

Wichtig war im nächsten Schritt die schonungslose Selbsterkenntnis, dass unsere Ideen und Gedanken allein das Buch nicht spannend genug machen würden. Wir wussten, dass wir viele – ganz andere, sehr unterschiedliche – spannende Persönlichkeiten mit ganz anderen Erfahrungshorizonten und Fähigkeiten interviewen mussten. Das haben wir dann getan und im nächsten Schritt mit den ersten Interviewpartnern gesprochen und ein erstes Gefühl für eine mögliche Struktur des Buchs bekommen.

Wir hatten also doch – Pragmatismus hin oder her – relativ schnell einen groben Plan. Und wir waren verhältnismäßig wenig sprunghaft. Auf die Dinge, auf die wir uns geeinigt haben, haben wir geachtet, wir haben unsere eigenen Regeln stets versucht einzuhalten.

Wenn Sie also grundlegende Entscheidungen bei Ihrem kreativen Projekt getroffen haben, versuchen Sie, dabei zu bleiben. Bringen Sie Struktur und Verlässlichkeit in Ihr Projekt. Bis zu einem gewissen Punkt.

Ohne Iteration geht es wirklich nicht – (kleine und größere) Kurskorrekturen inbegriffen

Fast schamhaft schauen wir heute auf die ersten Texte, die wir nach den Interviews geschrieben haben, zurück. Uns war es sehr wichtig, unseren Interviewpartnern viel Raum zu geben. Das Problem: Wir waren im Begriff, eher einen Interviewband als ein Buch über Kreativität zu schreiben. Unsere Faszination den Menschen gegenüber und was sie erreicht haben, der Respekt vor den Gesprächspartnern und die wirklich ehrliche Sorge, wir könnten etwas der »Genialität«, die wir gehört haben, nicht dokumentieren, hat uns auf den falschen Weg gebracht.

Wir waren, so könnte man es sagen, zu sehr begeistert von dem, was wir gehört haben. Wir wollten viele der erforderlichen Ableitungen und Strukturüberlegungen den Lesern überlassen. Ein Irrweg. Danach haben wir uns, ganz nach Rolf Dobelli, diversen Iterationen hingegeben und, wie wir es auch von Christoph Keese gelernt haben, in die Rolle unserer zukünftigen Leser versetzt, also die Rollen vertauscht und dadurch schnell gelernt, dass wir einen komplett neuen Ansatz brauchten. Mehrere Iterationen und Feedbackschleifen später hatten wir ein Format, mit dem wir glücklich waren und welches wir dann genutzt und beibehalten haben.

Es nützt also nichts: Die Meister fallen nun mal nicht vom Himmel. Setzen

Sie also Ihre rosarote Brille ab, setzen Sie sich externen kundigen Perspektiven aus, iterieren Sie und wechseln Sie, wie auch wir, die Perspektive.

(Nervige) Deadlines, Spielregeln gegenseitiger Verantwortung und der unbedingte Wille zur »Execution«

Es gab weniger, das nerviger war, als die Deadlines. Speziell die, die wir gerissen haben, saßen uns stets unangenehm im Nacken. Aber ohne diese ständigen Erinnerungen an das Vereinbarte, ohne den dadurch entstandenen Druck, würden wir wahrscheinlich heute noch kein Ende gefunden haben. Insofern können wir uns – Kreativität hin oder her – den preußischen Appell nicht verkneifen, wie ihn an anderer Stelle des Buchs auch schon Dominic von Pröck an uns gerichtet hat: Ohne klare Abgabetermine und gegenseitige Verbindlichkeit geht es nicht. Setzen Sie sich daher aggressive, aber machbare Deadlines und nutzen Sie das unangenehme Gefühl, das entsteht, wenn die Deadlines näherkommen, um mehr Zeit und Energie in Ihr Projekt zu investieren. Von alleine wird es nicht entstehen können.

Und eines darf dabei nicht vergessen werden: Die Interviews mit den vielen uns sehr beeindruckenden Gesprächspartnern für dieses Buch haben uns immer wieder sehr inspiriert. Wir haben unglaublich viel gelernt, andere Perspektiven gesehen und viele wertvolle Impulse, nicht nur für dieses Buch, erhalten. Damit einher ging aber auch eine Verantwortung, die wir gespürt haben. Oder in Worten Christian Bruchs: Was ist eine Idee wert, die nicht umgesetzt werden kann oder umgesetzt wird?

Daher waren wir nicht nur inspiriert, wir entwickelten auch ein Gefühl der Verantwortung – dem Projekt gegenüber und auch gegenüber unseren Gesprächspartnern. Wir wollten verbindlich sein und unserem Anspruch gerecht werden. Für uns beide war von Anfang an klar, dass dieses Projekt entstehen und umgesetzt werden soll, ja umgesetzt werden wird, weil es umgesetzt werden muss.

Die neudeutsch sogenannte »Execution« war also nicht nur die Brücke von der initialen Idee zum Buch, das Sie lesen. Es war der fundamentale Baustein unseres emotionalen – unausgesprochenen – Autorenvertrags. Der Verbindlichkeit auch uns gegenüber. Wenn Sie also ein kreatives Projekt angehen, machen Sie sich von Anfang an Gedanken darüber, wie, wann und vor allem auch mit wem sie es umsetzen werden. Kreatives Schaffen gelingt nur in ganz seltenen Fällen mühelos. Das Gegenteil ist die Norm: Nervige Deadlines, Spielregeln der gegenseitigen Verantwortung und der unbedingte »Wille zum Tor« sind dabei – vielfach unterschätzte – unabdingbare Zutaten der kreativen Rezeptur.

Diversität und kreative Ehekrisen: Wenn Pareto auf Perfektionismus trifft

Der Diversität wird gerade bei kreativen Vorgängen eine sehr hohe Bedeutung zugemessen. Wir haben uns auch in diesem Buch ausführlich mit diesem Thema auseinandergesetzt. Wir haben dies aber auch in der Realität beim Schreiben dieses Buchs am eigenen Leib erlebt: Wir beide sind sehr unterschiedlich, haben ganz unterschiedliche Erfahrungsschätze, generell eine andere Temperatur und vor allem auch durchaus andere Herangehensweisen:

Einer von uns ist das lebende Pareto Prinzip, während ein anderer durchaus als Perfektionist bezeichnet werden könnte. Diese Kombination hat uns geholfen, schnell und pragmatisch zu sein, Dinge flott umzusetzen, allerdings auch einen großen Fokus auf die Qualität zu legen. Hilfreich war diese Kombination also definitiv, spannungsfrei auf keinen Fall. Wichtig ist dabei immer, sich offen, aber respektvoll die Karten zu legen, großzügig und kompromissbereit zu sein, den Dingen auf den Grund zu gehen und dann eine Mitte zu finden. Eine kreative Partnerschaft ist etwas Fragiles mit Höhen und Tiefen. Umso wichtiger ist ein verbindendes gemeinsames Geländer. Diversität ist regelmäßig mühevoll, gerade aber bei kreativen Vorgängen enorm bereichernd. Die Diversität muss sich dann auch im Werk selbst wiederfinden. Gerade wenn mehrere kreative Mitstreiter beteiligt sind, müssen alle im Endprodukt ihre Stimme verwirklichen können. Sonst ist es kein gemeinsames Werk. Daran sollten Sie sich immer wieder einmal erinnern. Wirklich nicht vergessen!

Haben Sie also keine Angst vor Diversität oder gar vor Meinungsunterschieden. Zehren Sie davon, nehmen Sie das Beste aus unterschiedlichen

Meinungen und kombinieren Sie es so, dass sie nicht Ihrem Ego frönen, sondern dem Projekt etwas Gutes tun.

Ohne Schmerz geht es nicht

Obwohl Josef schon ein eigenes Buch über Schmerz geschrieben hat, war er überrascht, wie schmerzhaft dieses Projekt werden würde. Nicht nur für ihn, für Christian gilt diese Aussage ebenso: Einen Abschnitt zum x-ten Mal umschreiben, eine Einheit komplett umstrukturieren, obwohl sie scheinbar schon final schien, eine selbst gesetzte Deadline, die bedrohlich näher rückte:

Wir haben nachts, morgens und vor allem immer zwischendrin geschrieben. Im Zug, nach dem sonntäglichen Wandern oder erschöpft nach der Laufrunde um die Alster. Der Schmerz, unserem Anspruch gerecht zu werden, aber dennoch auch zu einem Ende zu kommen, war nicht nur ein ständiger, sondern auch ein wichtiger Begleiter. Eine Antriebsquelle, die einen wieder mit Energie versorgt und einen Schritt näher ans Ziel bringt.

Seien Sie daher den herausfordernden Gefühlen gegenüber aufgeschlossen, akzeptieren Sie den Schmerz, Frustration und Erschöpfung als positive Signale weiterzumachen, das Begonnene zu komplettieren und Ihrem eigenen Anspruch gerecht zu werden. Und denken Sie daran: Das Schöne beim Laufen ist vor allem immer das Ankommen.

Und zu guter Letzt: Positive Energie als ständiger Begleiter

Kommen wir also zu den letzten Worten dieses kleinen Buchs mit dem gebotenen Pathos: Trotz aller fast unüberwindbaren Hindernisse sollte positive Energie nie zu kurz kommen. Sie muss kultiviert werden, auf welche Weise auch immer. Überraschenderweise kann das – wie in unserem Fall – auch dann gelingen, wenn man sich nur selten persönlich trifft. Sollten auch Sie das Glück eines kreativen Mitstreiters haben, spornen Sie sich an und motivieren Sie sich.

Wir waren in der Sprache stets höflich, positiv und wertschätzend, so unterschiedlich die Meinungen im Einzelnen auch waren. Ohne diese positive Energie überwinden Sie keine »kreativen Ehekrisen« und kommen Sie nicht zum Ziel. Seien Sie daher stets positiv, egal, wie schwer die Aufgabe, wie herausfordernd die Deadline oder wie unsicher die Zukunft ist. Uns haben dieses positive Denken und Handeln von Anfang bis Ende begleitet und uns geholfen, die Hürden des Projekts zu meistern.

Und genießen Sie – so schwer es manchmal sein mag – immer auch den kreativen Weg. Es lohnt sich. Vertrauen Sie uns. Dieses eine Mal noch.

Was Sie für sich mitnehmen können

Wie bei jeder vorausgegangenen Erfolgsregel dürfen wir hier zum letzten Mal zusammenfassen, was Sie mit Blick auf diese Erfolgsregel mitnehmen können:

- Seien Sie zu Beginn ruhig naiv und maximal pragmatisch – es wird schon früh genug mühselig.

- Seien Sie dabei aber nicht zu sprunghaft – die Grundpfeiler des kreativen Plans sollten feststehen.

- Bewahren Sie sich Ihre innere Flexibilität: Ohne Iteration geht es wirklich nicht – (kleine und größere) Kurskorrekturen inbegriffen.

- Lenken Sie Ihre eigene Verfassung in klare Bahnen: Legen Sie (nervige) Deadlines und Spielregeln gegenseitiger Verantwortung fest – vergewissern Sie sich Ihres unbedingten Willens zur »Execution«.

- Lassen Sie sich wirklich auf diverse Herangehensweisen ein, auch wenn kreative Ehekrisen nicht ausbleiben werden.

- Wir haben es am eigenen Leib erlebt: Ohne Schmerz verläuft kein kreativer Prozess – nehmen Sie ihn positiv an.

- Kultivieren Sie Ihren ständigen Begleiter – die positive Energie.

KAPITEL 6

A. IHR SPIELFELD

1. Erfolgsregel:
Die richtige Umgebung

1. Seien Sie sich bewusst: Räume können nicht nicht wirken. Die Umgebung setzt den emotionalen Ton für die Kreativität, Wechselwirkungen inklusive.

2. Der richtige Raum für die individuelle Aufgabe und Ihre Mitstreiter – verstehen Sie die räumliche Umgebung als Werkzeug und setzen Sie das richtige Werkzeug für Ihre Aufgabe und Ihre Mitstreiter ein.

3. Seien Sie mittendrin und voll dabei: Vermeiden Sie (räumliche) Trennungen bei kreativen Vorgängen.

4. Farben wirken: Achten Sie auf die richtigen Energiequellen, jeweils orientiert an der ganz konkret zu erzeugenden kreativen Stimmung.

5. Möbel beeinflussen in erheblicher Weise kreatives Verhalten. Ermöglichen Sie eine größtmögliche Flexibilität. Vermeiden Sie in jedem Fall hierarchiebefördende, kreativitätsmindernde Umgebungen.

6. Unterschätzen Sie nicht die Wirkkraft unterschiedlicher Materialien: Wählen Sie sie achtsam aus, vielleicht gerade auch mit Blick auf die Stufe Ihres kreativen Vorhabens.

7. Definieren Sie für sich genau, welcher Grad der (Un-)Ordnung für Ihren kreativen Prozess ideal ist. Treffen Sie eine bewusste Entscheidung.

2. Erfolgsregel:
Die Bedeutung von Multidisziplinarität und Diversität

8. Wir sind meist in unseren engen Kreisen verhaftet: Verlassen Sie ganz bewusst Ihre eigene Blase – suchen Sie gerade die diversen Inspirationen.

9. Von Ihrem unmittelbaren täglichen Umfeld sind eher weniger kreative Impulse zu erwarten: Treffen Sie deshalb alte Bekannte, die Sie aber lange nicht gesehen haben dürfen.

10. Suchen Sie bei Ihren konkreten kreativen Vorhaben nach Lösungen in interdisziplinären Teams – nur dann gehen Sie dauerhaft neue Wege.

11. Tauschen Sie sich mit ganz anderen Menschen aus – unterhalten Sie sich gerade auch über deren Probleme. Im Gespräch finden Sie oftmals einen Schlüssel zu den eigenen.

12. Wenn Sie in tradierten Bahnen unterwegs sind, setzen Sie bewusst – diese Rituale brechende – diverse Kontrapunkte. Sie dürfen zunächst irritieren, müssen aber anschlussfähig sein.

13. Gerade wenn Sie (kreative) Entscheidungen treffen wollen (müssen), tun Sie dies idealiter im diversen Diskurs.

14. Unsere immer komplexer werdende Welt ist nicht mehr in Silos zu bewältigen. Lösen wir trennende Schubladen auf – emotional, rational und räumlich.

3. Erfolgsregel:
Das perfekte Team

15. Reihen Sie nicht einfach Experten aneinander – vermeiden Sie das Brockhaus-Phänomen.

16. Seien Sie kein (kreativer) Diktator – führen Sie nicht das Regime eines Solisten.

17. Stellen Sie eher wenige Grundspielregeln auf und haben Sie immer die Leichtigkeit des (kreativen) Seins im Blick.

18. Seien Sie sich über die Rollenverteilung im Klaren und besetzen Sie Rollen entsprechend.

19. Seien Sie generell kollaborativ – eher in ganz seltenen Fällen kompetitiv.

20. Denken Sie über Bewertungen und Belohnungen nach, die nicht den Einzelnen, sondern das Team fördern.

21. Aber Achtung: Teams führen auch leicht zur Mittelmäßigkeit.

22. Zum Abschluss: Teams helfen oft, sind aber kein Allheilmittel.

4. Erfolgsregel:
Die wichtige Me-Time

23. Sortieren Sie Ihren kreativen Prozess: Wann brauchen Sie Ihre Me-Time? Wann brauchen Sie unstrukturiertes Rauschen, wann Struktur?

24. »Me-Time« ist etwas sehr Individuelles. Finden Sie Ihren eigenen Weg. Denken Sie über geblockte Me-Time-Slots in Ihren Kalendern nach und unterwerfen Sie diesen klaren Regeln, die gerade auch das Eintauchen in das Unterbewusstsein ermöglichen.

25. Seien Sie diszipliniert und klar: In dem, was Sie erreichen wollen und wie Sie Ihre Me-Time gestalten wollen.

26. Nutzen Sie gezielt zeitliche Leerläufe und erzwingen Sie sie sogar durch digital Detox oder bewusst gewähltes Verlassen der eigenen Komfortzone.

27. Entwickeln Sie Routinen: Bei vielen der Gesprächspartnern ist es Ruhe und Bewegung.

5. Erfolgsregel:
Psychologisch (un-)sichere Räume

28. Besondere Kreativität kann gerade auch in Drucksituationen entstehen. Dies bedeutet aber nicht, dass psychologisch sichere Räume regelmäßig zielführend sind.

29. Vergessen Sie nicht: Unterschiedliche Typen funktionieren in unterschiedlichen Situationen unterschiedlich.

30. Deshalb erfordern kreativitätsstiftende Umgebungen regelmäßig eine gesunde und hierarchiefreie Fehlerkultur.

31. Vermeiden Sie Bewertungen und Unwerturteile. Hören Sie erst einmal zu.

32. Lassen Sie durchaus auch (scheinbar) absurde Ideen anderer zu und »übersetzen« Sie sie in Ihrem kreativen Kontext.

33. Psychologisch sichere Räume sind nicht mit einem Kuschelkurs zu verwechseln. Nehmen Sie Ihre Verantwortung aktiv an und akzeptieren Sie keine Entschuldigungen.

34. Sortieren Sie Ihre kreativen Räume. Schaffen Sie klare Regeln und Verantwortlichkeiten.

6. Erfolgsregel:
Mangelsituationen als kreative Treiber

35. Suchen Sie passende Partner und lassen Sie sie teilhaben. Partner, die Sie dort ergänzen, wo es nötig und sinnvoll ist – zusammen sind wir stärker und besser.

36. Ziehen Sie Entschlossenheit aus dem Mangel – der Mangel kann Ihr Freund sein, Dinge schnell möglich zu machen, die vorher nicht denkbar waren.

37. Brechen Sie Normen und Regeln, die in Situationen des Überflusses nicht so einfach zu brechen sind.

38. Lernen Sie von der effizienten Mangelverwaltung bei Startups – machen Sie aus wenig viel.

B. IHR KOPF

7. Erfolgsregel:
Erforderliche technische Fähigkeiten

39. Die Bedeutung von technischen Fähigkeiten hängt vom jeweiligen Kontext ab. Häufig ist auch zwischen der kreativen Idee und Ihrer Umsetzung zu unterscheiden.

40. Es nützt aber nichts: In den meisten Bereichen erhöhen handwerkliche Fähigkeiten erheblich die Wahrscheinlichkeit, dass der kreative Sprung in ein neues Terrain gelingt.

41. Sie können dabei durchaus auch Fähigkeiten ganz außerhalb Ihres Hometurfs entwickeln.

42. Werden Sie aber nicht Gefangener Ihrer Technik. Bewahren Sie sich Ihre kindlich naive Kreativität. Erweitern Sie kontinuierlich Ihren Horizont. Stellen Sie Bewährtes in Frage.

43. Und: Unterschätzen Sie nicht die technisch unbedarften »Neulinge«. Ungewöhnliche und unvorhergesehene Impulse kommen oftmals aus dieser Ecke. Integrieren Sie sie.

8. Erfolgsregel:
Segen und Fluch von Fach- und Expertenwissen

44. Seien Sie beruhigt: Für die meisten kreativen Vorgänge brauchen Sie regelmäßig keine fachlichen Superstars oder müssen Sie selbst einer sein.

45. Lernen Sie aber Standards, ohne die kreative Momente nicht immer möglich sein werden.

46. Vermeiden Sie Experten der Vergangenheit, die sich als Sandstreuer im Getriebe des kreativen Prozesses herausstellen werden.

47. Finden Sie stattdessen Experten mit einem offenen Mindset oder seien Sie selbst einer. Tauchen Sie tief ein, um dann die Flughöhe wieder zu erhöhen.

48. Schaffen Sie die richtige offene Atmosphäre und definieren Sie klar die Rolle von Experten oder Expertise im kreativen Prozess. Gerade in einer solchen Atmosphäre gelingt die Kombination zwischen Fachwissen und einem möglicherweise gebotenen Bruch von Regeln.

9. Erfolgsregel:
Richtig wichtige und falsche Erfahrungsschätze

49. Kreativität entsteht selten aus dem Nichts. Erfahrungen sind wichtig. Seien Sie wie ein Schwamm – vergrößern Sie mit einem guten Erfahrungsfundus Ihre Vorstellungskraft.

50. Seien Sie ständig und unerschrocken auf der Suche nach neuen, anderen Erfahrungen.

51. Nutzen Sie Ihre Erfahrungen als Lackmusstest der Machbarkeit und Realitätscheck, wenn Sie sich fragen, ob Sie bestimmte kreative Ideen weiterverfolgen wollen.

52. Aber vergessen Sie eines auf keinen Fall: Je homogener der Erfahrungsschatz, desto mehr wird er zur Last: Je erfahrener Sie in einem Bereich sind, desto höher wird die Gefahr der Scheuklappen.

53. Ruhen Sie sich nie auf den gemachten Erfahrungen aus. Stellen Sie das Erfahrene in Frage. Streben Sie nach dem Neuen – ständig – und erweitern Sie damit zwangsläufig Ihren Erfahrungsschatz.

C. IHRE EINSTELLUNG

10. Erfolgsregel:
Schmerz als kreativer Katalysator

54. Nutzen Sie den Schmerz als kreative Antriebsfeder – als Initialimpuls zur Veränderung.

55. Seien Sie empathisch – Schmerz ist hochemotional, daher müssen wir behutsam mit der Energie hinter der Emotion umgehen.

56. Kanalisieren Sie Emotionen richtig – so dass der Schmerz nicht blockiert, sondern als Antrieb dient.

57. Nutzen Sie die Kraft der Symbole.

11. Erfolgsregel:
Positive Energie als kreativer Beschleuniger

58. Seien Sie pragmatisch, machen Sie Dinge einfach mal. Gerne anders, aber pragmatisch machen.

59. Seien Sie angstfrei und neugierig.

60. Verstehen Sie positive Naivität als Einladung, direkt in den Kreativprozess einzusteigen – das Kopfschütteln über den Status Quo kann dazu der Startschuss sein.

61. Schaffen Sie Anreizsysteme, um Kreativität zu skalieren.

62. Glauben Sie an sich selbst.

12. Erfolgsregel:
Ohne offenes Mindset ist alles nichts

63. Seien Sie kindlich naiv und neugierig – in der Gier nach Neuem liegt oftmals etwas Kreatives.

64. Verknüpfen Sie das, was noch nicht verknüpft ist, richtig miteinander.

65. Entschleunigen Sie! Gehetzt entsteht kein offener Mindset.

66. Um Ihren Geist zu öffnen, brauchen Sie innere Ruhe und Ihren Seelenfrieden.

67. Arbeiten Sie an Ihrer eigenen kreativen Gehörbildung.

13. Erfolgsregel:
Die Bereitschaft zum Bruch (gelernter) Regeln

68. Seien Sie disruptiv und lassen Sie Großes entstehen.

69. Man muss die Regeln und Normen kennen, um sie so zu brechen, dass etwas Neues, etwas Kreatives entsteht.

70. Überlegen Sie, wie weit sie gehen können und wie weit sie wirklich gehen wollen. Es gibt bestimmte Grenzen, die man nicht überschreiten sollte – rechtlich, moralisch, ethisch.

71. Seien Sie mutig und bereiten Sie sich auf Gegenwind vor.

72. Vergessen Sie bei aller Radikalität beim Regelbrechen nicht, menschlich und empathisch zu sein.

14. Erfolgsregel:
Hartnäckigkeit als (kreative) Bedingung

73. Haben Sie durchaus Spaß an scheinbar unmöglichen kreativen Aufgaben.

74. Hartnäckigkeit bedeutet auch, sich selbst aus der Komfortzone zu bewegen und sich eher unbequemen Situationen auszusetzen.

75. Setzen Sie sich hartnäckig unterschiedlichen Perspektiven aus – es lohnt sich.

76. Suchen Sie dann nach den verbindenden Mustern ganz verschiedener Quellen. Dieses Dechiffrieren der Zwischenschichten kann zu Quantensprüngen Ihrer Kreativität führen.

77. Manchmal müssen Sie einfach weitermachen: Es ist dabei oftmals am Dunkelsten, bevor es wieder hell will; die Qual am größten vor dem unmittelbaren Durchbruch.

78. Finden Sie aber auch den Mut, einen langwährenden Schaffensprozess auch zu beenden, wenn es nur noch Totur ist und die Zahl der Sackgassen zu groß wird.

15. Erfolgsregel:
Die verschiedenen Formen der Leidenschaft

79. Machen Sie eine Bestandsaufnahme und horchen Sie in sich rein: Welcher Leidenschaftstyp sind Sie? Wie können Sie bestehende Leidenschaften befeuern?

80. Seien Sie zum Start Ihres kreativen Vorhabens naiv und unbeschwert leidenschaftlich. Gönnen Sie sich diese Zeit. Hinterfragen Sie nicht alles. Schwierig wird es noch ganz von allein.

81. Machen Sie sich eines bewusst: Leidenschaften sind nichts Statisches, sie unterliegen dem Wandel und müssen kontinuierlich befeuert werden.

82. Nutzen Sie Ihre Leidenschaft gerade auch für die Entwicklung der eigenen kreativen Stimme.

83. Ihre Leidenschaft für Ihr kreatives Vorhaben wird nicht selten auf harte Proben gestellt werden. Nehmen Sie es positiv.

84. Suchen Sie in einem letzten Schritt nach Ihrem persönlich ausbalancierten Leidenschaftsgleichgewicht, das ein dauerhaftes Köcheln sicherstellt.

16. Erfolgsregel:
Selbstzweifel als (überraschende) Superpower

85. Gewinnen Sie Abstand zu Ihrem Werk und wechsen Sie die Rollen in ihrem Kreativprozess: Vom Kreativen zum Kritiker. Mehrfach.

86. Nutzen Sie einen iterativen Prozess, um Ihre kreative Arbeit zu verbessern, bevor Sie die Nabelschnur durchtrennen.

87. Nutzen Sie Selbstzweifel als Schutz vor Geistesblitzen.

88. Seien Sie sich bewusst, dass Sie eine besondere Beta-Version Ihrer selbst sind, die sich ständig verbessert.

89. Nutzen Sie Gefühle wie Scham als Antrieb, besser zu werden, mehr Abstand zu Ihrem Werk zu bekommen und mehr zu iterieren.

90. Ihr Selbstvertrauen in Ihr kreatives Vermögen kann selten durch Ihren Kopf gesteuert werden. Nehmen Sie gerade Schwingungen und Einflüsse von außen auf und verwandeln Sie sie in positives eigenes Selbstbewusstsein.

17. Erfolgsregel:
Der so wichtige Glaube an sich selbst

91. Dosieren Sie Ihr Selbstvertrauen – gerade auch im kreativen Team.

92. Nutzen Sie Ihr Selbstvertrauen, um Fehler in (kreative) Fortschritte zu verwandeln.

93. Schaffen Sie sich Erfolgserlebnisse, um Ihr Selbstvertrauen wachsen zu lassen.

94. Hinterfragen Sie sich richtig, aber nicht ständig – am besten grundlegend nur einmal im Jahr.

95. Lassen Sie als Ausrede »zu viel Stress« nicht zu. Vertrauen Sie sich (und uns).

D. IHR WEG

18. Erfolgsregel:
Fragen als Wegweiser der Kreativität

96. Die Frage aller Fragen müssen Sie zu Beginn ganz persönlich für sich beantworten: Was ist Ihr genereller (kreativer) Nordstern?

97. Wenn sich dann eine Idee konkretisiert und zur Umsetzung ansteht: Stellen Sie sich sehr genau die Frage, ob sie zu Ihnen »spricht« oder sogar – wie bei Lingnau – singt.

98. Manchmal sind Sie vielleicht in der Lage, die Idee kreativ ganz allein umzusetzen. Oftmals aber auch nicht. Fragen Sie sich deshalb sehr genau, welche kongenialen Partner Sie brauchen.

99. Wenn dies beantwortet ist, kommen Sie zur nächsten Frage: Wann binden Sie wen zu welchen Spielregeln ein? Dies wird von Fall zu Fall ganz unterschiedlich sein. Das strikte Einhalten der Grundspielregeln des Großzügig-Seins und des Zuhörens sind jedoch nie falsch.

100. Die Frage nach dem passgenau richtigen Ort für die jeweilige Phase Ihres kreativen Prozesses sollten Sie sich stets stellen und wohlüberlegt beantworten können.

101. Entlang dem kreativen Weg werden Sie häufig an Weggabelungen stehen, bei denen schon das Erkennen der genauen Unterfrage ein wichtiger Wegweiser zum richtigen Vorankommen ist. Bleiben Sie wachsam.

19. Erfolgsregel:
Der leere Geist als kreativer Nährboden

102. Finden Sie Ihren Weg in die Leere – ob Meditation, Laufen, Wandern, Sport, Malen oder aus dem Fenster schauen – Sie müssen Ihren eigenen Weg finden.

103. Pflanzen Sie Ihren kreativen Samen in der Stille – etwas, das Sie kultivieren können. Achten Sie auf den richtigen Nährboden und gießen Sie Ihren Samen.

104. Schalten Sie auf Autopiloten und lassen Sie Dinge einfach laufen / geschehen.

105. Verlaufen und verzetteln Sie sich nicht in der Leere – finden Sie eine gesunde Balance zwischen Ihrem Autopiloten und der Umsetzung.

20. Erfolgsregel:
Daten als Hebel und Verhinderer von Kreativität

106. Wenn Sie es nicht bereits sein sollten: Öffnen Sie sich dem Gedanken: Daten und Kreativität müssen keine Gegenpole sein. Sie können durchaus Hand in Hand gehen.

107. Ohne Plan ist alles nichts. Das gilt auch für den richtigen kreativen Datenansatz: Entwickeln Sie eine Strategie.

108. Verbinden Sie dabei insbesondere ganz unterschiedliche Datenpunkte mit eigener Kreativität: Erkennen Sie Muster, die andere noch nicht entdeckt haben. Verknüpfen Sie die noch nicht verbundenen richtigen Daten miteinander, um Ihr kreatives Ergebnis zu verbessern.

109. Identifizieren Sie Ihre kreativen Vorhaben, die Sie mit Daten befeuern wollen. Nicht überall gibt es Anwendungsfelder, aber sicherlich mehr als Sie vermuten.

110. Um das Datengold erschließen zu können, müssen Sie aber regelmäßig sich und Ihre Mitstreiterinnen befähigen, Daten lesen zu können. Das ist Arbeit – es lohnt sich.

111. Und schließlich – vergessen Sie aber auch nicht: Hinter dem Horizont geht es weiter – Daten dürfen natürlich nicht alles sein. Auch Bauchgefühl, kreative Impulse, Intuition und bewusster (Daten-)Regelbruch haben ihren Platz.

21. Erfolgsregel:
Schritt für Schritt – der richtige iterative Prozess

112. Bringen Sie Ihre Ideen schnell zu Papier und behalten Sie sie nicht nur in Ihrem Kopf.

113. Lassen Sie sich zu Beginn auf ein eher unstrukturiertes Stückwerk ein – der rote Faden wird sich herausbilden.

114. Gehen Sie in kleinen Schritten vor und lassen Sie Fehler zu.

115. Setzen Sie ab einem bestimmten Zeitpunkt rigorose Filter ein und »killen« Sie sogar gute Ideen, die im spezifischen Kontext keinen Mehrwert bringen.

116. Strukturieren Sie für sich genau den Prozess: Wann müssen Sie allein kreativ sein, wann brauchen Sie andere?

117. Definieren Sie genau Ihren Kompetenzkreis und Ihre Rolle, die Sie in diesem kreativen Prozess einnehmen wollen.

118. Lassen Sie den See an Impulsen nicht austrocknen: Sorgen Sie für (kontinuierlichen) Ideen-Nachschub.

22. Erfolgsregel:
Die effektive kreative Exekution

119. Definieren Sie den Nordstern Ihres Projekts.

120. Nutzen Sie die richtigen Werkzeuge.

121. Probieren Sie Dinge aus – legen Sie los, wenn Sie wissen, wo Sie hinwollen, selbst, wenn Sie noch nicht wissen, wie Sie dort hinkommen.

122. Entscheiden Sie schnell und konsequent.

123. Befähigen Sie Ihr Team, den größtmöglichen Beitrag zu Ihrem Projekt zu leisten.

124. Kommunizieren Sie stets transparent.

125. Stehen Sie für Ihr Thema ein und seien Sie eine Leitfigur.

23. Erfolgsregel:
Die Spielregeln des kreativen Leadership

126. Gehen Sie mit Neugier gegen Trägheit vor und fördern Sie dadurch Kreativität.

127. Halten Sie sich manchmal raus, wenn notwendig.

128. Wechseln Sie öfter die Perspektive.

129. Verknappen Sie Ressourcen, um kreative Lösungen zu erzeugen.

130. Bleiben Sie auch in schwierigen Situationen standhaft.

131. Sie sollten führen und nicht verwalten (managen).

132. Bringen Sie die richtigen Menschen zusammen.

133. Schaffen Sie die richtigen Rahmenbedingungen.

134. Finden Sie die richtige Balance in der Führung Ihres Teams, zwischen Offenheit und Disziplin.

135. Finden Sie den richtigen Soundtrack für Ihr Team.

136. Führen Sie empathisch – auch mit Symbolen.

137. Übernehmen Sie Verantwortung und gehen Sie voran.

24. Erfolgsregel:
Fokus – Fokus – oder doch kein Fokus?

138. Beschränkungen und Mangel erzeugen Fokus, aus dem wiederum Kreatives entsteht.

139. Vermeiden Sie overengineering – damit verschlimmbessern und verzetteln Sie sich.

140. Nutzen Sie Design Freeze, um sich auf ein Thema zu konzentrieren und dieses zu Ende zu führen.

141. Nutzen Sie Deadlines, um schneller zu Entscheidungen zu kommen. Treffen Sie harte Entscheidungen, bevor sie hart werden.

142. Halten Sie sich stets vor Augen, dass Sie scheitern können – damit Sie Ressourcen besser einsetzen.

143. Holen Sie sich Feedback ein – eine gesunde und ehrliche Rückkoppelung hilft uns, den Fokus richtig zu setzen.

144. Setzen Sie den Fokus so, dass er zu Ihnen und Ihren Stärken passt.

145. Finden Sie die richtige Balance zwischen kreativer Freiheit und Fokus.

25. Erfolgsregel:
Der Nukleus: Ihr eigener intimer Weg

146. Seien Sie zu Beginn ruhig naiv und maximal pragmatisch – es wird schon früh genug mühselig. Seien Sie dabei aber nicht zu sprunghaft – die Grundpfeiler des kreativen Plans sollten feststehen.

147. Bewahren Sie sich Ihre innere Flexibilität: Ohne Iteration geht es wirklich nicht – (kleine und größere) Kurskorrekturen inbegriffen

148. Lenken Sie Ihre eigene Verfassung in klare Bahnen: Legen Sie (nervige) Deadlines und Spielregeln gegenseitiger Verantwortung fest – vergewissern Sie sich Ihres unbedingten Willens zur »Execution«.

149. Lassen Sie sich wirklich auf diverse Herangehensweisen ein, auch wenn kreative Ehekrisen nicht ausbleiben werden.

150. Wir haben es am eigenen Leib erlebt: Ohne Schmerz verläuft kein kreativer Prozess – nehmen Sie ihn positiv an. Kultivieren Sie Ihren ständigen Begleiter – die positive Energie.

Motivation und Produktivität erfolgreich steigern.

**Derby/Larsen
Agile Retrospektiven**

2019. 139 Seiten. Kartoniert € 24,90
ISBN 978-3-8006-5855-8

Portofreie Lieferung
≡ vahlen.de/24955483

Lernen in Teams voranbringen

Die Arbeit von Teams kann besser werden, wenn sie regelmäßig innehalten und sich fragen: »Was hat gut funktioniert, das wir nicht vergessen möchten? Was sollte anders gemacht werden?« Retrospektiven ermöglichen genau das. Es ist ein besonderer Moment, in dem Fragen zur kontinuierlichen Verbesserung der Produktivität, der Team-Fähigkeiten bei der Zusammenarbeit und nicht zuletzt zur Verbesserung der Qualität bewegt werden. Neben diesem Nutzen bieten Retrospektiven einen Weg, um Handlungskompetenz und Freude in Teams zu steigern.

𝟗𝟗

Esther Derby und Diana Larsen haben das Standardwerk über agile Retrospektiven geschrieben. Sie müssen kein agiles Team sein, um aus diesem Buch einen Nutzen zu ziehen. Sie müssen sich nur verbessern wollen. Folgen Sie ihrem Rat, und Ihre Teams werden erfolgreicher sein.

Johanna Rothman, Autorin von Agile and Lean Program Management und Create Your Successful Agile Project

Vahlen

Für agile Arbeitskulturen.

**Edmondson
Die angstfreie Organisation**

2020. 196 Seiten. Kartoniert € 34,90
ISBN 978-3-8006-6067-4
Neu im Februar 2020

Portofreie Lieferung
≡ vahlen.de/27786528

Dieses Grundlagenwerk

ist ein praktischer Leitfaden für die Schaffung von Unternehmenskulturen, in denen Wissen und Innovation gedeihen können, weil sich die Menschen sicher, aufgehoben und geschätzt fühlen.

Basierend auf Amy C. Edmondsons

20-jähriger Forschung hilft dieses wertvolle Buch dabei, die menschliche Seite der Innovationsgleichung anzugehen, um Arbeitsplätze zu schaffen, die sicher, angstfrei und befähigend sind, um ungezügelten Ideenstrom zu ermöglichen. Es bietet einen schrittweisen Rahmen für die Etablierung psychologischer Sicherheit in Organisationen. Es ist gefüllt mit anschaulichen szenario-basierten Beispielen und bietet einen klaren Weg zur Umsetzung einer Kultur, die von der freien Meinungsäußerung von Ideen und der Förderung von Engagement lebt.

Vahlen

Reden Sie weniger & fragen Sie mehr.

Bungay Stanier
The Coaching Habit

2018. 211 Seiten.
Kartoniert € 19,80
ISBN 978-3-8006-5823-7

Portofreie Lieferung
≡ vahlen.de/24542886

Revolutionäres Konzept

Harlan Howard hat einmal gesagt, dass es in jedem großartigen Country-Song drei Akkorde und die Wahrheit gibt. Dieses Buch gibt Ihnen sieben Fragen und die Werkzeuge, um sie jeden Tag anzuwenden, und dadurch mit weniger Anstrengung mehr Wirkung zu erzielen.

„"

Dieses Buch ist voll mit praktischen, nützlichen und interessanten Fragen, Ideen und Werkzeugen, die jede Führungskraft zu mehr Wirksamkeit führen.
Dave Ulrich, Autor von HUMAN RESOURCE CHAMPIONS und HR TRANSFORMATION

Michael Bungay Stanier arbeitet die Grundlagen des Coachings anhand von sieben Kernfragen heraus. Wenn Sie seine einfachen wie profunden Techniken meistern, werden Sie doppelt beschenkt: Sie werden Ihren Mitarbeitern eine effektivere Unterstützung sein und feststellen, dass der ultimative Coach für Sie Sie selbst sind.
Daniel H. Pink, Autor von DRIVE und WHEN

Vahlen

60 effektive Werkzeuge für den Teamerfolg.

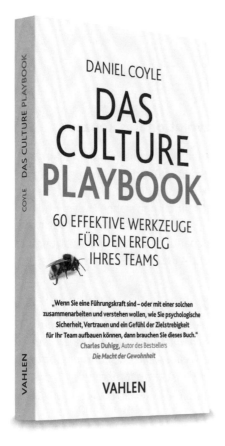

„Wenn Sie eine Führungskraft sind – oder mit einer solchen zusammenarbeiten – und verstehen wollen, wie Sie psychologische Sicherheit, Vertrauen und ein Gefühl der Zielstrebigkeit für Ihr Team aufbauen können, dann brauchen Sie dieses Buch."

Charles Duhigg, Autor von Die Macht der Gewohnheit

Mit Überlegungen, Übungen und praktischen Tipps, die für Unternehmen, Sportler und Familien gleichermaßen von unschätzbarem Wert sind, und einer Fülle von Illustrationen ist »Das Culture Playbook« ein unverzichtbarer Leitfaden, um sicherzustellen, dass Ihr Team Höchstleistungen erbringt.

Coyle
Das Culture Playbook

2023. 151 Seiten. Kartoniert € 24,90
ISBN 978-3-8006-7006-2

Portofreie Lieferung
≡ vahlen.de/34159208

Vahlen